迷路的廣告人

迷子のコピーライター

日下慶太

林書嫻 譯

序言

我的人生從某個時刻開始，就變得不像我自己的逕自推進，可能因為人生不是我的，所以我生病了。我不得不修正人生的速度與方向。速度因而變得相當緩慢，但現在卻正朝好的方向前進。這幾年確實是我的人生了。

本書彙整了我這十多年的人生，以及這幾年推動的計畫。其中填充了各式各樣繁雜的東西，有我身為公司一員所進行的，也有個人推動的。雖說我可以用商業書籍那種寫法，先扼要說明各個企劃，再論述個中訣竅，但刻意捨棄這種方式。先描述發生在我身邊形形色色的事件，繼而說明我是如何展開那些計畫，有著什麼樣的動機和煩惱等，記錄計畫和其中的故事。對希望快速吸收，運用於商業和工作場合的讀者來說，本書或許不符期待。為了這類讀者，我在末章後以附錄方式寫下濃縮的工作精華，並收錄大量海報等作品。儘管如此，我還是希望各位讀者盡可能從頭閱讀。為了呈現愉快的閱讀經驗，我在編排上費盡心思。如果這樣仍然無法讓大家覺得有趣，我想問題應該就出在我的寫作能力和人生上了。還請多多見諒。我置身的位置比一般人奇妙，且在上班族當中相當特殊，倘若能讓諸位讀者多少認識這樣的我，將是我的榮幸。

目次

序言 003

第一章　踏上旅程 009

北京卡關／俄羅斯作風／西伯利亞的哈士奇／大地的恩賜／地之盡頭／洗禮／修羅之國／悲傷的佛陀

第二章　步入社會 051

東京／焦躁與逃避／真正的創意是？／又是東京

第三章　生命停滯　069
停止／４０１號室／遺落的故事／外面的世界／誕生／死亡／
修復／下定決心

第四章　扭轉人生　117
新世界／炒熱祭典振興在地／有趣的海報／正式出道／
自力推動／花／滲透與擴散／大阪風格海報／光亮／
廣告能自由到什麼地步？之一／廣告能自由到什麼地步？之二／
音樂錄影帶拍過頭／美麗農村的煩惱／高中生與海報／
說不出口就用唱的／成年禮的禮物

第五章　成為傻瓜　201
新世界的嶄新世界／姊妹商店街／祭己／然後我就成為傻瓜了／
面向宇宙／日下祭／傻瓜的極致

後記 227
附錄　傻瓜打造的街區和廣告 229
海報展作品集 249

本書中出現的人物所屬單位和職稱等，均以事件發生當時為準記錄。部分人物因考量個人隱私，採用化名。

第一章 旅に出る

踏上旅程

◆北京卡關

醒來後，我來到甲板，大海變成一片黃。昨天為止還在的藍海不知哪兒去了。宛若沙坑裡積水的顏色，正如其名「黃海」的黃色大海。越來越接近中國大陸。寫著中文的貨船、看起來一吹就倒的小小木造漁船，來來去去。黃色水平線那端有著黑色的城鎮。大樓、鐵柱、煙囪等的集合體吐出黑煙。彷彿漂浮於黃色大海的巨大戰艦。天津。

一走進客運碼頭，攬客的人就像灑有米粒的麻雀般撲來。二十幾個人同時嘰嘰喳喳向我搭話。幸好我聽不懂他們在說什麼，沒覺得有壓力。我立刻搭上了巴士。沒吃天津飯，也沒嗑天津糖炒栗子，直接朝北京而去。不到半小時，地平線現出蹤影。在日本要到北海道才好不容易能見到的地平線，這裡輕易看見。

巴士穿過閒適的農村地帶，出現越來越多混凝土建築，還有汽車。穿梭於汽車之間的腳踏車也變多了。似乎到了北京郊區。車流停滯不前，我們被困在車陣之中緩慢前行。被腳踏車超越、被馬車趕過、被牛車超車。北京的交通打了結。從天津出發兩小時後，我們抵達北京。北京市區被黃色薄膜覆蓋，瀰漫著黃色空氣。我在臭水溝旁的便宜旅館京華飯店辦理入住後，立刻就睡了。雖然叫做飯店，卻端不出餐點。

難得來到北京，我光在排隊申請簽證。北京的俄羅斯大使館前大排長龍。小販看準排隊人潮，兜售著冰淇淋和結冰的礦泉水。北京好熱，緯度與盛岡相當應該很涼爽才對，卻比大阪還熱上許多。大概是大家都把建築裡的熱氣，用室外機排到戶外的關係吧。我買了瓶結冰礦泉水。瓶蓋好像已經開了，是我的錯覺吧。過了一會兒，我的肚子響起咕嚕咕嚕聲。不知是因為喝了冰水，還是瓶蓋本來就是開的，肚子好痛，想去廁所。但一離開隊伍又得從頭排起，只好忍耐。絞痛襲來，我下腹部用力，總算努力撐過去。但絞痛很快再度襲來，我想盡辦法度過難關。然而，這波腹痛比前次高了兩公尺，我撐不住了，離開隊伍。

隔天，我再度前往俄羅斯大使館。又是大排長龍。小販來了。不過這次我沒有買水，喝著自己帶去的水。

等待兩小時後，終於來到櫃檯。填寫所需文件，在櫃檯申請。比面無表情的北京人更面無表情的事務官駁回了我的申請。原來如果要從中國前往俄羅斯，沒有交通票券就不會核發簽證。我根本沒聽過，要去哪個國家還得先確定交通方式。旅遊書上也沒寫。

隔天，我在旅行社買了前往俄羅斯的跨國火車票，旅行社那邊也在排隊，所以我又花了半天時間。紫禁城、天安門廣場之類的觀光名勝，我哪兒都還沒去。再隔一天，我帶著火車票，又在俄羅斯大使館前排了兩小時。當然帶著水。申請終於被受理，接下來就剩等待核發簽證。我去了紫禁城、天壇公園、胡同地區等必訪的北京觀光景點，四天後又為了拿簽證去排隊。這次花了三小時。只寫著俄文、完全看不懂的簽證終於拿在手中了。花了四天，好不容易取得停留期限七天的旅遊簽證。

大學四年，我最常做的事是睡覺。回籠覺睡個兩三遍再正常不過，還曾經連睡五十二個小時。我以為是身體正在成長，所以才這麼嗜睡，結果一公釐都沒長高。其次常做的是照相。拍照、展出。回想起來，我的大學生活是在展出照片的社團活動中度過。大三下學期，像被朋友傳染了傳染病般，開始思索就業。我雖然想以攝影為業，但沒受過專門教育，也沒有勇氣在唸了四年制的普通大學後選擇成為攝影師。我還沒有想做的工作，也還不想出社會，所以決定考研究所，以延長心理社會遲滯（psychosocial moratorium）的時期。抱著隨隨便便的心情去考，最後草草落榜結束，匆忙轉換方向找工作。傳染病再次發作，彷彿發高燒時的囈語，不斷問自己是誰？應該做什麼？只不過，這些都不是問幾個月就能找到答案的。我最後想出的答案，是接近自己當時最喜歡的攝影，也就是可用表現形式、創作等維生的工作，例如廣告、出版、電視臺等。雖然不覺得自己能考上，最後卻幸運地被電通錄取。

學生生涯所剩無幾。心想不去做些只有現在能做到的事不行，決定踏上旅程。我想親身去拍下這個世界的照片，再者讀了傑克．凱魯亞克的《在路上》一直想去旅行。因為沒錢，我在影碟出租店打工，班表多到媲美「正職員工」，讓我沒法成行。原本學分就是為了要讀研究所才修的，現在不需要去學校了。不把握這段時間，可能再也沒機會。逃離責任感和使命感，出發去旅行。從神戶搭船到中國，穿過俄羅斯的符拉迪沃斯托克（Vladivostok，即海參威），搭乘西伯利亞鐵路前往伊爾庫次克（Irkutsk），去看世界上最透明的貝加爾湖，南下進入蒙古，再往南至中國、西藏、尼泊爾、印度、巴基斯坦、伊朗、土耳其。去程不搭飛機，全部經由陸路或海路。最後回到日本。這是我原本的行程。

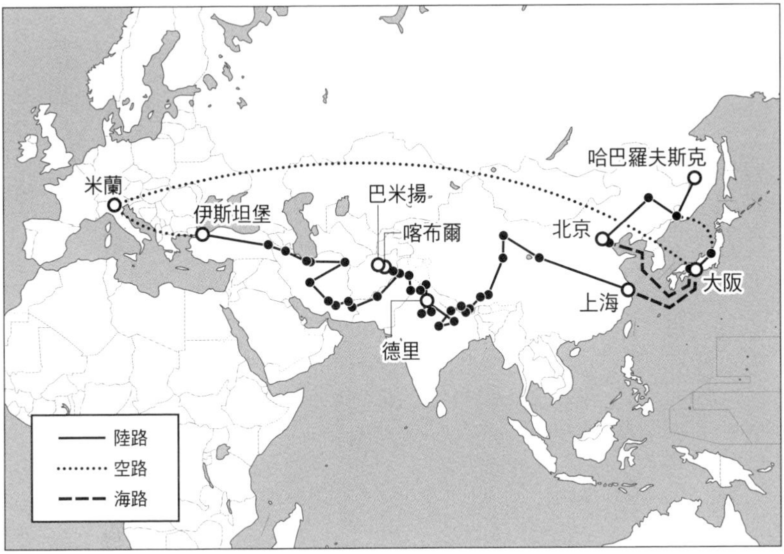

◆俄羅斯作風

中俄國境附近籠罩著濃霧。我不記得什麼時候進入俄羅斯。好像檢查過護照，也可能沒有。一切彷如夢中。有時置身迷霧草原，浮現一座孤零零的木造建築。我想應該是農家的建築吧，主人自己塗上油漆的那棟房子，讓我知道這裡已非東洋之國。

符拉迪沃斯托克的城市規模類似日本北陸的縣府所在城市。不小也不大，但確實是該地的政治、經濟中心。市中心有著成排歐式建築，進到郊區則是千篇一律的公寓蔓延，就像我的家鄉千里新市鎮的公營住宅。以新市鎮、集合住宅社區等，有計畫地供應眾多勞工居所的概念，完全符合社會主義意涵，所以風景才如此類似吧。我訝異自己成長之處其實很社會主義的同時，莫名認同自己身邊有這麼多自由主義者，或許因為家鄉的形成是源自社會主義。

太陽一直不下山，明亮的符拉迪沃斯托克夜幕降臨。直接就口暢飲寶特瓶裝伏特加的四個在地年輕人邀請我去派對。海灘上播放著廉價的 trance（出神）音樂。可能因為是廉價音響，音量過大，聲音斷斷續續。四個年輕人很融入地跳著舞。絕對是音樂的問題，但討厭被認為不合群，所以我隨意跳著。嘻哈歌手雙人組登上狹小的舞臺。他們體格壯碩，穿著冰上曲棍球隊的制服。明明是夏天卻戴著毛帽，看起來又熱又難受。他們邊挑釁觀眾邊饒舌，濁音多、字句間缺少抑揚頓挫的俄語實在跟嘻哈不搭。嘻哈歌手唱了兩首歌後，唱起「斯托克斯托克符拉迪沃斯托克，斯托克斯托克符拉迪沃斯托克」。觀眾異口同聲跟著揮手高唱「斯托克斯托克符拉迪沃斯托克」。我討厭被當成不合群的傢伙，所以跟著唱。我覺得有點丟臉，心想這樣下去這晚就毀了，於是跟那些年輕人說再見後回到旅館。

我從符拉迪沃斯托克車站搭乘西伯利亞鐵路，向哈巴羅夫斯克（Khabarovsk，中文名「伯力」）前進。憧憬的西伯利亞鐵路，比家鄉只有慢車的阪急千里線還要慢。每次到站都會停很長時間，不知道是什麼原因。好像是為了小販才停車的，他們接二連三湧上，在車外將手擠過窗間縫隙遞上商品。我買了蘋果和俄式餡餅（pirozhki）。

列車緩緩起步，夏天的西伯利亞草原連綿，所見景色幾乎都是綠色的地平線。偶有木屋單獨佇立。大概是自己塗刷的吧，溫暖的粉色系。時而在草原中看見沼澤，十之八九都有小孩在游泳。日本絕對不會有人在那樣的地方游泳。西伯利亞的短暫夏日，就像限時大拍賣晚了就賣光了，所以要盡情享受。

列車座位是包廂式的，一個包廂裡有兩張上下鋪。床與床之間是張小桌子。兩位大嬸、一個中年軍人。軍人過度熱情地請我享用火腿、麵包、鮭魚卵和伏特加。久違的返鄉，讓他心情極好。我以為俄羅斯人很冷漠，他完全相反，開朗、溫暖又熱情。喝不慣的伏特加和列車的搖晃讓我一直覺得很噁心，把東西全吐出來後，終於能在上鋪躺下。但身體還是不舒服，讓我一時睡不著。我翻了個身，卻翻到了床鋪外，從上鋪跌落，撞向下鋪的大嬸。

兩天一夜的列車之旅結束後，抵達哈巴羅夫斯克。我揹著沉重的行囊，從車站走向市區。哈巴羅夫斯克同樣是有著歐式建築的中型城鎮。

我打算下榻旅遊書上介紹的旅館，離車站數分鐘遠。旅館櫃檯的女士用蹩腳的英語說：「不能讓你住。」因為我是日本人嗎？還是我看起來很窮？拒絕入住未免太過分了。我激動喊著：「為什麼？」她指著簽證上某處。我不知道上面寫了什麼，日期是數字，所以看得懂。日期是今天。我向櫃檯詢問這個日期代表什麼意思，沒得到答案。我從包包裡拿出俄羅斯旅遊書翻查，上面寫說那是「簽證有效期限」。簽證應該有七天效期，為什麼只有三天，再仔細閱讀，發現書上寫著旅遊簽證經延長手續可有七天效期。從來沒聽過。不明究竟。為了緩和剛剛對櫃檯女士大吼大叫的態度，我笨拙客氣地拜託：「簽證到今天，今晚是不是能讓我入住呢？」收到冷漠的拒絕：「退房是在簽證到期後的明天，所以沒辦法。」我陷入茫然，不知道接下來該如何是好地說：「總之先去移民局。」但這天是星期天，沒開門。

我走出旅館，在附近公園裡的長椅坐下，卸下沉重的後背包。沒地方可住了嗎？要露宿街頭了嗎？在陌生國度露宿街頭太危險，就算一夜平安，隔天一早也無法繼續待在俄羅斯了。我能拜託誰？該去哪裡？我從頭到尾仔細翻閱一遍旅遊書，上面印有駐哈巴羅夫斯克日本總領事館的聯絡方式。這是我唯一的浮木。不過那天是星期天，有開門嗎？試著撥打電話後接通了，我說明自己的情況後，對方請我馬上到總領事館。

步行約十分鐘處有一座俐落的西式建築，我按了入口的電鈴。「你好，我剛剛有打電話來。」對方回應：「請進。」在哈巴羅夫斯克市中心能用日語溝通，讓我非常安心。日本駐哈巴羅夫斯克總領事館就在那棟西式建築裡。書房裡一位看似教育家新渡戶稻造的人，威風凜凜地坐著。他十分冷靜，跟慌張的我截然不同。「總之，今天就由我來想辦法找旅館讓你入住，請明天一早就去俄羅斯移民局。」有生以來第一次覺得自己是日本國民真好。護照首頁印著：「茲請各國有關機關對持用本護照之日本國民允予自由通行，並請必要時儘量予以協助及保護」。完全如上所言。

隔天，我聽從他的指示來到移民局，表明自己是來延長簽證，光這樣就被迫等了一個小時。我被叫到樓上，而不是去一般的窗口。樓上不知是哪個大官的辦公室，裡面坐著一臉像男中音羅斯托夫斯基（Dmitri Aleksandrovich Hvorostovsky）卻不叫羅斯托夫斯基的男子。這名看來聰明但冷淡的官員問訊。

「為什麼來俄羅斯？」

「我來觀光。」

「你來看什麼？」

「我來看西伯利亞的平原和阿穆爾河（即黑龍江）。」

聽到我這麼說，他顯得不以為然。他好像認為那不過是尋常的風景，所以懷疑我的說法。我必須讓他有好印象。

「因為我喜歡俄國文學。」

「你喜歡誰？」

「托爾斯泰。」

「那你應該去聖彼得堡或莫斯科。這裡是杜斯妥也夫斯基的地方。」

他冷冰冰得宛如西伯利亞。

「你怎麼來的？」

「我從北京搭火車進符拉迪沃斯托克。」

「職業是什麼？」

「大學生。」

之後他又問了好幾個問題。

「你這樣的人不應該來俄羅斯。」

我目瞪口呆，不過他還是幫我把簽證延長了一個星期左右。

「簽證到期之前滾回日本。」他無情地說。

「什麼！我接下來打算去蒙古。」

「那不行。」

「為什麼？」

「目的地寫了『日本』。」

我搞不清楚的地方上寫著「Япония」，發音 Yaponiya，確實是指日本。我第一次聽說旅遊簽證上還要先確定目的地。

「能變更目的地嗎？」

「怎麼可能。」

無論我怎麼說，他都堅持我要回日本。我橫越俄羅斯的夢想一開始就被粉碎了。我太震驚，不禁垂頭喪氣。

「你在哈巴羅夫斯克期間，去旅行社的安娜那裡。她會說日文，應該可以幫你預訂回日本的機票，也會幫你介紹俄羅斯的觀光景點。」他同情地說。

我心灰意冷，辦好住房手續。這次沒啥問題順利入住。我照那位官員說的造訪安娜的旅行社。安娜的日文很好，光這點就讓我放心不少。我在她那裡買了從符拉迪沃斯托克到新潟的機票，還有從哈巴羅夫斯克到符拉迪沃斯托克的火車票。五天後出發。

「慶太先生，接下來就請好好欣賞我們這裡。還有請每天來我這裡露個面唷。我會帶你去一些有趣的地方。」

我聽從安娜的話，每天都到她那裡。

「慶太先生，你今天做了什麼？」

「在街上散步。」

「慶太先生，你今天做了什麼？」

「我在阿穆爾河游泳，然後在附近拍照。」

我每天都這樣向她報告。

「阿穆爾河可以釣魚嗎？」我問。「原來慶太先生喜歡釣魚。」她回道，幫我預約了釣魚行程。兩天一夜，在西伯利亞的河川釣魚。她說五月連假的時候，想釣櫻鱒的日本人會來訪。從哈巴羅夫斯克出發，在主要道路上車行兩小時，再搭吉普車在沒鋪柏油的道路上前進兩小時抵達河邊，搭船三十分鐘溯溪而上。沒有任何護岸工程，只是草原中偶然出現的水路，完全未經人類加工的美麗河川。在河中小島上岸後，我借用俄羅斯製的粗重釣竿釣魚，馬上釣到了虹鱒。同行的俄羅斯年輕人接連釣到兩尾約五十公分的虹鱒。在這樣的大自然裡，游魚眾多。蚊子也很多。成群的蚊子覆在我臉上，而且都在叮我，拿著釣竿的手被蚊子密密包圍。所有露出的肌膚都被蚊子攻占。蚊香毫無用處。用帶來的止癢藥胡亂塗抹了一番，但不斷被咬，塗了也沒意義。我還把藥塗在臉上，結果藥跑到眼睛裡，讓我刺痛到睜不開眼睛，看不見浮標，沒法繼續釣魚。同行的俄羅斯人對蚊子絲毫不以為意。他們平常就住在森林裡，還說自己曾經殺過兩隻西伯利亞虎。再怎麼原始也不致於如此吧。我沒法繼續釣魚了，收起釣竿。當天落腳附近的農家，我們在那裡住了一晚。夜宿西伯利亞農家民宿，享用釣到的魚和屋主獵得的羚羊肉，早上則是手作麵包佐院子裡現採的蜂蜜。雖然是難得的經驗，我的臉實在太癢了，完全無法盡興，臉上一直有種熱燙感。早上起床後，我的臉腫了起來，面積大了約百分之二十，就像賽後的拳擊手。結束如同輸掉遊戲受罰的行程，回到哈巴羅夫斯克市區。

從釣魚之旅返回市區隔天，是我在哈巴羅夫斯克的最後一天。我去跟安娜道別。

「安娜，我要搭今天傍晚的火車回家了唷。」

「這樣啊，真捨不得，慶太先生。」

「謝謝妳幫了我這麼多。」

「事到如今我就說了，我本來以為你是間諜。當局要求我監視你。你說你在阿穆爾河拍了照對吧，那是中國國境。不過你不是間諜，是非常好的人。請再來俄羅斯釣魚喔。再見，期待有一天再會。」

◆西伯利亞的哈士奇

跟安娜道別後，離火車出發還有一點時間。心想離開西伯利亞之前，得拍些只有這裡能拍到的照片。來到俄羅斯後，我總想著要拍從西伯利亞鐵路車窗看到的田園景致。那樣的景色並非特定地方才有，只要到郊外便隨處可見。我想著搭巴士看到有想拍的景色就下車，再邊拍邊走回市區。無論哪輛巴士，搭一小段時間就會來到郊外。我隨意搭上一輛巴士。

三十分鐘後，一如預期，想拍攝的風光出現眼前。我下了車。一望無際的大草原，綠色的地平線上，暖色系木屋獨自佇立。那是西伯利亞美麗的田園風景。我走在草原邊的道路上，邊拍攝照片。

走了約一小時後，我發現一處被鐵絲網圍起的設施。大概是發電廠之類的地方吧。我把相機轉向設施的方向，從觀景窗看去卻沒靈感，覺得浪費底片而未按下快門。我繼續向前走，左邊是鐵網，一小段路後出現十字路口。我向左轉，看到幾個軍人在談笑。他們同時望向我，幾個人跳上吉普車，接著朝我靠近。原來如此，這裡是軍事基地？糟糕，糟透了，真的是朝我過來？也是啦，我一個東方人，在這既非觀光區、啥都不是的地方，獨自帶著相機走來走去實在很詭異，而且那裡靠近中國國境。說得也是啦，很詭異，太詭異啦。即使把相機揹到身後，背帶上有「Canon」字樣，為時已晚啦，果然糟了。吉普車停在我面前。

貌似菲德（Fedor Vladimirovich Emelianenko，俄羅斯綜合格鬥家）、伊格爾（Igor Vovchanchyn，烏克蘭綜合格鬥家）、桑基爾夫（Zangief，快打旋風遊戲人物）的三個俄羅斯肌肉男從車裡走出來。他們突然捉住我的後頸，把我丟進吉普車後座。菲德與伊格爾坐在兩側，把我夾在中間。伊格爾怒吼著：「護照！護照！」為了避免被搶，我是把護照收到像肚圍般的小包包裡。當我正要把手伸向腹部拿出護照時，右手被手刀大力一拍。他們好像誤會我要掏槍。現在覺得他們「把我當成一流刺客真開心」，當時根本無法一笑置之。我指著肚子大喊：「護照、護照」，他們才終於明白我的意思，讓我把手伸向腹部。我把護照遞給桑基爾夫。他認真檢視了一遍，不過只有護照無法證明清白，直接把我帶回基地。

我們進入鐵絲網圍起的基地，裡面到處是發出咕嚕嚕嚕聲的西伯利亞哈士奇，彷彿立刻就要撲上來。這才是名副其實西伯利亞的西伯利亞哈士奇，沒有上流社會人士牽著在代代木公園散步的西伯利亞哈士奇的優雅姿態。牠們介於狼犬之間，是差點就成為狼卻偏向犬的凶猛動物。士兵用軍靴的腳跟像「踢散」兩字描述的一樣，邊踢開這些西伯利亞哈士奇邊開路。穿過庭院，我被帶到基地的建物裡，最後來到司令官室。神似好萊塢動作明星杜夫．朗格（Dolph Lundgren）的冷酷司令官凝視著我，粗暴喊道：「底片！底片！」他應該是想知道我是不是拍到一些奇怪的東西。我毫不抗拒地交出膠卷，用隻字片語的英文回答簡單的訊問，然後被帶到位於地下層的偵訊室。他們要我在那裡等口譯。等待期間，我想像了所有可能的最壞狀況。被扣留在西伯利亞強迫勞動、被洗腦成共產黨員、直接被教育成間諜、被殺之後沉到阿穆爾河底……腦中到處發出忐忑不安的訊號。為了排解這種不安，我開始思考其他事情。試著回想電子遊戲《勇者鬥惡龍》的所有咒語，霍伊米、貝霍伊米、魯卡南……只有解鎖的咒語想不起來。可能看不下去我這副惶惶不安的樣子，看守的年輕士兵說：「我相信你。」一邊遞俄式餡餅給我。就像電影一樣，如果俄式餡餅是漢堡的話。

等了四小時後，口譯終於來了。是日語口譯。他們問我姓名、年齡、職業、父母姓名、行程、目的，還有為什麼在那裡。因為是日語，溝通很順利。對方似乎了然於心，知道我只是觀光客。偵訊約三十分鐘結束，口譯也離開了。終於可以放我走了。正當我從椅子上站起來，卻聽到命令：「還不行。剛剛是軍方的訊問，接下來還有警察的訊問。」我問道：「偵訊內容不能共享就好了嗎？」未被接受，「不能那麼做。」可能是俄羅斯的官僚主義比日本更嚴重，或者是縱向組織吧。等了兩小時後，開始偵訊。來的是有著亞洲臉孔的男子和跟瑪利歐一樣蓄鬍的開朗男性。亞洲臉孔男是長官，瑪利歐是口譯。長官留小平頭，臉頰上有一道大刀疤，顯然不是一般人。跟先前軍方訊問的氛圍天差地別。偵訊以英語進行，內容鉅細靡遺。除了跟軍方一樣的問題之外，還要求我寫最好的朋友的名字、雙親以外我所知道的親戚的名字、將去工作的公司名稱和地點，深入隱私到讓人作嘔的程度。問題一個接一個不斷襲來。我沒時間了。從哈巴羅夫斯克返回符拉迪沃斯托克的火車時間逼近，錯過的話會損失約一百美元。「剛剛已經偵訊過了，可以了嗎？內容跟剛剛完全一樣。搭車時間快到了，請讓我離開。」聽到我這麼說，口譯面露不悅之色地開口。

「好，我知道了。就這麼結束偵訊吧，但是你會被永久禁止入境俄羅斯。如果你付兩百美元就一筆勾消。」想叫我賄賂他們來了結這件事嗎？我想去莫斯科、聖彼得堡，也想看世界上最透明的貝加爾湖。但兩百美元實在太浪費了，對窮游的學生來說太貴。要是付錢，我就沒有旅費了。旅程還要繼續。

「請你禁止我入境俄羅斯。」我告訴他。

「什麼！不能再來俄羅斯真的沒關係嗎？」口譯回答。我們國家怎麼可能比兩百美元還沒吸引力，誒——！再給我想清楚一點，日本人。因為我出乎意料的回答，口譯慌了手腳。「禁止入境沒關係。」我絲毫不為所動。「知道了，知道了啦，那麼，開車送你去車站，我們車上繼續說。」他說道。我們搭上了軍方的吉普車。

「光看你拍的照片，我想你只是普通的觀光客。你這傢伙是個好人。但有可能必須再多問你一些問題，如果有需要的話，或許會要你再來俄羅斯。」

「我沒有旅費了，來不了。」

「我們會幫你付旅費，這樣就來得了了吧。」

「我要開始工作，會變得很忙，我想應該沒有辦法。」

「如果是在符拉迪沃斯托克的日本總領事館偵訊的話，就沒問題了吧？」

為什麼他這麼執著要讓我再來俄羅斯，讓人渾身不舒服。

「你回日本後，要聯絡我和在東京的賽吉。這還你。」他把底片遞給我。我沒想到他們會把東西還我，還洗出來歸還。

我終究沒趕上火車發車時間，浪費了票錢。終於走到這裡卻被送回原點，一點都開心不起來。隔天從哈巴羅夫斯克出發。剛開始覺得美麗的西伯利亞田園風景已經看習慣了，兩天一夜的路程非常無聊。

抵達符拉迪沃斯托克後，搭上聽都沒聽過的航空公司——符拉迪沃斯托克航空（Vladivostok Air，即海參威航空）的破舊飛機，朝日本飛去。上空可以俯瞰地形曲折的符拉迪沃斯托克港口，還有遠方的草原。我已經永遠無法再踏上這片大地了吧？再見，俄羅斯。

飛行兩小時後抵達新潟，沒有時差。俄羅斯的日常生活延伸到了新潟。不過兩小時遠之處，有著白人的國度。幾乎無人知曉這點，好似白人國度只存在於歐美。

回到日本後，我先吃了蕎麥麵，輕鬆點好餐點。能夠與人溝通。有字的招牌、文字等等全都看得懂。不用擔心簽證過期。無比安全。我對一切感到開心。由於太想讚頌自由與安全，我在公園睡了一夜，整晚被蚊子叮得無法熟睡。機會難得，我還去了佐渡島再回大阪。不用說我當然沒打給賽吉。

◆大地的恩賜

我必須重新踏上旅程。回到大阪的家後，我隨即搭上從大阪港前往上海的客船「鑑真號」。在最便宜的通鋪房裡，有目的地是中國的背包客。我馬上跟他們變成好朋友。船上有麻將房，沒事做只好打麻將。當我默默清一色正要聽牌時，船身劇烈搖晃，麻將牌全散了。

船抵達上海，入境不需申請簽證。我在上海盡情玩樂，走過舊市區，驚嘆新市區的發展，大啖美食。上海比北京更有人情味，店員人人都很親切。不知誰說過：「北京像東京，上海像大阪」，我隱約深有同感。

跟在民宿認識的同伴隨興於傍晚時會合一起吃晚餐，變成每日既定行程。在中國，無論哪家餐廳，都不適合一個人吃，每盤菜的分量都太大。我跟大家一起吃晚餐，交情自然越來越好。旅途中遇到的女生看起來特別可愛。我心想要搭訕來自愛知縣的可愛女生，於是延長待在上海的時間，結果一事無成。就像戰敗逃跑一樣，我前往內陸的絲路小鎮蘭州。

不知道是黃河、塵土還是空氣汙染的問題，蘭州街上和空氣都是黃的，我彷彿一直帶著黃色的太陽眼鏡。乾燥讓我喉嚨乾涸，所有人都戴著口罩。我去看了黃河上游，那條河的水流帶著黃色。河灘上散落大量垃圾，與浪漫黃河的想像背道而馳。街上有許多外觀氣派、內部殘破，彷若舞臺布景的建築。沒什麼非看不可的東西。中國的快速發展殃及了內陸。名為「蘭州拉麵」的麵食是名產，牛肉湯裡有手工揉打的扁麵。京都拉麵「天下一品」還比較好吃。麵和湯一切都是黃的。

從上海越往蘭州和內陸，溼氣明顯越來越低。稀疏可見的植物逐漸消失無蹤。接下來，溼氣全無。火車車窗外是沙漠。除了鳥取沙丘之外，這是我人生首度到沙漠。沙漠不是砂所形成的，而是岩石組成，我想起地理老師教過，沙漠不是只有砂質沙漠。沙漠裡顏色極少，只有地面的灰與夕陽西下時分的紅色天空。即將落至地平線的太陽映照著列車。電車的長影往沙漠延伸，在灰與紅的世界增添一抹黑。

那是日本這樣的小小列島無法形成的風景。中國大陸相當雄偉壯麗。「獨自踏上絲路之旅的男人」。車窗外的風景讓我不禁覺得自己很浪漫。

列車抵達敦煌。或許因為觀光而繁榮，這座城市大體上還算氣派。我在民宿辦好住宿手續，跟同住的川西一起前往沙漠，一個叫做鳴沙山的沙丘。放眼望去盡是砂質沙漠。我們爬上一踩就崩塌的沙山，兩人欣賞了沒入沙漠的夕陽。沙丘看起來帶著情色風情，描繪出如女體的美妙曲線。川西的志向是成為建築師，旅行的目的是去看世界上的建築。自己創作之物與旅行完美結合，他展現出絕佳的表情。

沙漠實在美麗非凡，美得讓我想再看一眼，想要獨自一人欣賞夜晚的沙漠。我騎著自行車穿過夜幕低垂的街道，約三十分鐘後來到沙漠。沙漠裡空無一人。我獨自平躺在沙丘頂上，那是我幾乎從未見過的星空，連三十等星程度的小星星都可辨識。銀河從夜空這一端到另一端，就像筆刷一筆劃過般清晰可見。仰望星星一陣子後，失去了時間感。沒有任何能顯示時間流逝的東西，萬物止息，寂靜無聲。時間停駐。不知道後來過了幾分鐘、幾十分鐘，還是幾小時。飛機飛進了我的視野，橫越夜空，彷彿拉開夜空的拉鍊。時間現蹤，又開始轉動。

藤井先生和我、川西住同一家民宿，他的目的地是西藏。頂著一頭不修邊幅短髮的藤井先生，蓄鬍、戴眼鏡，看起來身形纖細。他擔任系統工程師三年，辭職後展開漫無目的的旅行。我們三人一起搭巴士前往西藏的門戶格爾木。巴士駛出敦煌，沿著棉花田前進一小段後進入沙漠，與鳴沙山一樣壯觀的砂質沙漠。越過砂之山，穿過砂之谷。遠處可見的車輛就像沙坑裡的小汽車。途中出現紅色的駱駝群。

空無一人。或許是野生的吧？遠方時而出現類似大型水坑的東西，是綠洲嗎？還是海市蜃樓？穿過沙漠便是荒地，草木不生。經過小鎮。地面一片水藍色，如劇毒礦物般的顏色。有什麼汙染吧？不見人煙。在中國，越朝內陸而去，我就看到越多如同恩賜一樣不同凡響的景色。

當時連接格爾木與西藏的青藏鐵路尚未開通，要到西藏通常只能從格爾木搭巴士，或從四川搭機前往。陸路艱險，途中需穿越海拔五千公尺的隘口，空氣稀薄，劇烈起伏。巴士經常故障，常因動彈不得而得在車上過夜。搭巴士很花時間。最重要的是必須辦理進入西藏的許可證，大概一萬日圓，非常貴。我在敦煌的落腳處聽說有不需要許可證的非法路徑。格爾木的市場有位車商王先生，他將車輛運送到西藏時會讓人順道搭乘。搭他的車比巴士車資貴，但因為不必辦許可證，算起來很便宜，而且比經常故障的巴士快得多。王先生也可以藉交車之便順便生財，是一石二鳥的好事。

雖然搭王先生的車到西藏拉薩是最佳方案，但在陌生城市要找一個人極為困難。我擁有的資訊只有「王先生在格爾木的市場」，不知道幾點去才能找到人。王先生也可能剛好去了西藏，只能像《勇者鬥惡龍》一樣在鎮上跟很多人搭話，一一探問：「王先生在哪裡？」

從敦煌出發約十二小時後，巴士抵達格爾木。我想著找王先生之前，總之先到下榻處辦住宿手續，於是邁開腳步。突然間，一個滿臉鬍子、留著如鞋刷般直髮的矮小大叔叫住我：「你是要去西藏吧？」他竟然就是王先生。

「明早出發要不要搭？」王先生說道。意料之外的發展，從敦煌出發的長距離移動讓我疲累。原想機會難得，這輩子大概不會再來，打算在格爾木城內散散步。但藤井先生想趕快去西藏，要是錯過，不知道下次什麼時候才會遇到王先生。他強調這是好機會，確實可能如此沒錯。王先生要是找到其他客人，會大幅拖延我們出發的時間，這樣搭巴士就太花錢。我們決定搭王先生的車。

我們在只待一晚的下榻處辦好入住手續，卸下行李，外出尋找稱為「紅景天」的藥。我之前在北京投宿處偶遇去過西藏的日本人，他說吃紅景天並不時補充水分，就能大幅緩解高山症的不適。找到王先生這號人物，取得紅景天這個東西，才能移動到下一個城市。旅行就像真實的角色扮演遊戲。

◆地之盡頭

隔天早上，王先生來旅館接我們。一輛福斯的全新汽車，沒什麼可挑剔的。副駕駛座上坐著一個中國人，是帶著還在喝奶的嬰兒的母親。「是王先生的家人嗎？」我問道。他回說是要到西藏的客人。我以為只有我們，原來還有其他客人。如果是三個人搭車的話很寬敞舒適，三名男性同在後座就顯得擁擠。何況還有個小嬰兒，他去西藏沒問題嗎？空氣稀薄，身體不會有問題嗎？我跟藤井先生還有川西三人鑽進後座，車子出發了。我馬上吞下紅景天。

車子沿著大地上的筆直道路前進，越來越接近原在遠方的雪山。海拔高度漸升，嬰兒的哭聲越來越大，就像顯示海拔高度的測量計。我攝取了更多水分以預防高山症，所以很頻尿。

持續爬坡好一陣子之後，越過一個隘口，海拔來到五千兩百公尺。隘口處有座紀念碑，眺望風景極佳，所以在此稍事休息。我抽了根菸，吸一口就頭昏眼花想吐。

越過隘口後，周邊盡是雪山，再前進一點則是廣大的平原，遠處可見地平線。海拔超過四千公尺，比富士山還高，但仍能看見地平線。地平線那端是層疊如積雨雲般的雲朵，雲層之中吸納了顯然奔馳在距我們很遙遠的前方的卡車。厚實雲層與我們之間，漂浮著綿綿的小雲朵，彷彿西遊記裡的觔斗雲。一個人或兩個人踩上去就會站滿的小雲朵。我們與雲的距離看起來僅咫尺。約五層樓高處有著雲朵，雲層下方是花海，就像置身雲之王國。與城鎮距離甚遠的草原上有個男人正在走著。他究竟來自哪裡？又要往何處去？

夜半穿越重重山口，繞過遠處的關口，在因嬰兒哭聲而幾乎無法成眠下迎接清晨。穿越人煙進入荒野。又再穿過人煙進入荒野。不斷反復，城鎮出現的頻率縮短。有了人類生活的痕跡。

我們在中午前抵達拉薩。這裡是西藏自治區首府，城市圍繞布達拉宮擴展，海拔三千七百公尺。因接近太陽，日照強烈。或許是日照的關係，西藏人晒得極黑。位於城市中心、名為大昭寺的寺廟周圍，可見人們五體投地。他們屈膝將頭伏地，身體前傾，雙手雙腳頭觸地，雙手合十。奉獻所有身心投入祈禱。是什麼驅使他們這麼做呢？

我踏上旅程的原因之一是想見識「宗教」。在日本根本搞不清楚宗教是什麼。我當然去過神社、寺廟，卻非基於信仰。我周圍沒有這樣的人，幾乎沒有機會感受宗教。然而，這個世界是被宗教所驅動，我想去看看那些我不知道的宗教，以及該宗教所形塑的文化與城市。由於歐美電影、小說的緣故，我對基督教有一些認識，不過伊斯蘭教、印度教、藏傳佛教是我完全無法想像的。我想親眼見識看看。

在拉薩待了一星期後，我適應了高地，也能享受吞雲吐霧。在民宿頂樓看著布達拉宮邊晒衣服，是最美妙的時刻。海拔很高、日照強烈，洗好的衣服很快就乾了。在拉薩鬧區八廓邊散步邊購物，走累了就喝杯酥油茶。西藏人時而向我搭話。僧侶、市民、乞討的孩子，所有人都很容易親近。西藏並非富裕之地，沒有產業，也無法採收太多農作物，還被中國壓迫。但是人人神情開朗，物質匱乏卻表情滿足，眼神澄澈。是藏傳佛教讓他們展現這樣的表情嗎？

我在拉薩迎接二十四歲生日，民宿的同伴幫我慶生，像幼稚園的慶生會一樣，以紙條做成的鎖鏈圈圈裝飾房間，還為我煮了日本料理。除了沒有女朋友之外，一切都很完美。我想就這樣永遠留在拉薩。

我跟民宿其他人約好去看天葬。我們包了一輛車，車型是豐田「陸地巡洋艦」（Land Cruiser）。

一整天行駛在沒有鋪裝的道路上，來到遠離鄉里的寺廟。葬禮在隔天早上舉行。當天我們借宿寺廟，清晨五點起床，前往舉行天葬的地點。出發時尚未天明，走在微暗的路上來到廣場。那裡有著直徑約五公尺、由石塊鋪成的圓。等待十多分鐘後，揹著大布袋的年輕人走來，將袋中之物隨意擺放在圓形正中央。那是老奶奶的屍體，抱膝狀態僵直。為了容易放入布袋中而彎曲手腳吧。死後以那樣的姿勢呈現僵硬，身體變成黃色，散發特殊氣味。那跟我在爺爺葬禮聞到的臭味類似。是屍體特有的味道嗎？嗅到屍臭的禿鷹一擁而上，隨便數就超過百隻。牠們展翅約達三公尺，每一隻都無比巨大。迫不及待的禿鷹成群朝屍體飛撲，家屬表現出「還不能吃」的姿態驅趕牠們。

僧侶將屍體放在石塊砌成的平臺上，取出一柄大菜刀，開始切割屍體。刮除手部的肉，割去大腿肉，削除臀部。切割骨肉方便禿鷹食用。他們表現得就像處理魚肉般稀鬆平常，偶爾還露出笑容。其他僧侶在旁誦經，誦經聲彷彿從地底發出的聲響，作為切割屍體的背景音樂。我聞到屍臭。視覺、聽覺、嗅覺，三種感官都覺得詭異。僧侶將處理完畢的屍身和屍肉放在圓形正中央，禿鷹隨即齊步撲了上去。牠們同時咬住手、軀幹、腳，一啄一啄拉扯屍體。頭部咕囉咕囉作響，屍體的嘴啪嗒啪嗒張闔。只有左手從身體上被扯下，禿鷹爭先恐後啄食，在空中爭奪。那隻左手一直停留在空中，一瞬都沒掉落地上。

約十分鐘，老奶奶就變成白骨。只有手心和腳底殘留些肉渣，或許是務農而變硬的皮膚連禿鷹都無法吃食吧。此時，太陽從白骨背後的群山稜線中升起，朝陽照射白骨。僧侶將白骨搬到處理臺上，拿錘子粉碎骨頭。骨頭與殘餘的肉混在一起變成泥狀，最後連剩下的頭蓋骨也沒放過敲碎。肉片飛散到周圍，不知沾附在誰的衣服上。肉泥再次被放到石盤中心，禿鷹又來了。不到五分鐘，什麼都不剩。剛剛還在這裡的黃色人體已經消失得無影無蹤，僅留下體液的痕跡。

吃飽的禿鷹同時張開雙翼，彷彿在說多謝招待。面朝太陽張開羽翼能讓身體暖和吧。我膝蓋突然一軟，暫時無法動彈。不是因為噁心，而是眼前的事實太沉重讓人難以盡皆承受。心情是神聖的。我死後也想餵鳥吃，好似這樣就能回歸自然。

我的旅行時間不多了，差不多該移動到下一個地點。從敦煌就一起行動的川西，住同一間民宿的真矢，還有秀，我們四人一起朝尼泊爾前進。真矢與秀兩人從雲南開始就打扮成西藏人，是搭便車來拉薩的高手。我們包了輛車。包車聽起來很奢侈，但這是唯一的交通手段。車型只有「陸地巡洋艦」或三菱「帕傑羅」（PAJERO），因為路程多艱險，不是四輪傳動就無法行駛。

我們從拉薩行經西藏第二大城日喀則市，行駛在草木萬物不生的荒野，在能遠窺聖母峰的小鎮住了一晚。這裡遠比拉薩寒冷，讓我睡不著。想喝個紅茶什麼的暖身，沒電也無瓦斯。結果只稍微打了個盹，馬上起床出發。從海拔五千公尺彷若大地盡頭的地方，急速向下移動約一小時，來到兩千公尺高、位於尼泊爾邊境的樟木鎮。出現香蕉樹，溼氣溼答答地環繞我們。不知是否也有低山症之類的，我們四個人都生病了。滿身瘡痍地越過國境，總算抵達尼泊爾。

加德滿都有美味的披薩，還有義大利麵、牛排。許多可愛的女孩子。夜晚霓虹閃爍，白人情侶在路上火熱調情。城市閃閃發亮，讓人目眩神迷，與群山內側的西藏大相徑庭。非常安適自在。太舒適到讓人不舒服。我隨即前往印度。

◆洗禮

抵達尼泊爾與印度邊境的蘇諾里（Sonauli）後，我去了在巴士站拉客的人介紹的民宿。民宿建物簡陋，只是在隨意搭建的小屋上鋪上茅草，屋頂與牆壁之間開著大洞，當然很多蚊子飛進來。睡覺時點上蚊香，印度式說法是蚊卷（mosquito coil）。蚊子發出討厭的嗡嗡聲朝我而來，可能是南國尺寸，很大一隻，怎麼打都消滅不了，無法入睡。張開眼，身旁來了隻大壁虎。牠盯著蚊子。壁虎後方是直盯著牠的老鼠。突然咚一聲，不知道什麼東西跳上了屋頂。貓從牆壁縫隙進入房內，牠的獵物是老鼠。食物鏈現形。

我沒怎麼睡就前往卡修拉荷（Khajuraho）。那裡有印度教寺廟，牆上眾多稱為彌偷那（Mithuna）的男女交纏色慾雕刻。我在尼泊爾遇到的印度人說：「到卡修拉荷的女生都會變性感，立刻就能帶上床啦，你應該去看看！」雕刻非常值得一探，他口中那樣的女生卻根本不存在。

我前往瓦拉納西（Varanasi），一走下巴士就被人力車夫包圍。「旅館在哪？決定好了嗎？」雖然沒有事先預訂，我假裝已經訂好，拜託車夫：「帶我到沙瓦民宿。」車夫拉著人力車帶我到旅館，但不是沙瓦民宿。「到沙瓦民宿的路正在整修啦，你今天就住這吧。」他說道。地點雖然遠離瓦拉納西市中心，價格卻差不多。太陽快下山了，於是決定投宿那家旅館。隔天我移往沙瓦民宿，道路根本沒有在整修。車夫跟旅館是一夥的，帶客人去就能拿到一筆介紹費。我每天接連被敲詐。計程車、人力車都不直接帶我到想去的地方，買一瓶可樂都必須殺價。拿一百盧比紙鈔買二十盧比的東西，只找我三十盧比。

以為「我是不是給了五十盧比紙鈔？」，回想起來根本不是。要求對方還錢，他還裝傻吐舌：「被發現啦？」讓我想討厭也沒轍。人力車靠近我問道：「要不要去哪裡？」我回他：「去日本。」他喊了「啊剎～」，邊笑邊搖著頭說真是有趣的傢伙。拉客的人說不定不是真心招攬觀光客上車，只是太閒想跟人講講話而已。

瓦拉納西是恆河邊的印度教聖地。從恆河對岸觀賞日出，去火葬場看焚燒的屍體，喝香料奶茶，日落西山。從未見過的龐然日出、焚燒屍體的火焰與流動的河川，眼前所見不禁讓我思索起死亡、自然。思考讓人心情愉悅。我在瓦拉納西待了幾週，卻像過了好幾個月，又或是數年。

夜晚，看來旅途漫漫的民宿房客聚會，演奏非洲鼓、澳洲原住民傳統樂器迪吉里杜管（didgeridoo）。某種嬉皮的風格。尼泊爾、印度和更有嬉皮風的旅人多了起來。提倡自由的嬉皮本身，被框限在自由的形式之中。

從瓦拉納西到德里，一如新德里與舊德里之名，那裡混合著新舊事物。單調的高樓大廈底下，彷彿活了好幾百年的老人正央求施捨。早晨在舊德里喝的香料奶茶無比美味。

從德里前往阿格拉（Agra），參觀了泰姬瑪哈陵。所有人都光腳在宮殿裡來回走動，全程聞到腳的味道。印度人的腳臭氣沖天。

從阿格拉到齋浦爾（Jaipur），路途的疲勞讓我感冒了。我窩在旅館裡，讀著三島由紀夫的《金閣寺》，書是跟在瓦拉納西偶遇的旅人交換的。如此內省又纖細，細膩描寫內心感性面的作品，根本不適合在意瑣事就無法生存的印度。因為感冒的關係，我草草結束齋浦爾的觀光，暫且回到德里。離開不到

一星期卻覺得懷念，我想我變得深深喜歡這座城市了。

搭上巴士前往達蘭薩拉（Dharamshala），西藏流亡政府所在地。很多人從西藏流亡到這裡，包括達賴喇嘛。在民宿工作的流亡青年，幾年前翻越喜馬拉雅山脈來到這裡，當時年僅十歲。小孩跟大人同行容易被發現，所以小孩隻身徒步翻越數千公尺高山來到印度。只有他一個人到達達蘭薩拉，隻影孤形。我們雖然生存在同一時代，他處卻有著宛若往昔般，沒有律法與善意的世界，時間在該處流逝。

我被達蘭薩拉吸引，因為在這裡有機會見到達賴喇嘛。能夠謁見達賴喇嘛，甚至與他握手。我感動於西藏的溫柔，無論如何想見到達賴喇嘛。但我到達蘭薩拉時，他不在當地。當我在主廟冥想，看見那裡裝飾著達賴喇嘛的照片。我看著他那張像大阪中小企業社長般開朗的臉，頓悟到一點：「明亮而溫柔」。除此無他。

接著，從達蘭薩拉到錫克教徒聖地阿姆利則（Amritsar）。從藏傳佛教的主廟到錫克教的主廟，不同宗教眼花撩亂地轉換。阿姆利則的金廟（Harmandir Sahib）一如其名，一座金光閃耀的寺廟，被護城河圍繞。所有建築都以白色大理石打造。入內後，音響流瀉美妙的歌聲，可能是錫克教徒的讚美詩之類吧。彷彿圓滿放下人生的歌聲，搭配類似敲擊水面般優雅的印度手鼓塔布拉鼓（Tabla）。我環繞參拜道路一圈後進入建築，發現剛剛聽到的音樂其實是現場演奏。信徒各自分散在藍色地毯上祈禱，陷入沉思。宛若身處天堂的宮殿之中。

天堂曾是地獄。一九八四年，為獨立奮戰的錫克教徒男眾困守金廟，被時任印度總理的英迪拉・甘地（Indira Priyadarshini Gandhi）指揮的印度軍隊攻破，數千人戰死。在宗教聖地虐殺掀起軒然大波，錫克教徒紛紛辭去公職。最後，英迪拉・甘地被原為其警衛的錫克教徒暗殺身亡。

高中時寫的報告閃過腦海，那是社會科的功課。我們必須剪下報紙上的新聞，寫感想交作業。我選了朝日新聞國際版的新聞，一則在斯里蘭卡因佛教徒與印度教徒的紛爭導致二十多人死亡的小篇幅報導。我想起我寫下一段話：「因宗教不同就殺人是否違背了自己宗教的教條呢？」獲得老師稱讚。為什麼遵循鼓勵人活著的體系去殺人呢？雖然我一一造訪了藏傳佛教、印度教、錫克教的聖地，對於這個問題仍一知半解。

◆修羅之國

從印度到巴基斯坦。對立的兩國國境並非一蹴可過的線，而是綿延數公里的寬闊界線。邊境設有緩衝地帶，兩側眾多士兵列隊。兩軍像在為名為戰爭的運動做賽前熱身，進行著軍事訓練，表現出一副隨時可上戰場的模樣。越過邊境，辦完入境手續，到了拉合爾（Lahore）。當我想買些什麼，無論去哪兒買，都聽到比我想得更便宜的價格。這讓我注意到，巴基斯坦人不懂得敲詐。人力車、計程車都確實帶我到想去的地方。一切都比在印度順利大概兩成。人們靠近我，是要問我要不要幫我拍照。一迷路立刻有人上前幫忙，邀請我去吃飯。或許因為這裡有著伊斯蘭的教誨「必須施捨旅人」。沒錯，這裡是伊斯蘭的國度。震天價響的喚拜（Adhan）與日出同時流瀉於城市中，傍晚同樣可聞響亮的喚拜聲。即使是從破音的音響中播放出來，喚拜聲依然美妙，與我至今聽過的歌聲類型顯然天差地遠，好像是用不同的聲帶部位。安詳、激揚、哀戚。彷彿為在沙漠中邊看落日邊生活其間而悲嘆、嗚咽。

我馬上喜歡上了伊斯蘭教，想知道更多，還稍微讀了日文版古蘭經，卻因讀不懂而受挫。我無從想像伊斯蘭教。世界四大宗教中，我當然知悉佛教，也認識基督教。至於印度教，佛教自印度教發展而來，想必當然與佛教相似。然而，對於伊斯蘭教，我一無所知。我曾認為他們是在中東等紛亂地區莫名好戰的宗教，心生恐懼。這是一種誤解。伊斯蘭的人們溫和、素樸、親切又強大。他們身上有一種我們東亞人闕如、乾巴巴空氣般的東西。或許是巴基斯坦這塊土地所賦予之物。乾燥與伊斯蘭教很契合。

在拉合爾的民宿，我與先前在瓦拉納西分別的真矢不期而遇。他同樣正向西行。在這廣袤世界中，無數城鎮裡無數的民宿之一，再次遇到他，雖是偶然仍著實因緣巧合。旅人之間的邂逅恰如命運。藤井與我在敦煌有一面之緣，回日本後我們也曾在京都祇園祭的混雜人群中偶遇。既是如此，真矢和我相約不如結伴旅行，一起前往白沙瓦（Peshawar）。

白沙瓦位於巴基斯坦與阿富汗交界。難民自阿富汗湧入，郊區有難民營。城裡一片混亂。警察和士兵不計其數，攜帶的槍枝也是大型槍械。整座城市瀰漫不安驚恐。許多旅行高手聚集在白沙瓦的民宿Tourist Inn Motel。沒有一目了然的嬉皮風旅人。這些好手歷經重重難關。加拿大男子騎自行車穿梭於內戰中的阿富汗，據說曾多次遭塔利班鞭打，實在過於瘋狂。還有幾名日本人去過阿富汗又回到這裡。阿富汗仍處於內戰當中，但喀布爾、巴米揚（Bamiyan）、馬扎里沙里夫（Mazar-i-Sharif）等已被塔利班平定之處相對安全，這些地區可以前往。只不過，無法從阿富汗去伊朗。坎達哈（Kandahar）、赫拉特

（Herat）尤其危險。聽說好幾個去那裡的人不是行蹤不明，就是被強暴。我的目的地是伊朗，能取道阿富汗就不需繞路，但途經坎達哈、赫拉特實在太危險。比較可行的方式是將行李放在白沙瓦，去阿富汗之後再回來。

雖說這樣的旅行可行，卻也荒誕。因為是特地前往正在內戰、埋設眾多地雷的國家。曾經造訪那裡的人告訴我旅館、交通工具等基本資訊，但似乎不願多談對阿富汗的感想。其中有個人回白沙瓦後，在純白筆記本上狂亂書寫，時而大叫，然後又緊握紅茶茶葉，邊叫喊邊在民宿牆上寫些什麼。

白沙瓦近郊有個製造槍枝的小鎮叫做達拉（Dalla），雖然禁止旅客進入，只要付點錢賄賂警察就能參觀。我和真矢一起造訪那個小鎮，搭乘當地公車約莫數十分鐘後抵達。裸露乾涸土壤的山間谷地裡，小鎮在主幹道旁。我們戰戰兢兢走著，警察不知從哪兒冒了出來。「旅客禁止來這裡。」

他對我們說。於是我眨個眼，「你知道的吧」。付了錢，交易成立。他從警察變成導遊，帶我們到武器製造工廠。類似東大阪的小鎮工廠般的地方，手工打造貝瑞塔、AK-47等槍枝。老爺爺拿鐵鎚敲打燒紅的熱鐵，然後遞給我們一把貝瑞塔手槍：「拿看看這個吧。」比我想像沉重。能奪走人命的重量約莫如此嗎？

「要不要試打手槍？」警察說，帶著我們來到鎮郊。手持AK-47朝荒野擊發一整個彈匣，子彈擊中山壁發出噹啷聲響。不過一瞬間。我明白了只是略微動一下食指就能輕易殺人。

我買了叫做「pen gun」的東西當紀念品，正如其名是筆型的槍枝。拉開按壓部分可裝入槍彈，按壓筆夾，子彈就會射出。筆身有印上MADE IN FRANCE和MADE IN JAPAN兩種。我買了MADE IN FRANCE的，包含槍彈約兩百日圓。當然都是MADE IN PAKISTAN。我和真矢決定試打看看，到無人的白沙瓦郊區朝衛生紙卷射擊。原本以為應該跟玩具差不多，子彈卻貫穿衛生紙卷，深深射入岩壁之中。朝人發射會致死的商品。身處白沙瓦，危險的感覺逐漸麻痺，還對閃著光的槍枝見怪不怪，配帶小型槍枝的警察看起來力量極為薄弱。我莫名有種想做更危險的事的欲望。想去阿富汗，尋求刺激與冒險，還想感受戰爭。

我得到忠告，裝扮像當地人比較安全，於是在白沙瓦訂製了一套稱為沙爾瓦卡米茲（shalwar kameez）的民族服飾。圍上頭巾（turban，音譯「特本」），和真矢一起從民宿出發。沒有大眾交通工具可到國境，只能包計程車，來接我們的計程車上有一位持槍士兵同行。從白沙瓦到邊境必須經過「聯邦直轄部落地區」（Federally Administered Tribal Areas），那裡是民族自治的治外法權地帶。巴基斯坦政府完全不插手偏離主幹道超過五公尺外發生的事。因為那個地區非常危險，所以士兵同行以便護衛，或只是恰好前往的方向一致，最後仍不得而知。車行在乾涸荒蕪的大地之上，腦中不知為何不斷反覆響起《與作》這首演歌。

抵達邊境的開伯爾山口（Khyber Pass），入口處寫著「WELCOME TO THIS SACRIFICED COUNTRY. YOU MAY DECIDE BIG DECISION TO COME HERE.」（歡迎來到這個獻祭的國度。你或是下了極大決心來到此地）。我確實下定決心。然而，表達歡迎的看板，一點都不貼心。到底會發生什麼？我忐忑不安地入境。邊境附近有座一不小心就會忽略的小小白色建築，那裡便是入境管理處，裡面坐著一身雪白、蓄純黑長鬚的塔利班。我把護照遞給他。簡單的入境審查，詢問我的個人背景和旅行目的。有人告訴過我，回答的方式至關重要。為了「觀光」入境會被懷疑，沒有人會到戰爭中的國家觀光。說「工作」則會被認為是記者，更加可疑。我用從之前已到過阿富汗的旅人那裡聽來的標準答案回答。「我們是佛教徒，要去佛教聖地巴米揚巡禮。」就算宗教不同，對宗教的熱情仍會被認可。沒有宗教信仰的人最受輕蔑。從西藏開始一路走來的國家，始終讓我感受到這種定見。

負責人拿著我的護照不知去了哪裡，過了好一陣子都沒回來。實在太久了。是拿著護照跑了？還是拿去哪兒賣了？屋裡只有一張桌子、一扇粗陋的窗。這間狹小的水泥房完全不像入境審查的地方。我們默默等待。

他回來了，把護照還給我們，點頭示意我們「走吧」。聽說行李會被仔細查看，但他們沒有檢查我們的行李。早知如此就把相機帶來了。阿富汗禁止在境內拍照，聽說會沒收相機。我的旅程還要繼續，

被沒收就沒戲唱了，所以帶了就算被沒收也無妨的拍立得。

終於即將踏上阿富汗。我們搞不清楚這個國家的交通系統，搭上大喊「喀布爾」的廂型車，約莫十個人擠滿整個車廂，乘客全是當地人。司機揮手招呼：「來、來。」我坐上副駕駛座，寬敞且能看見前方景色的頭等座位。車子行駛在單邊只有一線道的路上，即使是主幹道亦幾乎未鋪柏油，不然就是即使有也很殘破，難辨沙土與柏油的界線。孩子們正以掃把清掃，想讓道路變乾淨。每當車子經過，小孩就伸手要錢。是打掃補助金嗎？司機視而不見，從孩子身旁呼嘯而過。塵土飛揚，看不到他們了。孩子就像什麼都沒發生一樣繼續打掃。城鎮裡隨處是轟炸後的痕跡，到處都是巡行的戰車，跟我至今曾造訪的國家大不相同。

遠處有管制站，原本播放著歡樂音樂的司機

換了捲卡帶，變成如古蘭經般深切的宗教音樂。他暗示了我一眼。管制站前有一根約十公尺的木棒，上面串著許許多多卡帶，跑出卡帶的磁帶隨風飄揚。黑色磁帶陽光反射閃爍，彷彿現代藝術的作品。除了古蘭經和讚頌塔利班的歌（古蘭經風格），其他音樂皆被塔利班禁止。從司機那裡沒收的卡帶串在木棒上。我們這輛車司機的卡帶沒被收走，就這樣駛離了管制站。過了一會兒，司機又把卡帶拿出來，再次播放歡樂的阿富汗流行樂。「這首歌是描述為了游牧前往遙遠之地的牧羊人，思念遠方的戀人呢。」他看著遠方說道。在塔利班統治下的伊斯蘭基本教義派國家，勇於鑽法律漏洞談論情愛的司機，讓我一陣心安。

我們抵達了首都喀布爾。幾乎所有建築都遭或大或小的破壞，沒有一處完好。基礎建設被破壞，好幾條淌流著汙水的小河就這麼裸露。行人增多，行乞者也變多了。車子一停，乞討者就湧上包圍，相互推擠，硬是從窗縫把手伸進來。不理會他們，他們就會捉住你的手。那股力量極其強大。行乞者推擠的力量比至今我去過的任何國家更強。我在旅館辦完入住手續，從窗戶眺望喀布爾。遠方有山。褐色的山對面是紫色的山，再對面是綠色的山，背後還可看見雪山。如果沒有戰爭，這無疑是一座美麗的城市。

我在旅館附近吃了冷咖哩和又冷又硬的烤餅，解決了一餐。旅館不僅沒淋浴間，啥都沒有。當我準備就寢時，傳來敲門聲。時間是晚上十一點，我因為恐懼而未加理會。敲門聲沒有停止，而且越敲越大聲。那股氣勢就像立刻要踹腳破門而入，已經無法坐視不理了。我戰戰兢兢開門，五名男子在走廊站成一排。正中央那個人體格健壯，兩旁魁梧、沉默寡言的男子雙手抱胸，兩端是瘦高男和矮胖男格格笑著。根本是卡通裡的惡黨，像七龍珠裡的基紐特戰隊一樣。正中間的隊長對我說：「YOU DO NOT

STAY THIS HOTEL.」

也就是叫我們不能住在這間旅館。原來那裡是給當地人的旅館，外國人必須住外國人專用的旅館。我們一無所知，何況後者一晚約要價八千日圓。「我們明天就離開去巴米揚。時間已經這麼晚了，請您就放過我們。」我請求他們。「好，這樣的話，現在到辦公室辦理外國人登記。」他回道。為什麼我們必須辦這種手續呢？不明就裡，不去又不行。兩個人都去，只留行李在房裡太危險。最後由會講英語的我去辦，真矢留守旅館。

我和隊長兩人步下樓梯走到戶外。他指著腳踏車的後座。是要我坐腳踏車去嗎？後座為了放行李，寬度比較寬，跨坐的話大腿內側會很痛。我略微遲疑，還是學坐在男友身後的高中女生，側坐把手擺在隊長腰上。雙載的腳踏車疾馳在夜晚的喀布爾。街上只有幾盞路燈，粗製濫造的電燈為崩塌的建築打上橘光。雖然是市中心，卻沒人走動。發布了戒嚴令，所以大家晚上不能出門。坐腳踏車五分鐘後，到了辦公室。入口警衛眼神射向我，就像要把我就地正法。他右手持槍，臉跟三國志裡的關公一樣紅，往上吊的眼睛布滿血絲而通紅。不良少年瞪人的眼神跟他相比，根本是關公面前耍大刀。那是我至今見過最可怕的臉。真的殺過人的臉就是這樣吧？那張臉如殺人後凝結了激昂的情緒，像被施了太空戰士裡的「狂暴」魔法。是狂戰士。想必能輕易殺死我這種人吧。隊長一舉起手，他忽地挺直不動。狂戰士似乎還保有自我意識。我被直接帶到辦公室。隊長要我在玄關處等，隨即走進簾幕後的房間。那裡是嶄新、無氣味的混凝土造辦公室。冷空氣不斷襲來。簾幕啪一聲拉開。房間大小跟學校教室差不多，四面牆下都有槍枝直立靠著。那些不是普通的槍，而是大到一個人無法拿起，必須用三腳架架設開槍的重型機關槍。槍旁邊有巨大的槍帶。我啞然環顧屋內，隊長攤開雙手大聲說：「Welcome to Afghanistan!」還以為是什麼表演即將開場。如果我做了錯誤的反應，可能難以善了。我沒驚慌，未微笑，但也非不加理會，含混不清地頷首。隊長一直笑嘻嘻的。他要我填寫文件。我看不懂那張需要填的表格是用什麼語言寫的，又寫了些什麼，但還是填上自己和真矢的名字與日期。他問我要不要喝杯茶，我因為害怕想早點回旅館而婉拒。接著又是腳踏車雙載回旅館。真矢和行李都安然無恙。

隔天我們一早就去巴士站，想盡快離開喀布爾，搭上前往巴米揚的共乘廂型車。越往前行，道路越少鋪裝，山也變多了。僅有砂土的褐色風景中，一線河川流過。可以說是祖母綠吧？如果祖母綠是這樣的綠色，我一定會喜歡。

交會而過的卡車貨臺上約有二十名塔利班。他們全都站著，身穿全黑的沙爾瓦卡米茲，綁全黑的頭巾，肩上是AK-47。所有人皆長髮蓄鬍。或許是混著各種血統，每個人的眼睛顏色都不同，黑、褐、藍、綠。其中還有貌似年輕時的布萊德．彼特的男子，他們各自遙望遠方。是正前往戰場吧？正被送往戰役吧？奮戰的男人都像他們一樣帥氣嗎？即便厭惡戰爭的愚蠢，縱使心想戰爭如此可笑，自己仍憧憬著戰士。

山道坡度變得更陡。各處開始出現積雪，接著一切瞬間變成純白。廂型車行駛在雪道上，路面未鋪柏油，也全無護欄之類。谷底跌落數輛大型卡車和巴士。狂風吹起積雪的同時，一群驢子從車旁奔過。

夜半時分，廂型車驟然停在雪山上。「你們下車，來這。」司機說，要我們到岩下陰影處。「我要把你們放在這裡。不想的話就付錢。」他說，聲音激昂卻一臉冷漠。被丟在這種地方根本叫天天不應，叫地地不靈。心有不甘還是只能付錢。或許是因為國家處於戰爭當中，這裡的人相當粗暴，一有機會就想趁機掠奪他人金錢，不像印度那樣讓人喜愛。

◆悲傷的佛陀

被雪花覆蓋的淨白平原，周圍是茶褐色岩山。廂型車抵達巴米揚，這裡曾被稱為天竺。《西遊記》中的三藏法師歷經艱辛抵達的地方就是這裡。四周一片銀白。我走出巴士，立刻被小孩纏上。他們擺出拍照姿勢，表現出「你帶著相機對吧，那拍拍我們啦」的模樣。我沒帶相機到巴米揚，身上的拍立得底片有限，不想浪費。最重要的是，如果被塔利班發現我帶著相機，事情會變得棘手，還可能被告密。我再三說自己沒帶相機，孩子們還是追著我們。他們朝我們丟雪球，彷彿在表達你這大人真是說不通。跟孩子來場雪仗也不賴，我們捏了雪球應戰。本想開心跟他們玩耍，我的大腿卻一陣劇痛。他們丟來的雪球中混著石塊，石塊雪球不斷丟來。我們豎起白旗。處於戰爭國度的孩子深知如何戰鬥。

我必須完成旅行的目的，前往參拜巴米揚大佛。步行到遠離城區，草木不生、裸露的岩山處。岩山表面被鑿出一個洞窟似的大洞，裡面有著大佛，少說應該二十五公尺高。大的兩尊，小的有好幾尊。被鑿空的洞穴頂部隱約殘留著曼陀羅般的藍色壁畫。大佛前空無一人。取而代之的是，大佛前散落著多如牛毛的彈匣、火箭筒未爆彈、用過的針筒。佛像上的傷痕有些是歲月造成，有些是被槍彈擊中而受損。

大佛沒有臉，只有臉被刨去。伊斯蘭禁止偶像崇拜，所以臉部被刨削抹除。宛若大佛不想看見醜陋的人類，親手將臉削平。倘若阿富汗處於和平狀態，這裡會成為世界遺產吸引大批觀光客前來吧。我回國後不久，佛像就被塔利班爆破，摧毀殆盡。

室外氣溫低於零度，我凍僵了。回到下榻處，詢問是否有香料奶茶。老闆呆愣住，對我發怒說別想著會有牛奶這種東西。遠道來到巴米揚，心想天竺會有些什麼，實際上啥都沒有。天冷讓我的腦袋變得有點奇怪。

我走在什麼都沒有的巴米揚街上，一身漆黑的塔利班在城市中心叫住我，結果演變成共進晚餐的狀況。他帶我到塔利班的據點，裡面有三個體格壯碩的男子。三人都散發出是這片土地上的權貴之士的氣息。一人挑釁我們：「我有練跆拳道，你們會跆拳道嗎？要打嗎？」其他兩人安撫著：「不要這樣，冷靜。」穩健的兩人目光銳利，自始至終都像在測試我們。我一口咬下又冷又硬的烤餅，發出叩一聲。民宿老闆進到屋裡，立刻拉住我的手腕，拖著我走出去說：「回去啦。」我們搭著印有偌大UN字樣的聯合國白色吉普車回到下榻處。「你們到底想怎樣，不是說晚上不要在外面亂走嗎！我們到處找你們耶！這裡是阿富汗。你們懂不懂啊！」坐在副駕駛座的法國醫生一臉不可置信。我們確實行事失當。「這裡可能馬上就要變戰場了，你們回家去比較好。」法國人說，提到他隔天一早就會從巴米揚出發。這位醫生風馳電掣的行動讓我很驚訝。抓緊為上，我們隔天也動身離開巴米揚。

我們回到了喀布爾。巴米揚的旅館老闆說：「打扮像當地人會被當作當地人，這樣很危險，請打扮成旅客。」所以我們一到喀布爾就趕緊物色衣物，在販售救援物資的二手衣店買了大概原本是救援物資的皮衣，以皮衣加上牛仔褲的裝扮走在街上。可能是觀光客太少見了，我變成像明星一樣，人們蜂擁而來，隊伍甚至拉長到約五十人。我在找可樂，在巴米揚的時候我就莫名渴望喝可樂。在喀布爾街上走了兩小時，終於在市場裡的食品行找到，一罐坑坑疤疤凹陷的罐裝百事可樂。

我的身體因寒冷和緊張而疲憊不堪，卻無法飽餐一頓，因而難以從疲勞中恢復。差不多該回去了。我從喀布爾回到巴基斯坦，回到處處戰車、成排被炸過的家屋、孩子以掃把清掃後索取金錢的道路。辦完出境手續，平安離開阿富汗。我們身後是全力奔跑，想到巴基斯坦這一側的阿富汗孩子們。警察鞭打、阻止他們，即便如此他們還是再度跨步大跑。幾十個孩子邊跑邊被鞭打。牽著一頭羊的男子從那群孩子當中分斷而過，悠然跨越國境，將羊隻送抵巴基斯坦的肉店。肉店簷下垂吊著許多肉塊。羊兒發出我從未聽過的高亢聲音奮力抵抗。

阿富汗人日日艱苦，不知能否活下去，為什麼我在煩惱之後要到公司就職的事。稍微忙碌一點會如何？我的彆扭又是怎樣？能工作就是福了。今後不會再有任何煩惱了吧。我回想被鞭打的孩子和阿富汗的荒野，做了這樣的結論。

從喀布爾回到白沙瓦。時隔兩週洗了澡，由衷感謝有熱水，溫暖了冷冽滲入骨髓的我。然而，我怎麼洗都洗不掉阿富汗的塵埃。我想著要把一切打理乾淨，剃掉了一直留著的鬍子。

我以為阿富汗人是特殊的，是戰爭之國征戰的人，所以思考模式之類不同。然而，阿富汗男子愛慕

女性，喜歡黃色笑話，想吃美食，熱愛幽默，是尋常之人。是我將他們貼上「戰爭之國」的標籤來凝視，無禮至極。我沉醉在戰地行旅的英雄主義裡。我為自己感到噁心。

我習慣了旅行。未能理清阿富汗帶給我的衝擊，向西橫越巴基斯坦，在奎達（Quetta）迎接齋戒月結束，進入伊朗，穿過土耳其，從伊斯坦堡回到日本。

步入社會

第二章 社会に出る

◆東京

從旅途歸來後，我立刻進了電通。最初兩個月，所有新進員工要齊集東京參加職前訓練。我們入住位於調布的員工宿舍，小房間約三坪大。早上起床後，在共用的洗手臺盥洗，互道：「喔喔，你好醜耶」、「你也是啊」，展開一點都不清爽的早晨。我一刀剪去旅行時未曾修剪的頭髮，毅然剃掉為了不被伊斯蘭教徒取笑而留長的鬍子，換上符合新人形象、清新的廉價西裝。不習慣打領帶，重打好幾次才得以走出宿舍，搭上爆滿的京王線電車搖晃到新宿站。我被迷宮般的新宿站震懾，為了不打亂集體移動的速度，快步前行，來到公司。跟我同期進入公司的有一百四十人。他們大多是聰明絕頂的傢伙、原本是超級運動員的傢伙，或是極為有趣的傢伙。我們白天上課，晚上喝酒聚會。他們稀鬆平常地與銀座、澀谷、新宿這樣狂躁的東京連結。我跟不上他們的腳步，難以與他們自由對話。就算想跟他們說話，或許因為旅行時很少用日語，想說的話在腦中浮現後，要延遲兩輪才變成語言。去年春天錄取後的聚會中，我們還可以同等程度對話，我也還算能逗笑其他人。我曾是有趣的傢伙之一，如今表現得像是麻煩精，被懷疑這傢伙為什麼能進電通。我嘗試告訴他們關於阿富汗的故事，只得到不冷不熱的反應。沒人感興趣。我與他們之間產生極大鴻溝。出門一趟讓我改變了嗎？還是他們很奇怪？東京生活初體驗，首次離家獨立過日子，最初的員工生活，緊接在近一年的亞洲旅行之後，實在太煎熬。我跟不上環境的變化。領帶讓我窒息，襯衫過於慘白，西裝是種束縛，皮鞋走起路來好硬。我的身心無法同步。

我每天都想太多而夜不成眠，即便是不想跟任何人見面的日子，還是必須天天到公司報到。這是跟大學不一樣的地方。以豁出去的心情和意志力提振精神，總算撐過職前訓練這段日子。後來不再在新宿站迷路，明白了澀谷與新宿之間有著原宿。更發現比起深入一個話題，不如順著節奏進到下一個話題，不需要替每個話題找笑點。還學會自嘲可能會真的讓人擔心，應少說為妙。我逐漸習慣了東京。

兩個月的職前訓練接近尾聲，我們必須繳交希望前往的單位和地點（東京、大阪、名古屋）。進公司時，不管單位或工作地點都是未知數。職前訓練期間，公司判斷我們是否合適，再參照個人期望決定分發的單位。從就職考試到職前訓練結束，我的想法始終如一，明確表示希望分配到「創意局」。我是為了想製作廣告才進電通的，除此之外沒有其他想去的單位。至於工作地點，進公司之前，我原本認為哪裡都好，現在覺得待在東京令我難受，打算回大阪。

希望去大阪的新進員工不多，我如願分配到關西分公司，而且是屬意的創意局。一開始先在東京參加專為創意局新人進行的訓練，活躍於第一線的前輩創意人傳授我們關於他們的廣告哲學、寫企劃的方法等等。內容已非概論，而是針對廣告製作，感覺像只要學喜歡的科目就好。我們同時被交付課題，提出企劃案。誰的有趣、誰的無聊一目了然。特別優秀的企劃案會獲得講師稱讚。這是創意競賽的序幕。我大概是中等偏差，很少被稱讚。分配到創意局的，大多是不積極、草食系又內向的人。如果我們唸同一所大學，想必會是同一群吧，這讓我感到安心。身在此處讓我終於獲得平靜，身心不再不同調。

原本只知道新宿、澀谷、銀座的我，認識了上野、淺草、代官山、中目黑、自由之丘、二子玉川後，被分配到了大阪。同期同事到東京車站為我送別。再會了同事，再見了東京。新幹線駛過橫濱，穿過熱海。我想著要跟富士山道別，它卻被陰雲遮蓋不見蹤跡。抵達新大阪後換乘地方鐵路，電車裡傳來嘰嘰喳喳的關西腔對話。回想起來，東京的電車裡幾乎沒人說話。大阪混濁、潮溼的空氣讓我平靜。

接下來在大阪訓練，專為分配到關西創意局的七個人開設訓練課程。活躍於關西的前輩創意人傳授廣告哲學、寫企劃的方法。好幾位講師曾製作我小時候喜歡的廣告，憧憬對象的教導鮮明又強烈。

・廣告永遠礙事，沒人想看。
・所有企劃都要簡潔，單一形象&單一文案。
・愁眉苦臉企劃也不會自己浮現，要開心做。
・不要炫耀商品。
・不用邏輯，要用感性思考。
・新東西誰都不認識，要做些特別的事。
・正道無聊。
・認真做不正經的事。

這跟我在東京受訓時聽到的內容若不是一百八十度的差異，也差了一百二十度。講些認真、聰明的話會被認為是「無趣的傢伙」。我自以為這麼做比較妥當，一直扮演正確的新進員工，來到關西卻被判定為「真是無趣的菜鳥」。

訓練結束。別人眼中必然是認真、無趣菜鳥形象的我，被分配到看起來很認真的團隊，要做看起來很正經的工作。我被分配到大我五歲的永松前輩底下，就像跟屁蟲一樣緊緊跟隨他學習工作上的事。永松前輩自稱是「具有體能性社團氣質的學藝性類別」〔譯注：日本大學社團的性質分類，同時經常指稱某類型的性格，如體能性社團性格（体育会系）指謹守上下分際、專注、開朗等，學藝性（文化系）性格反之」。他是文案撰稿人，而且東大畢業，雖然頭腦清晰，卻又如體能性社團般嚴格要求輩分分寸，在工作上嚴守上下分際，提案時又無關輩分。在會議上，不考慮前輩或新人，而是採納有趣的提案。

我的第一個工作是撰寫報紙廣告的文案。某項商品的抽屜只比舊款大了七公分。這則報紙廣告便是為了傳達這七公分的些微升級。七公分的差異召集了七個大人帶來各自的提案。我是新人，所以必須提出許多方案。我們花了三、四個小時，那也不對、這也不是，反覆討論。永松前輩覺得我的提案有趣，以包括我的提案在內的數個方案向客戶提案。客戶回覆了修正意見，需要修改的內容是一般人完全不會注意、無關痛癢的部分。我們遵照客戶意見，完成了可有可無的修改作業。之後又來了修改意見。我們再提出方案。反覆修改的循環來回了四次左右，終於大功告成。我們的工作就是這樣，召集眾多大人一起執行這樣無聊、一個人就能完成的事。世上有著連牛奶都匱乏的國家，我們這些堂堂大人卻為了極其細微的商品差異苦不堪言。每當回想起阿富汗，我腦中就閃過這樣的念頭。最終我提案的一部分被採納，這則廣告成為我的處女作。我想像中的處女作應該更加華麗，結果是好像沒人會注意的不起眼作品。到現在，我都無法割捨留著當時的企劃案。

「有一位前輩一定要見上一面。」永松前輩說，帶我來到大阪福島高架橋下的酒吧。酒吧裡坐著田中泰延先生和遠山先生。兩人年紀大我不少，約年長十歲。我當時很緊張。對於身為新人的我，他們絲毫未給予任何工作上的意見，只說了公司裡的森川前輩有多高。森川超過一百九十公分，確實很高。

兩人滔滔不絕說著「森川是日本最高等級的藝術指導啦（也就是他是日本身高最高的藝術指導），應該去跟他問好」、「森川家是馬里亞納海溝啦」、「除了那裡就沒地方可以容納他整個人啦」、「森川進公司後公司大樓也變大了呢」、「他有時會突然蹲下對吧，那是要躲飛機啦」、「最初載人飛上太空的人就是森川啦」、「他稍微跳一下臉就伸到太空中啦」、「他去東京出差是用走的」、「有時會被富士山絆倒，然後手壓到的地方就變成富士五湖」、「盯上這些地方的就是西武鐵道」。他們並未互相吐槽，而且沒頭沒尾，所以能一直講下去，過了快一小時才終於結束。接下來，話題轉到長尾身上，他的口頭禪是「那個是我做的」。根據泰延先生和遠山先生的說法，世界上大部分的東西都是長尾製造的，其中他好像特別喜歡他命名的城市名「埼玉市」。百分之百的謊言。之後又花了一小時講長尾。他們的對話完全沒有我插話的餘地，也沒辦法跟著裝傻之類，只能陪笑。不過是普通人而非搞笑藝人，卻好笑到這種程度？我真是進了一間了不起的公司。

初期分量不重的工作，等到入秋，新人的適應期結束後，工作量逐漸增多。指派給我的工作接踵而至，我被工作的急流吞噬，為了不溺斃拚命掙扎，甚至滋生疑問的閒暇都沒有。很多工作完成不了。我連傳真都無法順利送出去，傳真的時候得先按「0」。自己的企劃完全不被採納，讓我失去了自信。

在此之前，我只要逗朋友發笑就行了，但廣告是要讓普世一般人都笑出來的工作。不同世代對「有趣」的感覺截然不同。成長環境、所見所聞迥異，讓我們有不同的感性。我的企劃必須先讓年長十歲左右的前輩認為「有趣」，然後使差三十歲的部長認同「有趣」。順利在公司內過關斬將後，還必須讓客戶點頭。客戶同樣分屬不同世代，有著各種感性，要同時感動他們，包羅萬象的點子不可或缺。不只是提出有趣的東西，而必須是全體認同有趣與商品魅力間最大公約數那樣的東西。

◆焦躁與逃避

到職第一年即將結束時有廣播廣告的研習，由創意總監石井達矢先生指導，他是活生生的傳奇人物，以廣告標語「老公認真賺錢不在家最好」（亭主元気で留守がいい）獲頒流行語大獎。蓓福（PIP）的「Dadan」營養飲品是我從小就非常喜歡的廣告。石井先生是我最憧憬的廣告創意人，指導研習工作，讓大家嘗試做出一支廣播廣告。我交給他的企劃案幾乎都被冷冷一句「無趣」打回票。不知道個中原因，被最憧憬的人這麼評論讓我極度消沉。這次研習的目的不是做出有趣的東西，而是要讓我們明白「自己不有趣」。然後，正如研習的目的，「自己不有趣」的事實清楚明白攤在面前。非常難熬，卻是十分美妙的經驗。能進電通，而且分配到創意局，讓我自認比其他人「有趣」。那份自負如沙丘般崩塌，變成一盤散沙。我是無趣的人，所以必須變有趣。再次從無到有堆成沙丘。這次研習後，我開始努力讓我這般無趣的人也能創造有趣的事物。

所有新人都會挑戰的「朝日廣告獎」是由朝日新聞主辦的廣告比賽，公開徵件，我在進公司第一年的冬天也參加甄選。在數個主題當中，我選擇角川文庫來製作廣告，將我從父親書架中拿書閱讀的回憶做成一張海報。我毫不在意別人的想法，自顧自沉浸於創作中。我的作品入選了，沒想到居然會得獎。以新鮮人之姿獲獎非常罕見。這讓我湧現一些自信，想著或許能被前輩、上司這些身邊的人認可，繼續

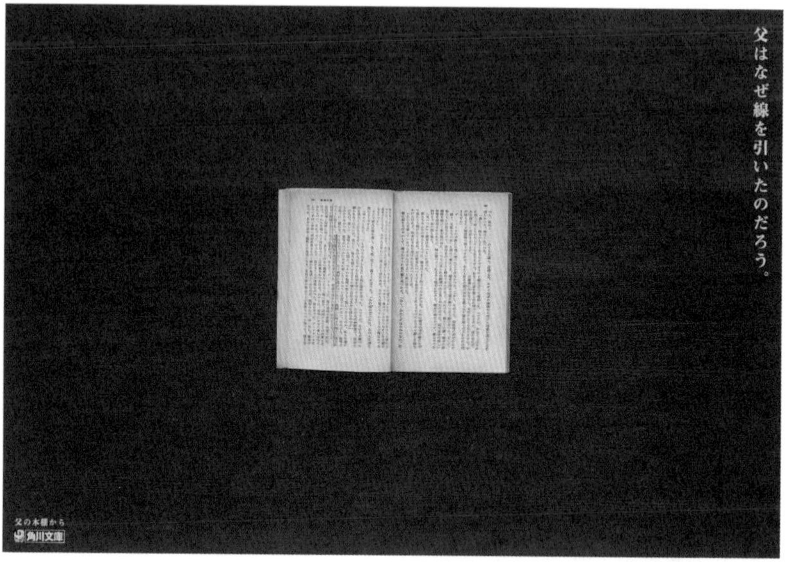

當文案撰稿人。然而，雖然得獎了，日常工作一成不變。還是跟從前一樣，像跟屁蟲般緊黏著永松前輩。

進公司第三年時，永松前輩調職了。我還沒接受飛行訓練就翻身掉出鳥巢，被迫自立自強。公司交辦的工作，大半是誰都能做的觀光推廣影片拍攝盯場、製作滿是文字的傳單式海報等，在調整海報的文字大小與做預算表中結束每一天，幾乎沒能做任何有創意的工作。我想著這樣下去不行，第三年快結束時再度報名朝日廣告獎。得獎了。連續兩年獲獎堪稱少見，何況是以自己拍攝的照片得獎。

然而，工作仍一成不變。一樣幾乎都在製作類似傳單的海報。就算我想以創意跳躍，只跳了幾公分就狠狠撞到頭。彷彿身處天花板低矮的屋子裡，卻聽到請盡情玩耍一樣。

〔上圖〕父親為何在此畫線呢？

いつものケータイが北京でも使える。
GLOBAL PASSPORT
au

いつものケータイがNYでも使える。
GLOBAL PASSPORT
au

圏外
ただいまエリア拡大中。
GLOBAL PASSPORT
au

GLOBAL PASSPORT
au

工作第三年，我墮落了。習慣了工作之後，掌握偷懶的訣竅。工作這種事只要隨意就好，反正我又不能做些有趣的。我以冷漠的態度完成工作。

我逃往攝影，試圖以攝影排解無法創造有趣事物的挫折。年假、長假、短假、暑假等等，只要一有空閒就出門旅行。完全不浪費特休，全都用來拍照。我去了秘魯、越南、泰國、寮國、葉門、緬甸、墨西哥、瓜地馬拉，胸前掛著相機在大城小鎮閒晃。彷彿置身天堂，卻是僅有十天的天堂。我在日本拍不出那樣的照片。

那些跟我同期進公司，一開始就不逃避，認真對待廣告的同事，每天看起來都很快樂。他們順利成長著，我因偷懶而停滯不前。上班讓我意興闌珊，總想著要辭職。我不覺得能做出什麼有趣的，自認是無趣至極的人。我把這樣的結果部分歸咎於自己，大部分歸罪給環境。等到三十歲我就要辭職。我還這麼跟同期同事放話。這樣下去，我就會變成無趣的人類了。我在週末去上了攝影專科學校，但去了幾次就不去了。我陷入迷惘。我人生的主角不是我。沒有人是主角。

◆真正的創意是？

公司裡有位喬治前輩，我們的交情好到能不用敬語對話。喬治是ＤＪ，他知道我喜歡音樂，某天說：「你也來啦」，邀請我參加他擔任ＤＪ的活動。我去過幾次夜店，因為太時髦又輕浮，而且我不知道在那裡該如何行動，畏怯而無法盡興。交情好的前輩擔綱演出，所以那次我去了。會場在味園大樓地下室，位於道頓堀、難波一帶較偏遠的千日前，那是一九五〇年代興建的娛樂設施。大樓本身散發出不尋常的光芒。這一帶的天空被照亮，極大部分應是來自味園大樓異常華麗的招牌。紅棕色外牆上有著圓形看板。一樓是大型酒家，往上有宴會廳、三溫暖、旅館等。人類的三大慾望都可在這棟大樓裡發洩。吸納過多人類慾望的建築散發出瘴氣。

會場位在這棟大樓的地下室。陰暗的地面角落和天花板上，黏附著不知名星球的珊瑚狀東西。牆上放映著五彩繽紛恍若奇妙夢境的影片。音樂轟轟作響，晃動身體跳著舞的，是健全地脫離社會，身著髒衣，眼神明亮的年輕人。他們幾乎都是同一世代。沒有皮條客、以搭訕為目的的輕浮傢伙之類。播放的音樂精采極了。樂音不受拘束，在浩室、電子、爵士、靈魂樂、世界音樂、搖滾等類型間交錯來回。所有人純粹享受著音樂，為了享受音樂才聚集於此。不在意周邊目光，隨心所欲自由舞蹈。下了班的夜總會阿姨、計程車司機阿伯也舞動著。沒有限制不能重新入場。拂曉時，大家隨興把在便利商店買的飲料帶進場。我沒有來過這種夜店，宛若廉價的極樂淨土。夜店名為ＭＡＣＡＯ。怪異的亞洲都市名字，與這家夜店的低俗氣息完美契合。

喬治在重新打造這個場地時就開始參與，與ＤＪ、ＶＪ及喜歡音樂的夥伴一起自力改造味園大樓地下室的閒置空間，規劃成夜店。他們不花錢，使用廢棄材料等製作獨一無二的裝飾，打造出能專注於音樂的環境。空間和音樂都跟既有的夜店截然不同。派對叫做「FLOWER OF LIFE」。他們自力創造自己的夜店後，沒再舉辦其他活動。所以為了一個月後的活動，花一整個月籌備。我前往欣賞費時一個月開出的花朵，前去跳舞。那是色彩鮮豔絢麗、自由又平等的花朵。

在這裡，拘泥於年齡、性別、年收入、職業、背景等俗不可耐，說話用敬語格格不入。封閉內心同樣俗氣。無論對誰都能立刻敞開心扉打成一片，即便無法融入也會嘗試。看人生正向的那一面。這是生命之花。這裡給我的教誨日後發揮極大的作用。

策劃者是 VJ BetaLand，由 Colo 和 HiraLion 組成；總是設計出精采傳單的ＩＰＰＩ；環遊世界生活的Natchi……跟我同世代的這群人在大阪中心創造出如此盈滿創意的環境，擁有自己的空間。這讓我震撼，好生羨慕。我只是進了大企業，依然一事無成。創意局徒有虛名，做些沒人在意的東西，約莫一年才有一次的有趣工作因為用力過猛而結果不如預期。

我逐漸對廣告不再心動。得獎作品、掀起社會話題等各式各樣的作品，就算看著它們也不再感動。除了廣告之外，還有許多有趣的事物。即使做出有趣的廣告又怎樣？即使發揮絕佳創意，廣告的終極目的仍是提升企業的銷售額，是在鼓勵消費。創作是為了消費。有國家連牛奶都喝不到，我卻為了鼓勵這些無謂的消費而創作。我在旅行中萌生的疑問逐年擴大。

上司或許是看不下去我頹廢不振的模樣，問我要不要去東京。雖然我沒特別希望異動到東京，但算是能夠轉換心情的機會。於是我離開待了六年的關西分公司，帶著女朋友前往東京。

◆又是東京

時隔六年再度定居東京，回到曾讓我慘敗到氣力盡失的地方。但我已經不是那時的我了。我習慣身為社會一分子的生活，說著一口正確的日語。因為工作多次到東京，連惠比壽和廣尾相鄰都一清二楚。我的新居選在五反田，遠比新人時期住的調布更靠近公司，而且女朋友一起住。這次一定會很順利。

我在東京被分配到佐藤義浩先生的團隊，那是第三創意指導局的明星團隊。團隊裡有義浩先生，還有篠原先生、東畑先生等很多不斷創造出優質作品的人。我在大阪時就知道他們。雖然我的實力配不上，但被當作「大阪來的客人」，將我分配到這個團隊。前輩們的背影好巨大，我深深感受到自己力量渺小。然而，這也是個機會。我決定暫時封存起自己對廣告的質疑。不管目的是什麼，都要做出好作品，只專注於這一點。

從名古屋轉調大阪，在大阪異常活躍的中尾對我說：「你聽好了，不良少年轉校跟創意人轉調，最關鍵的就是一開始啦，一開始就一定要全力以赴。」他用這句話送我離開大阪。第一拳重擊在何處，將決定未來數年的命運。落在我頭上的第一件工作是獅王的廣播廣告，被要求製作出足以獲獎的作品。這對我來說真是喜從天降。我竭盡全力，沒日沒夜持續撰寫企劃，製作出名為「世界不潔遺產」的廣告。發想臺詞時，我自己都笑個不停，周遭的人也有不俗的評價。

有一次我正意興闌珊地在座位上工作，義浩先生喚住我道了聲：「日下恭喜。」我回說：「嗯，怎麼了嗎？」他說：「你不知道嗎？那算了。」沒告訴我發生什麼事。接著隨即有不認識的號碼來電，是

獅王煥然一新清潔噴霧　玄關・鞋用
「山田家的玄關」篇　120 秒

♪～壯闊的交響樂

口白）
今天的世界不潔遺產為您送上「山田家的玄關」。

山田家的玄關是細菌的樂園。
總是在外跑業務的先生的悶溼皮鞋、
隸屬足球隊的長男滿是泥濘的釘鞋劃出美麗弧形並排。

玄關西邊的鞋櫃。
在這棟木造建物的內側，蘊含山田家歷史的鞋子靜靜沉睡。

打開鞋櫃門扉，那裡是，那裡是異次元。
混合橡膠和腳臭的遠古氣味散布滿室。

那份惡臭或許是在向我們這些現代人
傳達玄關全是細菌的訊息。

山田家的玄關這般絕無僅有的汙穢不潔，
被認定為 2007 年世界不潔遺產。

獅王為了讓這件世界不潔遺產消失無蹤，
供應「煥然一新清潔噴霧　玄關・鞋用」。

一位著名創意人打來的。「喔唷，日下嗎？你啊，拿下TCC的最佳新人獎耶，恭喜。」咦咦咦咦！我不敢相信這是真的。出自TCC評審口中，應該是正確資訊。義浩先生是恭喜這件事嗎？我問：「您剛才恭喜的是最佳新人獎嗎？」「嗯，是啊。」從兩邊得到資訊，我想我可以確信了。喜悅湧上心頭。

TCC是東京文案俱樂部（Tokyo Copywriters Club）的縮寫，TCC新人獎是所有文案撰稿人追求的獎項，獲獎才表示終於被認可，是可獨當一面的文案撰稿人，像撰稿人證照般的東西。我到了第七年終於得獎，而且是最佳新人獎，彷彿在文案撰稿人的漫才M-1大賽取得優勝。幸福到我可以把得獎當作配菜，連吃三天白飯。〔譯注：M-1大賽是著名主持人島田紳助企劃、吉本興業主辦的大型漫才比賽〕

雖說得了獎，但工作依舊，我已經習慣得獎也不會有什麼改變。我想得獎是偶然，恰好飛來我極為擅長的球路，閉上眼睛、全力揮棒，結果擊出了全壘打。球路只要略有不同就會揮棒落空。我沒有配得上最佳新人獎的撰稿人實力，必須精益求精。新人獎成為我的精神安定劑，獲獎讓我得以放鬆。一直以來，我實在太想得獎，希望自己被肯定是有趣的人，希望我能認可自己是有趣的人。所以我總是汲汲營營，對交付給我的工作戮力以赴，反而用力過頭，無法將飛來的球順利打回去。我逆流而上，勉強要把它們變得有趣。獲獎讓我鬆綁，可以自然而然在工作上順勢而行。

也有賴我遇見了好前輩。先是上司義浩先生，他平常總是笑臉迎人，看企劃案時會突然變嚴厲，口中唸著：「嗯……」不置評好壞。這種時候就表示企劃不好。他只有在覺得好的時候才會說：「唷，好耶。」雖然他非常嚴格，但獲得他的稱讚分外開心。「怎麼可以自己勒住自己的脖子，廣告是要更輕鬆去思考的唷。」義浩先生曾說，柔軟了我僵化的腦袋。

坐隔壁和對面的篠原、東畑前輩也深深影響我。兩人出類拔萃，經常創作出有趣的作品。跟著前輩工作必定有好差事，因此拜託他們：「讓我加入你們」，被拒絕了。最大原因或許是，我是一個不聽前輩意見的麻煩後輩。如今我才明白，前輩同樣是在第一線奮戰，沒有多餘氣力照顧後輩。他們也為了製作出好作品奮力掙扎。他們的背影流露出「這不是能倚賴前輩的情況，自己想辦法去做」。相對於這些人付出的程度，我又能做到什麼地步？時至今日，他們仍是我的指標之一。篠原、東畑兩位前輩現在都是廣告界具代表性的廣告策劃人。

並河先生是大我五歲的前輩，他有些奇特，無時無刻把「愛」掛在嘴邊。客戶愛、對商品的愛、對社會的愛、對世界的愛、對工作人員的愛、對自己的愛。他愛所有的一切。一開始讓人覺得有點噁，後來發現他是認真在說愛的。他的愛情總量超過其他人。我也被他所愛。

在針對某企業的提案中，並河前輩沒製作企劃書也沒準備其他資料，只帶著一本素描簿前往。素描簿第一頁寫了一個大大的「愛」字，他靜靜低喃：「愛」。翻頁。下一頁寫著「爆發」。他大喊：「爆發」。翻頁。什麼都沒寫。又再翻頁。什麼都沒寫。直到最後都是空白接著空白。或許是爆發的餘韻，面對彷彿地下藝術式朗讀詩篇的簡報，客戶未帶一絲厭惡，微笑傾聽。接續他的表演，由我來說明廣告提案，顯得棘手。

並河前輩現在是公益專案的頂尖好手，每天都嘗試以廣告的力量讓社會和世界更美好。他的愛如今已經擴及到愛所有世人。我從他身上學到，只要有愛，廣告要怎麼做都可以。他給我的送別禮物，一本白紙素描簿，至今難以割捨。

融入東京，工作順遂，早應被我塵封的對廣告的疑問又浮上心頭。我的質問是：「廣告有趣嗎？」因為身處接近廣告核心之處，我越來越能冷靜看待廣告。TCC最佳新人獎無疑是項榮譽，但沒人知道這個獎。除了廣告界之外，無人知悉。井底之蛙知曉了大海。廣告界獎項繁多，得了獎，稍不留心就容易誤以為自己是優秀的創意人。然而，一般人對廣告獎項一無所知。創造出只在廣告界受吹捧的東西，也莫可奈何。廣告經常得靠豐盈的製作費和藝人之助。仰仗大量人力製作單一廣告。如果廣告創意人不靠任何東西，僅憑一己之力創作，能做出好的作品嗎？站在所有條件都相同的舞臺上競爭，廣告創意人能戰到哪一步？可以贏過電視、電影、藝術、文學等其他領域的創意人嗎？倘若製作廣告的人跨出業界，被迫在同一平臺上與其他人以表現來決一勝負，那麼或許連廣告界名人都會戰敗。自己不去追尋有趣的表現，就會讓腦袋越來越遲鈍。這份危機感向我襲來。

不被任何人干涉，只靠自己的雙手創作，做出自己能認同的東西。我開始寫部落格，養成每天寫作的習慣。攝影也是，覺得只有出門旅行時拍照不太好，為了養成每天拍照的習慣而開始在日常生活中拍攝。這兩項結合起來，我開了攝影部落格。剛開始是用「Photoday」這樣可有可無的名稱，比起寫給別人看，更重要的是磨練自己的技巧。我就這樣每天為感受到的風景撰文。拍著拍著，發現我留意的幾乎都是在公園和電車裡睡著的人、醉鬼、莫名怪異的人之流，因而將部落格名稱改為「一窺囧鏡」（隙あるる風景），持續書寫。

最佳新人獎的效果，以及寫作不輟而提升的書寫和表現能力，讓我在工作上變得能創造出一定的成果。一些有趣的工作慢慢落到我身上，我在其中又一點一滴創作出好作品。公司裡知名的前輩邀請我加入他們的團隊，那些活生生的ＴＣＣ傳奇文案撰稿人記住了我的名字，得到大家欣羨的客戶的工作。工作順利推進，吹起廣告的順風。我站在明星創意人等級的入口。

第三章 人生がフリーズする

◆停止

不知道是忙碌還是年紀的關係，我持續度過疲勞無法消除的每一天。無時無刻都覺得身體沉重。我以為是抽菸造成的，拚命戒了菸，還是無法從疲憊中恢復。接著，身體越來越浮腫，彷彿搭乘長程航班，每到傍晚腳就腫脹起來，後來連大腿都變得浮腫。再過一陣子，臉也腫了起來。早上起床時特別嚴重，臉腫到緊繃，站起來就恢復正常。最後早晨醒來時，整張臉腫到眼睛都睜不開。臉部肌膚就像快脹破一樣，皮膚麻痺刺痛。情況實在太糟糕。是淋巴循環不佳嗎？我試著去按摩，想用臉部按摩消除水腫。雖然按摩當下感覺一陣輕鬆，療程結束又立刻回復原狀。我又想可能是不好的東西累積在體內，喝了一堆三得利的體內淨化飲料試著排毒，身體狀況沒有改善。

某天早上一睜開眼，我的臉就腫得像賽後的拳擊手，連呼吸都感覺困難，無法起身。狀況著實詭異，我應該去醫院看看。走路不過五分鐘的距離，我卻不得不搭計程車。他們請我稍待。坐著太難受，我躺在候診室的沙發上。醫生叫到我了，我害怕得知診斷結果。忐忑不安之中，醫生一派輕鬆地開口逕自說著：「你這是叫做腎病症候群的腎臟疾病唷。」

腎病症候群，好像在哪聽過這個名字。

「不住院兩個月左右不行喔。」

我以為只要三、四天，這種程度的症狀居然得休息兩個月嗎？搞不清楚狀況，讓我變得呆滯。兩星期後的比稿提案沒問題吧？不，一週後應該能出院吧。我深受打擊，貼心的醫生看不下去了。

「這裡沒辦法做檢查，請你去其他大醫院。我會幫你寫介紹信。」

我難受得橫躺在大廳沙發上，等待批價和醫生的介紹信。

腎病症候群、腎病症候群，我曾經在哪聽過。唾液中的成分是「澱粉酶」。對了，朋友當中有人得過腎病症候群。他吃太多豬骨拉麵，讓「蛋蛋」腫太大，大家合力用推車把他從宿舍送到醫院。他的確常吃豬骨拉麵，而且「蛋蛋」尋常無奇。

我拿到介紹信，首先必須去大醫院檢查，但那天已經額滿了，幾天後可以檢查。檢查之前要準備住院，為了檢查約得住院一週。如果沒事就可以直接出院，若診斷為腎病症候群則要住院兩個月。他們告訴我很可能要住院。

住院檢查前，我待在家裡休息。症狀毫無起色，連起身都困難重重。一睡臉就會腫脹得難受，我能感覺到全身皮膚在膨脹。沒意外的話就是腎病症候群了吧？我憂心自己的身心狀況，就這樣等了好幾天。因為我無法行動，住院準備幾乎都是懷胎三月的妻子幫忙處理。

迫不及待的住院日終於到來，心想住院就能解決我所有的痛苦。辦完手續，進入病房，躺在分配到的床位上，隨即被醫生召喚。住院不到一小時就開始檢查。我做的檢查叫做腎切片檢查，針刺入後背，取得部分腎臟組織。年輕的醫師拿著大型釘書機般的東西對準我的腰側，捏握了一下手柄。發出啪嚓聲響，針頭噗的一聲刺入腎臟。麻醉起了作用，所以我不覺得痛。針刺入三、四次後，結束腎切片檢查。不過是一瞬間的事。採檢完畢後，為了抑制腎臟出血必須仰躺二十四小時，絕對不可翻身。

一開始只是躺著沒什麼問題，等到經過十二個小時，我的身體越來越沉重。接著腰側出現悶痛。側身讓腰部減壓應該可以變輕鬆，但我不能這麼做。疼痛持續好一陣子。睡著就沒問題了，不過我痛到睡不著。實在難以忍受，我要了止痛藥。疼痛消失，腰也變輕鬆。我馬上就睡著了。

止痛藥藥效過去之後，我醒來。房間黝暗無光。我不知道現在是幾點。拿起枕邊的相機拍下一片漆黑的病房天花板，閃光燈喀嚓一亮。糟糕，吵醒人了。看了拍下的影像，時間是兩點十六分。我還有七小時不能翻身嗎？腰好沉重。腰腹彷彿在肉與背骨間置入了鐵板般沉重，偶爾又像是鐵鎚敲在鐵板上那樣陣痛。我從來沒想過不能翻身會是這般景況。真難熬，我已經到極限了。我翻弄枕邊，按下呼叫鈴。黑暗之中，如光蘚般發出藍白光的護理師前來。

「請給我止痛藥。」

「剛剛吃過了吧，不間隔一段時間不行唷。如果是安眠藥倒是可以給你。」

「那就請給我安眠藥。」

我馬上吞下安眠藥，睡意默默襲來。睡意驅逐了腰部疼痛，試圖取而代之。太好了，正當我感覺疼痛已經消失，它又突如其來出現。注意到這點的睡意再度驅逐疼痛。疼痛又重新出現。疼痛與睡意的你追我跑遊戲持續了好一陣子，睡意終於驅逐了疼痛。我睡著了。

「叩叩叩叩叩，叩叩叩叩叩。」

我聽見地牛翻身般的轟隆聲響。醒來。但還是想睡。睡意啊，不要走。我仗著睡意，試圖繼續睡。身體沒注意到聲響。大口吐氣、吸氣，又回到睡眠狀態。沒問題的。應該能就這麼忽略聲響。

「咕，叩叩叩叩叩叩，咕，叩叩叩叩叩叩。」

聲音的節奏改變了。「咕」聲讓人在意。原本打算不予理會，但「咕」聲實在令人介意。不行了，睡意不知消失去哪了。我醒來。聲音的真相是隔壁床男子的鼾聲。或許是鼻孔被痰狀鼻水塞滿，沒有比這更使人不快的鼾聲了。疼痛再度襲來。我拍下天花板的照片。時間是三點二十二分，從剛剛到現在居然只過了一小時。怒意在我心中沸騰急湧而上。我想辦法要遏止鼾聲，試著大聲咳嗽。鼾聲並未停止。拉開分隔隔壁床與我的床位的簾子發出唰唰聲響。鼾聲仍未停止。我拿著呼叫鈴想請護理師來幫忙制止鼾聲。然而，我像是要按下最終武器核子彈的發射鈕一樣，心生猶豫。無法攻擊只能防禦了，我撕扯枕邊的面紙，揉圓後塞入耳內。鼾聲變小，不再讓我在意。被鼾聲分散的對疼痛的注意力，反而集中到了疼痛上。腰間陣痛不斷。脈搏鼓動時疼痛隨之襲來。對抗疼痛唯一的手段只能靠睡意了。我按下呼叫鈴，剛剛那位護理師來了。我拜託道：「能不能給我止痛藥？」或許因為已經隔了一段時間吧，她說：「真是拿你沒辦法呢。」我輕鬆拿到了藥，立刻服用，等待發揮藥效。我心想必須思考些什麼，腦中卻馬上被疼痛塞滿。我決定數羊，閉上眼睛，但痛到連讓羊隻影像浮現腦海的力氣都沒有。睜開眼睛數著單調的天花板上枯燥乏味的圖樣。一、二、三、四……藥效起作用了。腰部隱隱被熱氣包覆。熱度融化遏止疼痛的堤防，使它潰決。疼痛猛烈洩流，流至全身，變輕、變薄。腰部一點的劇痛柔和麻痹整個身體。睡意降臨。疼痛和鼾聲都越來越小。接下來我又睡著了。

「噓～呼，呼叩叩叩叩，噓～呼，呼叩叩叩叩。」

過了一段時間，我又被鼾聲吵醒。我想再倚賴睡意，睡意棄我而去，無牽無掛地不見蹤影。拍照，時間是五點四十六分。距離能翻身還剩下兩小時多一點。我的腰已經到達新的境界，地球重力本身都變成疼痛的原因。腰宛如已經突破床墊直接觸及地面。尖銳的悶痛彷彿響個沒完的警鈴無法停止。我已到極限。翻身吧。剩下兩個小時沒關係吧。我已經很努力了。

我試圖緩緩將身體倒向左邊，腰動也不動。肌肉忘記怎麼移動腰了。再試著動一次看看，身體用力卻動不了。腰部硬固了。勉強移動的話，腰可能像枯枝一樣喀嚓斷裂。我必須小心翼翼地翻身。我先升高病床上部，用右手邊的遙控器操縱，慢慢升起床鋪，升起到十度左右停下。腰變輕盈了，好似重量減半。就算不翻身，或許能這樣忍耐兩小時。翻身還可能有流血的風險。但翻身誘惑著我，翻身後會有什麼樣的快樂等著我？只是微調病床角度就使我心情如此舒暢。身體倒向右側。我緩慢地、一點一滴地謹慎移動快斷了的腰。腰浮了起來，腰與床墊之間，歷經十多小時後出現空隙。所有重量消失了，腰原來這麼輕盈啊。腰喜悅不已。有生以來第一次見到看起來這麼開心的腰。腰啊，你自由了。現在是早上六點半。

腎臟切片檢查的結果出來了。「微小變化型腎病症候群」，正如醫生的預測。這表示我需要住院至少兩個月。我原本認為只要住院檢查，一定一星期就可出院，結果卻如此沉重。比起自己生病這件事，工作會出現空窗期給我的打擊更大。馬上就要比稿提案了，而且其他還有兩件工作正在進行。我會給大家添麻煩。更重要的是，兩個月的空窗影響深遠。即便出院後立即回到職場，要能恢復到原本工作的腳步需要更多時間。正因去年締造了佳績，一些好的工作開始運作，很難置之不顧好幾個月。奪得新人獎後受傷的投手就是這種心情嗎？再者，我還讓妻子擔心。之後她為了探病得每天進出醫院吧。她尚未進入安定期，是疏忽不得的時期，對她的身心都會造成極大負擔。要是她肚子裡的小孩有個意外要怎麼辦？我坐立難安。

「腎病症候群」是腎臟疾病。腎臟會過濾血液排除廢物，裡面的濾網出現異狀，網格變大，讓平常無法通過的蛋白質也被濾過，尿液中出現大量蛋白質，血液中的蛋白質反而減少。最終讓血液的滲透壓產生變化，水分從血管滲出到組織中造成水腫，無法判定確切原因。雖然能推測有壓力、飲食習慣、過敏、藥、蟲咬等各式各樣的原因，沒法確定是什麼造成的。我試著回想自己的生活，想找找有沒有什麼線索。每週吃三次豬骨拉麵，配明太子飯一起吃。有時一天喝五罐紅牛。蜜月去衣索比亞時，全身被跳蚤和床蝨咬了，癢了兩個月。學生時期在西伯利亞的森林裡，裸露的肌膚上停滿了蚊子，臉腫到不成人形。然而，原因仍然未明。

我的症狀已經相當嚴重，水腫延及內臟，病情非常危急。如果置之不理，肺部將會積水呼吸困難，危及生命。腹部始終腫脹、下垂，吃什麼都想吐。最初三天光躺在床上睡覺就耗盡力氣，靠點滴和沒味道的白粥總算撐過去。水分被限制在一天一公升以下。因為生病讓我不易排尿，吸收越多水分就越水腫。寶特瓶兩瓶一不注意就會不小心喝光，所以把水含在嘴裡，在口中打轉，花大把時間再喝下去。

藥物和少鹽的飲食限制，治療方式僅此而已。據說沒有動手術或吃藥立即治癒的方法。用點滴注射補充流失蛋白質的藥物和利尿劑，變得頻尿，身體的水分排出。我試圖以體內淨化飲料來排毒，大方向沒錯。利尿劑導入體內後，膀胱急驟變熱頻尿。尿意會在仍注射點滴的狀態下突然襲來，只好吊著點滴衝到廁所。焦急移動會把點滴扯掉，需要高超的技巧才能在急迫的尿意下匆忙站起，同時小心控制點滴架。利尿劑的效果立竿見影，尿量多得驚人。我一星期掉了十公斤，都是累積在我體內的水分。

我的症狀逐漸舒緩，但不是排除水分就結束了。他們告訴我必須持續吃藥數年，少鹽的飲食也要持續一段時日。復發率高達百分之五十，不遵守這些醫囑會自作自受。我一點一滴明白了生病的麻煩之處，不是只要考慮工作就好。我必須專心治療，背負了意料之外的十字架。我生病了，百分之百是個病人。走到這一步，我終於承認。那麼，未來兩個月我應該如何度過住院生活呢？

◆401號室

排除了水分之後，我過著規律的醫院生活。每天早上六點起床，量血壓、體溫和體重，抽血，向護理師報告前一天的小便次數。送來早餐，吃下沒有味道的一餐。吞下好幾種藥，接著以點滴注射藥物。自由時間。吃沒味道的午餐。洗澡。妻子來探視。我們說著孕肚的事、昨天發生的事等等。探病訪客來訪。來到晚餐時間。訪客回家。吃沒味道的晚餐。妻子回家。變成一個人。讀書。看電影。然後睡覺。

我的職業是文案撰稿人，工作是思考廣告標語、廣告企劃。從事這種工作無時無刻被企劃追著跑，少有機會看書看電影。那幾年我總是不斷產出想法，沒有吸收任何東西，那種感覺就像腦袋不斷被消磨。趁著這次住院，我打算盡量吸收，一有時間就讀書看電影。宛如水滲入乾涸地面，這些養分被急速吸入我的體內。我的身體渴望著書和電影之類的東西。

病房看起來新穎乾淨，照明是溫暖的白熾燈。病床旁備有原木書架和電視機、小型冰箱。床側是一扇大窗，可盡覽有著獨棟住宅的住宅區。一到傍晚，能看見住宅區後的落日。

我住的是四人房，整天都拉起分隔病床的簾子，一個人堅守在床上。然而，跟其他人同住一房好幾天，總有不得不對話的時候。幾次交談下來，我發現病人之間的對話有固定用語，只要記住，就能不特別耗費氣力地流暢、自動進行對話。

「您的大名是什麼？」

「您哪裡生病？」

「什麼時候住院的呢？」

「什麼時候出院呢？」

「餐點味道很淡吧。」

「真想抽菸呢。」

隔壁床的中野因為糖尿病，比我早大約兩週住院。他年輕的聲音和說話方式像三十歲前半，其實已半百前半之齡。他個子不高，身段柔軟，無論對我這樣的晚輩或年輕護理師，都很替大家著想，用有禮的敬語說話。

「每天大吃美食、喝酒抽菸，就變成我這樣了。因為我在北海道出生長大，生病的原因之一說不定是從小就吃太多鮭魚卵、鮭魚、干貝之類的。」

他泰然處之，彷彿糖尿病是不可避免的命運。我感覺不到絲毫悲壯。

斜對面的山上先生也是糖尿病，年紀六十歲前半。他氣色頗佳，雙頰紅潤到讓人懷疑他真的生病了嗎。長得像鹽味海苔的眉毛，一笑就會露出的牙縫，還有不容忽視的栃木腔調，類似志村健曾扮演的一個角色，個性鮮明。他總是跟護理師開玩笑：「妳今天也很可愛耶。」始終開朗滔滔不絕，是病房裡的開心果。雖然人很好但他有個缺點，會一點一點地灌輸自己的人生觀。

「笑著生病就會好。」

「人生要笑著過比較好喔。」

「啊，我啊，活過了最棒的人生啦。」

「我曾經跟長得超像那個護理師的女人好過。」

他雖然毫無惡意，凸顯自己的存在這一點很煩人。

對面病床的橋本年約六十五歲上下，頭髮半白的歐吉桑，因為心臟不好而住院。他總是退一步微笑著聽大家說話，也可說是保持距離。或許他是這間病房裡最正經的人也說不定。

橋本以外的人腎臟都不好，必須少鹽飲食。切絲蘿蔔乾、炸豆腐、滷魚等等，所有調味都很清淡，不，甚至可以說沒味道。每天都像茹素。

「哎呀，清淡真的很好耶。」

聽到山上像自我說服一樣這麼說，中野回應：「因為之前吃太多美食啦。」相互試著對三餐保持樂觀。我有時跟他們一搭一唱，橋本則獨自默默吃著不同的餐點，沒參與對話。

「我還是想吃拉麵啦。」山上恍若狗兒長嚎似的仰望天花板說。

「但拉麵一碗的鹽分是我們三天的量耶。」中野冷靜回答。

「是吧，不能吃的吧。但是武藏小山有家超級好吃的拉麵店，那裡的叉燒真是讓人停不下來，啊，能吃就好了。」山上望向遠方。

「蒲田也有喔，有好店唷，是像古早味中華蕎麥的醬油拉麵。」

「這麼一說，大井町也有家好吃的店。是簡單的拉麵。那裡的炒飯也讓人食指大動呢。」我無法繼續沉默不語，隨即加入對話。

「品川有家好吃的沾麵店呢。是濃厚的柴魚湯底，吃完麵後，把熱燙的石頭放入剩下的湯汁裡，最後喝乾溫熱的湯汁。真令人意猶未盡。」

「沾麵也很不錯呢。」

「啊，好想吃拉麵啊。」

我們三人悲痛地仰頭看著天花板邊說話。那天晚上，我夢到自己在天下一品的濃醇湯汁裡泡澡。

中野和山上每到下午就會更衣出門。我羨慕他們可以外出。由於藥物副作用的關係免疫力下降，容易感冒等感染各式疾病，所以我被禁止外出。雖然我想抽菸，院內全面禁菸，想去外面也不行。什麼都做不了。

傍晚時，中野回到病房。「你每次都是去哪？」我問他。

「去洗腎。很多醫院有，所以我去這附近的。還有去找房子。我要離婚了，不找房子不行。」

中野把非常沉重的話題跟洗腎相提並論，一派輕鬆地說著。

「不是啦，其實更早之前就在談離婚，我女兒要考入學考試，想說可能會對她造成不好的影響，所以暫緩。然後上個月她考上了，就在講要不要分開。」

「但是您不是生病了嗎？」

「這跟那沒關係啦。冷淡沒感情。也就是俗稱的熟年離婚啦，熟年離婚。」

「喔，這樣呀。」

我只能應付了事地回答，想不出應該怎麼回應比較恰當。完全處理不來，沒法從我的人生經驗中找出答案。山上也回到病房。他穿著陳舊的皮外套搭卡其褲，頭戴毛帽。

「我也去洗腎了唷。然後回來的路上，就去了那家啊，中野先生說的蒲田的拉麵店，哎啊，太好吃啦。醬油湯底真是讓人意猶未盡。」

我從他身上聞到混合著香菸與咖啡、炭燒般的味道。他真的想把病治好嗎？

一天，橋本的床邊聚集了很多人。除了每天來探病的妻子，還有兒子、女兒、兩個孫子。孫子在喧鬧，大人則無所事事一臉無奈。橋本好像快動心臟手術，大家擔心的同時，還要注意不要過度憂慮而感染本人。最坦蕩的是橋本。身邊的人時而擔心，時而同情，他自己卻沒怎麼擔心的樣子。生病後，先是自己東想西想心神不寧，還可能心情盪到谷底。等到墜入深淵，就會發現無論多擔心害怕都沒用，重新站起來，冷靜看待。病人出乎意料都很平靜，反而是身邊的人因為不夠了解而更擔心。

橋本的家人為了聽醫生說明離開病房，留下橋本一個人，我對他說：

「要動手術了是吧。」

「是啊。」

「真辛苦呢。」

「應該沒問題。我雖然會搬離這間房，但還會在這裡，請多照顧啦。」

橋本手術後必須住單人房。

「等心臟不好再戒菸就晚了，你也注意一點喔。」

橋本在家人和室友的目送下前去手術室。空下一張病床，當天沒人遞補。乾淨的床鋪沒人入住十分寂寞。儘管橋本沉默寡言，離開了還是影響很大，就像拼圖少了一塊。

新來的病患分配到橋本的病床，年紀約五十歲後半。可愛的垂眼下有嚴重的黑眼圈，挺著大肚腩，貌似年邁的狸貓。他馬上跟年紀明顯小一截的我有禮地問好：「我姓高見，還請多多指教。」這讓我心情不錯。年紀比我大，在這間病房的資歷卻是我比較久。高見很懂醫院的規矩。

「高見先生哪裡不舒服呢？」我從醫院對話集中講出固定臺詞。

「我心臟不好。你哪裡不舒服?腎臟?哎啊,要很久的樣子吧。接下來這段時間就多拜託了。」高見轉眼就不用敬語了。他這麼順勢接著跟中野、山上打了招呼。可能經常住院的關係,他很習慣問好。對這兩人,高見也立刻省略敬語。或許是不喜歡他套近乎的態度,山上一臉愁容。山上也很擅長套近乎。我以為同樣對裝熟駕輕就熟的人,應該會拋開不必要的客氣客套之類,馬上開誠布公交談打成一片,實際上卻非如此。

自從高見來了之後,病房氣氛就變了。他入住之前,只是隨口應答,對話就能自然延續。維持著山上說話,中野大多傾聽,我有時附和,橋本看不出有沒有在聽這樣的平衡。只要山上先生說話,高見總是跳出來說:「那不對吧?」山上先生常胡說八道些有的沒的,中野先生老於世故,刻意不追問,以免破壞氣氛。說了也是麻煩,所以什麼都沒說只是聽著。然而,高見將質疑說出口,使對話變得不順暢,經常試探性地質問「你要聽哪邊的?小伙子」,尋求我的同意。我不選邊站,裝傻含糊回答「啥」帶過。我和山上先生、中野先生、橋本先生,四人奇蹟式的平衡。樂團名「401號室」,主唱山上,吉他手中野,貝斯手橋本,鼓手日下。遞補貝斯手空位的卻是一名主唱。

◆遺落的故事

病房裡讓人越來越不自在,我越來越常待在病房外面。會客室裡設有四組桌子和沙發。這個空間是讓訪客來探病時,不到病床邊也能談話而設置的。靠牆的書架上排列著報章雜誌和住院病患沒帶走的書。每次都能在會客室裡見到 Akiyo、Etsuko 兩位婆婆，她們總是在談天。Akiyo 婆婆一直笑嘻嘻地精神奕奕，至今沒生過什麼大病，這次因為胃不舒服住院檢查幾天。她在品川出生長大，今年高齡九十四。我也住在品川附近，想知道以前品川是什麼樣子，問了她各式各樣的問題。

「品川車站？那在大海裡面，從北品川到大森都是淺灘，乾淨的沙灘，我從前常常在那游泳呢。船會回到大森的港口，幫忙把捕到的魚送去市場，每次都給我好多魚呢。目黑川也很乾淨，很常去游泳呢。關東大地震的時候啊，我剛好在高崎，從高崎往東京方向一看可以看見火光，真的是很恐怖呢。」

Etsuko 婆婆坐著輪椅。我以為她比 Akiyo 婆婆年長，但其實她八十四歲，比 Akiyo 婆婆年輕十歲。我也問了 Etsuko 婆婆從前的事。她出乎意料的回答重擊了我一拳：「我心想自己會殺了父親，去了滿洲。」

「我是在淺草出生的。當時淺草相當繁華，我在料亭當過服務生。海軍的人常常來光顧。山本五十六先生也經常蒞臨。跟陸軍相比，海軍有許多很好的人。因為他們都反對戰爭。我在料亭工作得很開心，回家卻讓我舉步維艱。繼父每天都喝醉，對我暴力相向，繼續住在家裡哪天可能會殺了他。十九歲時一個人去了滿洲。當時所有人都抱著去中國大陸就會有美好人生等著的幻想。我是拜託親戚才去了滿洲。滿洲確實充滿活力。就算是天寒地凍的冬天，我仗著年輕和夢想想辦法克服了。在甚至有傭人的美麗宅邸，度過兩年美妙的生活。然而，生活突然天翻地覆改變。因為戰爭結束了。蘇聯軍隊的戰車來到城裡，除了女人、小孩和老人之外全被帶上卡車，送往西伯利亞。為了回到日本，被留下的人拚命朝撤退船出航的釜山前進。那是一段艱困的路程。被中國人和朝鮮人痛罵，既沒食物又沒衣服可穿，也不能洗澡。還曾經被罵『臭乞丐』踢飛。終於抵達了釜山。那裡有大批想回日本的人，要一個月後才有船班。我陷入茫然，在候船處的大體育館裡，每天光盯著天花板過了一個月。我已經完全不在乎誰說了我什麼。撤退船抵達佐世保，之後我立刻回到東京。身無分文回到東京只能工作，連結婚都沒有一直全心全意地工作。我陪過酒，在工廠、超市等各種地方工作過。一年只休息兩天。最後工作了二十年的地方是銀座的麻將俱樂部。因為客人熬夜打麻將，我必須一直醒著。然後，終於到了能領年金的年紀而辭職。抽中了東京都營的住宅，現在一個人住。但是一不工作就突然變胖了，接著是腳不舒服住院。像螞蟻一樣工作了幾十年，卻在休息後病了。神也是很壞心的。」

我在會客室讀了一會兒書，若是平常的話，Akiyo、Etsuko 婆婆應該已經來了。但沒人出現。我毫無頭緒，去病房探看，兩個人都不在。問了護理師，Akiyo 婆婆和 Etsuko 婆婆都在今早出院了。我一無所知，連道別都來不及，兩人就不知去向了。離別是因出院，百分之百是件好事。但我們一輩子再也見不到面了。病床已經有新病患入住。我看向醫院外面，祈禱幸福會降臨在 Etsuko 婆婆身上。

又過了幾天，中野先生出院了。他自己延長住院天數，拜託醫院讓他在找到適合的房子之前多住幾天。他後來終於找到房子，出院後正式辦了離婚手續。「我還有老人年金，生活應該湊合著不成問題。接下來要過幾十年沒過的單身生活，有些期待呢。」他一如既往地脫口而出。我到最後還是不清楚，他是努力故作開朗，還是真心這麼想。對人生不過分期待，也不過度悲觀。中野先生在人生中找到折衷之道，其中的轉折處深刻得立即可見。他抱著巨大的波士頓包，穿著厚重羽絨外套，圍著圍巾，戴上毛帽後，走出醫院。是的，外面是冬天。

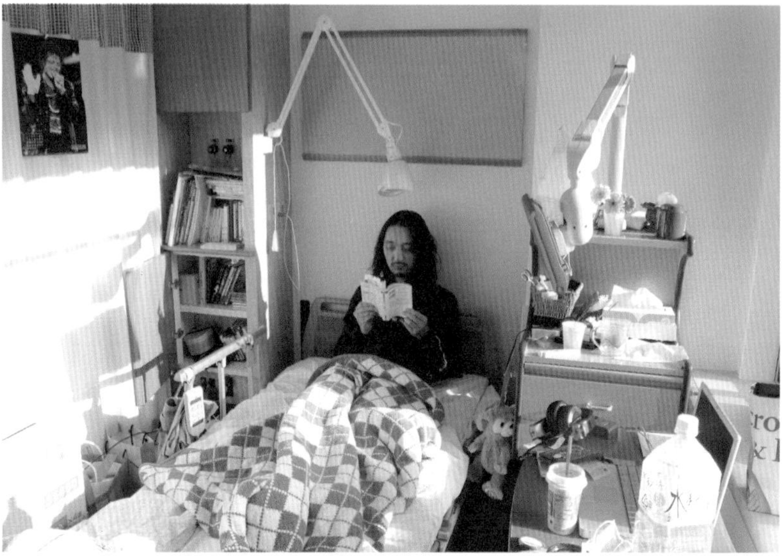

不知是不是沒有了說話的對象，就像追隨中野先生般，山上先生也出院了。

「出院後，我要馬上去給他吃個拉麵。嗯，要吃哪家呢？吃武藏小山的蔥叉燒麵嗎？」

山上先生送我草莓當道別禮物。他曾說親戚在栃木務農，我以為品種會是「栃乙女」，結果是福岡縣產的「豐香」。他邊抓胯下邊說：「保重啦。你出院後再一起吃拉麵喔。」隨即走出了病房。

人會一個階段一個階段逐漸死亡，不會從健康狀態立即變成死亡。從健康的狀態變成不健康，逐漸死去。人生苦短。況且，健康狀態的時間更短。活著的時候不成就些什麼不行。無論如何，我想未來我也會如中野先生那樣找到人生的折衷之道，或是像山上先生享受人生般活下去。絕對不僅止於他們，我遇過的長者幾乎都是兩者之一。生命短暫，不做些什麼不行。繼續盲目地做著現在的工作真的好嗎？要成就些什麼、什麼。自己的人生要由自己親手奪回才行。

空床旋即有新病患入住。這位患者年紀很大，我用老練的口吻對他說明醫院的規矩、廁所和浴室等位置。我成了病房元老。不過新病患幾乎都是住院檢查，兩三天馬上出院。在六本木的咖哩餐廳工作，口頭禪是「日本的女人很好把」的印度人辛，也是認識後就立刻出院了。就算跟他們變熟，過幾天就要分別，所以我決定只做最低限度的交談，不再主動積極敞開心胸。

說到我一天的運動量，只有從病床來回餐廳，幾乎沒運動。不能讓身體都不動。因為被禁止離開醫院，於是我在院內散步。

我在走廊上走著，兩側是病房。吊著點滴的爺爺正在走動。護理站在右手邊，護理長面對電腦，護理師在修剪老奶奶的指甲。左手邊是會客室，許多探病訪客圍著患者正在聊天。我移動到其他樓層。爬樓梯上了一層樓，在走廊上走動。兩側的病房可以看到患者，有身上繫著管子的老人，有頭上包繃帶仰躺直盯著空中的中年男子。我旁邊是右半身動作不順的老婆婆，她很緩慢、很緩慢地走著。護理站裡醫生和護理師速度飛快地談話。其他護理師一言不發地對著電腦。會客室裡，家屬一臉悲戚不知在等著誰。熱帶魚魚缸彷彿是為了讓昏暗的會客室變明亮而設置的，寂靜之中馬達聲格外清晰。這裡是腦疾病患者的樓層，遠比我所在的樓層更接近死亡。每上一層樓就更接近死亡嗎？我又往上一層，在走廊上走著。病房裡有年輕女子，和她目光相對後投來可疑的眼神。大腹便便的女子從我身旁經過。啊，這裡是婦產科的樓層。我在護理站和所有護理師眼神相對。不是訪客，穿著睡衣在此打轉的男子，顯然與這層樓格格不入。我快步走過走廊。會客室裡有幾對夫婦。撫摸肚子、將耳朵貼在肚子上、吃著先生買來的蛋糕，從窗外照射進來、冬日獨有的柔和光線包裹著這些幸福的光景。這裡是「生」的樓層。懷孕的妻子跟我也這樣就好了，但是我們的樓層不同。散步疲憊的我回到病房，躺回床上。

高見沐浴在窗外西下的夕陽中，正在打電話。

「喂喂，是我。今天的數值很好耶，說我明天就可以出院了。」

他應該是在跟老婆講話吧，一臉祥和。隔天高見離開了。我，變成了一個人。

治療的平靜日子又持續了一段時日。藥物很有效，水腫明顯漸漸消退。入院時八十五公斤的體重，降到六十五公斤，排除了十公斤因水腫而滯留體內的水分。多虧了健康又總是分量不足的醫院伙食，日常生活中太少運動又吃太多而堆積的十公斤脂肪消失無蹤。體力恢復到能跟訪客說好幾小時。公司的前輩、後輩、同期同事、工作上認識的人、學生時代的朋友都來探望過我。他們不過如常工作，看起來就閃閃發亮。那道光芒時而溫暖了我，時而對我來說太過眩目。

主治醫師開朗地告訴我：「順利的話，下星期就能出院了。」我和妻子一起被叫到會客室，接受指導說明即將來臨的出院生活該怎麼做。少鹽飲食，一天的鹽分攝取量最多六克。拉麵一碗的鹽分是十八克，也就是一碗拉麵就耗掉我三天份的額度。他還要我們注意，藥物的副作用會讓免疫力下降，容易感冒等等。避免劇烈運動，可以工作但不能勉強。先前說最少要兩個月，我一個半月就能出院，比想像中更快康復。

聽到能出院後，突然開始捨不得這樣的住院生活，我只能再在這家醫院待幾天。在這之前把大把時間花在看書上好嗎？難道沒有其他應該做的嗎？我是不是該跟這裡的病患多說點話，雖然已經沒機會認識他們了。

我邊吊著早上的點滴邊看書，高見笑嘻嘻地來找我：「唷，你好嗎？」他來門診順道探望我。出院後呼吸了外面空氣的高見一臉暢然，好像卸下了什麼重擔，看起來清爽幸福。見到戰友讓我很開心，我們話從前欲罷不能，甚至萌生想直接到居酒屋續攤的心情。病房的回憶也褪色了。雖說我們各自病症不同，但與共通的敵人——病魔奮戰，同寢共食，就能讓彼此的關係變得如此緊密嗎？可能是快要出院了，我變得多愁善感。

◆外面的世界

我迎來了出院時刻。將前輩來探病時送我的護理師主題情色書刊交給對面病床的大叔後，我走出病房，在護理站打了聲招呼。護理長笑著為我送別：「不要再來了唷。」妻子和我兩人，雙手提滿大量行李，步出醫院。外面已是春天。美好的一天。時隔一個月再度沐浴在直射的日光下，陽光照射在身體上變得暖和。陽光的溫暖，不同於空調的暖意，跟毛毯的暖和也不一樣，我連如此理所當然的事都忘了。睽違一個月再度感受清風，不是空調製造的單調的風。外面的風時而和煦，時而冷冽。撲面而來，抑或自後方吹來。從右側吹拂而來，又或自左邊襲來。有立即停歇的時刻，也有永不止息的時候。時強時弱。理所當然又非必然。僅是能感受世界就讓我覺得幸福。世界就在這裡，這點便讓我滿足。我變得從極微小的事物中都能發現喜悅。這種狀態持續到永遠該有多好。

我必須返回工作崗位。向上司報告自己已經平安出院，詢問何時能回公司。他指示我先跟公司的顧問醫師面談，不是上司允許就能回去上班這麼簡單的問題。

我很快就去公司跟顧問醫師面談。他的診斷是：「回來上班的事再暫緩一段時間，先繼續在家靜養比較好。」我焦慮起來，繼續問道：「那我要在家靜養到什麼時候呢？」他回答：「建議在家休養到普力多寧錠用量降至十毫克為止。」普力多寧錠是我正在吃的一種類固醇藥物，持續服用抑制疾病復發。這種藥的藥效強烈，還有讓免疫力下降的副作用，讓我容易感冒之類。目前藥量是三十毫克，不算少。一個月會減五毫克，得四個月以後才能達到十毫克。也就是說，我還要再休息四個月。雖然情緒焦躁卻無可奈何。說完「我會在家專心養病」後結束面談，下一次面談訂在藥量降至十毫克時。

我開始在家休養的生活。每天早上六點起床，晚上十點睡覺，生活規律。糙米，納豆的淋醬只放一半，褐藻的醬汁是四分之一。刻意保持少鹽粗茶淡飯的飲食習慣。需要輕度運動，所以我每天出門散步。一開始是在家裡附近，再慢慢擴張範圍。只是到鄰近的便利商店就已疲憊不堪。步行到離家一公里遠的品川，感覺就像從前在屋久島步行八小時抵達繩文杉。大腿上部的肌肉，痛到我以為骨肉要分離了，甚至無法抬起大腿。人類原來是這麼簡單就變得如此脆弱的生物嗎？瘦到像女生的腳，宛若老人的身體。我搭上計程車。彷彿是為了從品川站搭計程車回家，我才從家裡來到這裡，車資是起跳價。

我為了回診去醫院。這是我出院後第一次回診，抽了血、取了尿。住院時的每日例行公事，我以為自己已經習慣，但久違再看到血液逐漸填滿針筒的光景，對心臟不好。檢查結果良好，正順利復原。

看診結束後，我前往住院大樓。電梯上行，抵達五樓。護理站裡有好幾位認識的護理師。「好久不見！」他們如對待護校時期的同窗一樣迎接我。「不是叫你不要來了嗎？」護理長笑著說。會客室裡有我認識的爺爺，我們站著稍微閒談，某個異樣的物品映入視野一角。身著白衣、胸前衣襟敞開的護理師，左手叉腰，右手高舉針筒。那是我在出院時送給對床大叔的色情書刊。它跟朝日、讀賣那些報紙一字排開，也跟報紙一樣被輪番閱讀嗎？

我踏入懷念的病房，已經沒有我認識的人了。連應該是把色情書刊放在會客室的大叔也不在了。我住過的病床上有他人使用的痕跡，只是現在不知去了哪裡。我佯裝探病訪客，假裝正在等候，邊沉浸於感慨中。白色病床、原木書架、小小的液晶電視和小型冰箱。還有，窗外的景色。被我當作外界象徵，那棵宛如分隔醫院與住宅區，斜向生長的大樹。我住院時枯萎的大樹，如今染上淡粉紅色。原來那是櫻花樹啊？

◆誕生

我的體力逐漸恢復，稍微出門一下也不再疲累，開始幫忙洗碗盤、打掃等家事。即使少鹽飲食，也能從中找到樂趣。比如每一品種各買一個，蜜柑、伊予柑、八朔、日向夏、瀨戶香、凸椪、清美橘、文旦，各拿一瓣擺在盤子上，享受柑橘全餐。

妻子每次產檢我都陪同，她懷孕七個月了，差不多是能知道性別的時候。我和妻子都堅信是男生。沒有理由，只是有種強烈的直覺，覺得應該是男生。附近的阿姨也說：「一定是男的，我看背影就知道了。」一路過的伯伯同樣說：「看肚子就知道，是男生啦。」我們買了好幾件男孩的衣服，還想了好幾個男生的名字。

產檢當天，我們帶著今天絕對會知道性別的緊張感前往婦產科。在婦產科的候診室裡，有肚子大小程度不一的多位孕婦。肚子微凸的人一臉憂心忡忡，不知是尚未進入安定期，還是孕吐不舒服。肚子已經大到某個程度的人，滿臉祥和希望。妻子屬於後者。即將臨盆的人，身體看起來很沉重，臉上流露出「可以趕快生嗎」的訊息，充滿希望卻帶點疲倦。肚子仍一片平坦的人、來確認是否懷孕的人，神情坐立難安。一方面氣勢不及肚子比自己大的眾多孕婦，又對她們投以尊敬的眼神。

叫到妻子的名字了，我跟著一起進去。妻子仰躺在床露出肚子，塗上凝膠，放上超音波探頭。她躺著，我則坐在房間角落的椅子上，看著螢幕上的超音波畫面。黑白顆粒的濃淡表現出胎兒的形體。白色顆粒的群集放大、變小，又放大。似乎是在呼吸。一切順利。我本來擔心自己住院會不會有什麼不好的影響，幸而母子均安。

「請問性別是？」妻子詢問。「嗯，沒有那個喔。應該是女生唷。」醫師乾脆地說。一直以為是男生，竟然是女孩。雖然之前直覺強烈，結果卻非如此。我的直覺完全不可信賴。人生重要大事，我的直覺出了錯。等同於神向我宣告，你這等人類沒有第六感。妻子也沒第六感。不是一定得生男孩，所以沒有因為是女生就受打擊，直覺出錯的震驚卻久久未散。

「那個啊，能順利出生，是男是女都好啦。」我說著常見的臺詞安慰我們自己，然後回家。我開始想女孩的名字。

如同為了產卵溯溪而上的鮭魚，妻子為了生產回到出生的地方，娘家所在的大阪。我還要回醫院複診，一個人留在東京。時隔數年的獨居，解放感湧上心頭。但身體跟不上這種解放感，熬夜傷身。就算跟誰去喝酒，也因為飲食限制讓對方費心。更重要的是沒錢。我過起獨居老人般的生活。

早晨起床。吃糙米和味噌湯當早餐。吃藥。看書。時至中午。吃午飯。睡午覺。看書。洗澡，邊泡澡邊看書。吃晚餐。看書。進被窩。看書。睡覺。那段日子我只一直讀著普魯斯特的《追憶似水年華》。趁著住院，我決心要讀工作時無法看的書，一腳踏進共十三冊長篇大作的世界。最初每看幾行便睡意襲來，習慣之後，比手機還形影不離隨身攜帶。曾經在泡澡時讀到不知不覺睡著，書因此沉到浴缸底部。也曾在上廁所時讀，擦屁股屈身，放在胸前口袋的書本就這麼跌落馬桶。還嘗試過坐山手線看書，想在電車裡邊眺望窗外風景邊優雅閱讀。電車行駛兩圈後，我才明白山手線擁擠到幾乎看不到車窗，而且山手線的座位又薄又硬，不適合久坐。

妻子來電：「我好像開始陣痛了。」比預產期早了兩天，聽說第一胎幾乎都會比預產期晚。我懷疑「那個陣痛說不定只是普通的肚子痛」，決定靜觀其變。再者就算我立刻出門，晚上十一點也沒有到大阪的電車了，想出發無計可施。我待在東京家裡等候，半夜一點，電話又響了，她肚子還在痛。半夜兩點也來了電話，肚子持續疼痛。我確定肚子痛一定是陣痛，搭了第一班新幹線前往大阪。

當某天成為自己孩子出生的日子，一切事物都有了意義。小孩出生那天的天空、小孩出生那天的大海、富士山、車票、咖啡……我用相機拍下所有事物。拍完一輪後，我開始思考成為父親這件事。一起去婦產科看超音波。去買了嬰兒用品。觀察朋友照顧小孩的樣子。詢問朋友關於育兒、生產的各種問題。我至此還沒有要成為父親的真實感受，心情一直模模糊糊。接下來，妻子將因難以想像的產痛身心煎熬吧，我卻覺得生孩子輕而易舉，彷彿事不關己。成為父親是怎麼一回事？是失去了自己的時間。是必須為孩子犧牲假日。是因哭聲無法成眠。不存錢不行。要加入保險。再也無法一個人隨興出門旅行。我似乎只想得出這些負面效應，推文抒發心情。

「你能做的只有祈禱啦。哎呀，要成為父親啦。得對這個世界負責啦。」公司的後輩田中回推。

我心中撥雲見日，有了成為父親的決心……那樣的心情……說沒有也不盡然。無論如何，我能做的唯有祈禱妻子安產。

大阪天晴，夏季特有的萬里無雲藏青天空。蟬聲被吸入天空中心。非常適合出生的極美好天氣。我搭上計程車急忙趕去醫院。「小孩要出生了。」我跟司機說。司機加速，在車裡講起自己的陪產經驗。「我雖然在旁陪產，但男人幫不上什麼忙，只能不停安慰太太而已。少收你四十喔。」

計程車抵達醫院，才九點半，趕上了。接著，我快步走向櫃檯，詢問妻子的房號。我正面臨一項人生大事，櫃檯的態度卻很冷淡。每天都為人引導人生大事，就會變成這樣嗎？我上二樓，走進妻子所在的房間。她還沒進分娩室，仍在一般病房，換穿粉紅睡衣虛弱地躺在床上，看起來非常難受。我沒時間跟一個月不見的妻子好好說話，醫院人員滔滔不絕快速向我說明生產相關事項，要我填寫所需文件簽章。我根本沒空審視文件內容，要是混入借貸保證人文件，也會就這麼蓋章了吧。

等到蓋完章，終於有時間好好說話。陣痛與陣痛之間總算可以交談，那時還有開玩笑的力氣。陣痛一來對話就中斷，我輕撫妻子的腰。陣痛結束繼續說話。反覆這樣的循環後，助產士來跟我們說：「還有力氣的時候先去洗澡比較好唷。」於是妻子前往浴室。

「什麼時候會生呢？」我焦急詢問。「今天應該一定會生。」助產士不慌不忙地說。

妻子洗完澡後，陣痛的頻率突然加快，可能不到兩小時就會生了。妻子努力靠自己的力量搖搖晃晃前往分娩室，她的聲音彷彿感冒發燒時那種有氣無力的模樣。看起來連說話都很困難。我架好單眼相機和攝影機共兩台，想用靜態與動態畫面來記錄這樁人生大事，心想日後回顧妻子痛苦的表情也會有意義，將相機湊近到快貼近她的臉，喀嚓喀嚓拍起照片。「不要拍！」妻子喝止。助產士又建議我們，接下來是重頭戲，趁現在吃飯比較好。我試圖在陣痛暫停的三分鐘間，吃光他們為我端來的豬排便當，在妻子身旁把食物放進口中，她斥責：「臭死了，出去外面吃。」我無奈只好到門外把便當塞進胃裡。

回到分娩室，我的存在完全進不了妻子的眼簾。我說了很多話，她都聽而不聞，所以我想辦法緩和氣氛：「我也去生一下，讓大便呱呱落地。」她不瞧我一眼。這種不做些什麼不行的心情，完全徒勞。正如計程車司機所說，丈夫無事可做。

妻子開始發出一種從未有過的聲音，如歌手碧玉似的響亮音調，音量破表到崩潰。她看起來很難受，但陣痛的頻率狀似減緩。助產士間瀰漫不知如何是好的氛圍。主治醫師察覺他們的猶豫，開口說：「開始『分娩』吧。」助產士啪嗒啪啦地開始動作，轉換成「分娩」隊形。我被暫時請出去，在醫院走廊沙發上坐立難安，那種電視劇裡常見的光景。我從來沒想過會經歷這種情景，無法冷靜下來。只能滑手機。

過了五分鐘左右，我被叫回病房，彷彿突然被帶到子彈紛飛的戰場。妻子響徹雲霄的聲音，交雜著助產士下指令的語音。她張開雙腳，已經完全擺出分娩的姿勢。我毫無餘力多說些什麼或拍照，心想至少要握著妻子的手，試著去握她抓住床邊扶欄的手。然而，她的手絲毫不離扶欄，完全不理我放在上面的手（後來我問她為什麼，她說扶欄比較好握，容易使力）。「已經可以看到頭了。」助產士說，但之後動作停滯。如何施力、怎麼用力，頭就是出不來。似乎又要做各種處置，我又被要求退出。終於到了最後關頭。

等待中。我格外在意起沙發旁邊叫做「閃電怪馬」的馬玩偶。閃電怪馬是我高中時播放的上一時代卡通，我知道從前像七龍珠那些大受歡迎的卡通有出玩偶，但閃電怪馬並非特別受歡迎，為什麼會出現

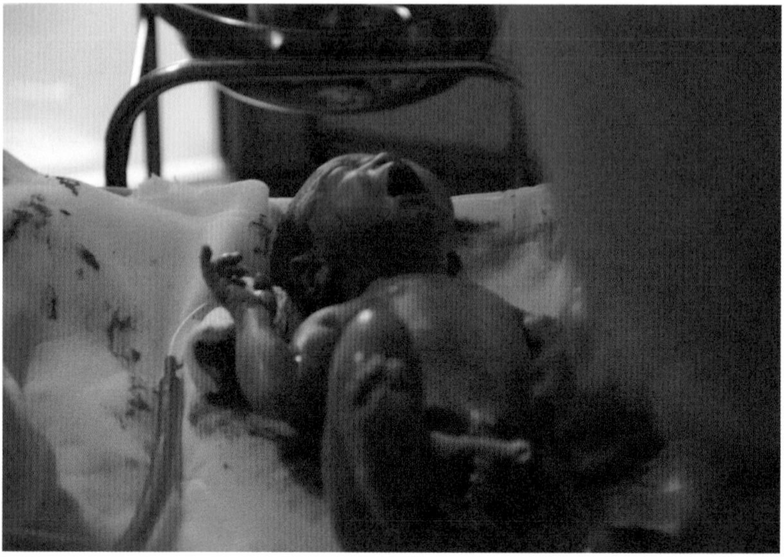

在這裡？是醫院的人放的嗎？還是患者放的？

我被叫了回去。回到分娩室後，所有助產士都帶著護目鏡宛如戰隊英雄，各就各位，發出巨聲。妻子的腳下有手術刀、鉗子等各式各樣可能是要剪斷臍帶的工具。

「準備！吸吸呼。準備！吸吸呼。」

「很好唷！就這樣。」

「好、好，呼吸很好！」

她們儼然女子排球隊。助產士在名為分娩室的排球場中，迫不及待承接嬰兒這顆球。靠在內側牆邊的男性主治醫師環顧全場，我怎麼看他都像是排球隊教練。

妻子一直在用力，我在旁邊拿扇子搧風。除此之外，沒有其他事可做。我眼角微微泛淚，看著她奮力的模樣，不由掉下淚來。我只能為她禱告，說著「加油、加油」。為了讓她更涼快些，加快搧扇子的速度。

出現了粉紅色圓圓的東西。用力時就出現，吸氣時則退回一點。隨著反覆的次數增加，粉紅色的東西越來越大。是頭。粉紅球體上有著稀疏的毛髮。我又哭了。淚水滴滴答答滑落。跟剛剛的眼淚不同，是歡喜的淚水。如果眼淚有顏色，必定是不同色彩吧。情感劇烈起伏。頭約莫出來一半時，助產士扶著頭一點一點往外拉。我在心中祈禱著：「拜託，慢慢拉，請不要折斷脖子之類的！」

出來了，出來了，我的孩子出生了。香腸似的臍帶像圍巾般環住脖子。她沒馬上哭，彷彿對自己的出生感到驚訝。確定自己所在的地方已經不是母親體內後，嬰兒哭了。宛若在哀悼自己已經無法回到母親肚子裡。助產士立即剪斷臍帶，另一位助產士擦拭血痕。我的孩子變得比較潔淨，放聲大哭。將她抱到母親懷裡那一刻，她同步停止了哭泣。母親的力量立即發揮作用。我的孩子很快就不知道被帶去了哪裡。我們鬆了一口氣。下午一點五十九分，三千兩百三十克健康的女嬰出生了。妻子的身體並無大礙，平安分娩。

分娩室裡殘留戰爭的餘韻，暢快的疲憊感瀰漫整個房間。我們的手交握陷入沉默，然後等待我的孩子。她遲遲不來，必定有一堆要做的事吧。我的心情就像要取出剛買的玩具。

約莫三十分鐘後，她終於回來了。身體擦拭乾淨，穿上全新衣服，我的孩子回來了。護理師把嬰兒交給妻子，拿起相機。

「來，把小孩放在爸爸媽媽中間，對，笑一下。」

生完後立即拍紀念照是醫院提供的服務吧。怎麼可能突然把情緒提振到「對，笑一下」，我們兩人疲憊的臉硬擠出笑容。拍完照，我的孩子馬上又被帶到新生兒室。她明明才剛出生，忙碌程度堪比以分鐘為單位行動的藝人。

我們不能進新生兒室，只能透過玻璃窗觀看，如同自己買的玩具被放回展示櫥窗。孩子或是伸手或是動腳。他們在肚子裡也是這樣動，旁人會覺得可能是胎動了吧。經過生產這番激戰，思考嬰兒像我還是像妻子這種問題似乎很自我中心。像誰都好。無論如何，我由衷感謝她順利出生。然而，眼前這個小嬰兒是我的孩子這件事，一點都不真實，就像在動物園裡看叫做「人的小嬰兒」的動物。

幫我們接生的助產士來打招呼。也就是說，她是我家孩子最初接觸的人類。

「生產非常順利呢。」

「是這樣嗎？但我超級痛的。」

痛成這樣卻說安產，妻子似乎很難理解。

時隔數小時，再度走出戶外，美麗的夕陽西下，彷彿世界祝福著我們。這天我住在醫院。醫院規定嬰兒要留在新生兒室，房裡剩下妻子和我兩人。經歷太多，讓我頭腦清醒得無法成眠。深夜，傳來不知名嬰兒的哭聲和大人的歡呼。在這裡，生命誕生尋常無奇，白日黑夜，始終如此。

黎明破曉。這天開始可親子同室，嬰兒很快被帶來房裡。我仔細觀察我家孩子，緊盯她幾乎只有黑眼珠的眼睛，她正在看著什麼？還是她什麼都看不見？她看著空中，恍如能見到什麼人類看不見的。住在南美叢林深處的亞諾馬米人（Yanomami），認為剛出生的嬰兒還不是人類，把他們當作精靈。要接受精靈撫養成人，還是讓他繼續當精靈送回森林，由生下小孩的母親決定。這個生物確實還不是人類，是神寄放在我們這裡的某個東西。我把食指放在精靈小小的手心上，柔軟初生的肉團溫柔包覆我的指尖，用微弱的力量握住我。她認可我是她的父親了嗎？我戰戰兢兢想抱起她，如對待銀座珠寶店櫥窗裡的戒指。為了避免損傷，我小心翼翼用手將她捧起，最後又因實在太昂貴負擔不起，謹慎地將嬰兒放回床上。

似乎有許許多多例行要務，餵奶之類的，嬰兒隨即不知道又被帶去哪裡了。我們像是從醫院租借了名為「嬰兒」的昂貴商品。就算過了一晚，我還是覺得自己的孩子不是真實的存在物。

她出生五天了。來到出院當天，女兒戴上岳母特製的頭飾，穿上純白小禮服，猶如見習天使。她今天第一次離開醫院，醫院是密閉空間沒有風，也晒不到直射的日光。今天將是她人生第一次感受清風，第一次知曉太陽的溫暖。那個時刻，她會如何感受呢？會有什麼樣的表情？我拿好相機對準妻子，妻子抱著女兒走出醫院建築。女兒首度接觸外面世界的空氣。盛夏暖風吹拂，女兒的表情沒有變化。火燙陽光照射著她，她的表情還是紋絲不動。心想不能讓她接觸盛夏的熱氣，隨即進到岳父來接送的車裡。身為父母的我好像期待過度。我收起相機，坐進冷氣涼爽的車內。

回到妻子老家。一樓客廳成為我們一家的住處。今天開始沒有護理師幫忙，一切要靠自己。我憂心忡忡不知會發生什麼事，嬰兒幾乎都在睡覺。沒什麼特別需要做的，只有每隔幾小時妻子要餵奶而已。

窗邊的紙糊窗門旁有著綠色天鵝絨沙發，妻子總是坐在沙發上哺乳。正在餵母乳的妻子，已經完全化為母親的形象，每一次餵母乳就更像母親一分。到了中午，日光透過紙糊窗門照射進來，妻子餵奶的姿態化為剪影。她的剪影彷彿是象徵幸福的某種商標，那是前所未有的感動。一家三口過著只有我們三人的生活，小嬰兒將永遠在我們身邊。妻子餵母乳的模樣好美，一個女人開始擁有母性。那是燦然一新的美。

我們暫時借住妻子老家。一早醒來孩子在身邊的這種幸福。孩子和我們一起午睡的幸福。我一抱，她就停止哭泣的幸福。

妻子的母親俐落地幫忙照顧小孩，我無事可做，閒得發慌。我試著找出有沒有什麼能幫忙的。奶瓶破了，所以我獨自到附近的賣場買。

過去我從未注意帶著小孩的顧客，現在目光不自覺追隨他們。抱著新生嬰兒的家庭、推著嬰兒車的家庭、親子三代同行的家庭。我清楚認識到世上的人們，很多是以家庭為單位行動。

因為有點餓了，我來到美食街。很多疲累的家庭聚在這裡。爸媽一臉倦容喝著可樂，孩子弄亂整張桌子玩耍著。購物，累壞了，在美食街吃中餐的週末。目睹這類「家庭」的現實讓我心生恐懼而顫慄。

一星期後，為了辦理出生登記，我必須回東京。實在捨不得離開，如此幸福的時光。不知道是小孩帶給我的，還是妻子，抑或妻子的家人賜予的。也許是妻子的家帶來的？我就像住進以幸福打造的樣品屋，叨擾模範家庭並生活其中，那段時光彷彿他人的故事。不管我是否在這裡，幸福的時間如常流逝，我只不過是短暫寄居體驗。一離開這個家，幸福的感覺似乎就會消失無蹤，讓我心生惋惜。我沒能習慣幸福。

我獨自回到東京，又開始一個人的生活。在醫院開具的出生證明書上，填寫必填項目。我寫的字的好壞可能會左右孩子的一生，因而分外用心寫下她的名字，結果太緊張寫錯筆順。我將寫好的出生證明書放入包中，彷彿裡面是大把鈔票，小心翼翼騎著腳踏車前往區公所。

到了公所，我問服務臺：「請問出生登記要到哪邊辦理？」他公事公辦地回覆：「請到那邊。」跟從前來領戶籍謄本時沒兩樣。櫃檯裡有個跟我年紀相當，戴著眼鏡、散發濃濃公務員氣息的男子，他在櫃檯後方看似不耐煩地處理事務，啪嗒啪嗒不知翻著什麼文件。「我想辦出生登記……」我開口詢問。男子貌似沒想到有人會這麼問，回了聲：「是。」他配合出生登記這樣的喜事，臉上從原本的不耐煩變成微笑。過程中或許因為難為情，最後又回到尋常的表情。我慎重地遞出出生證明書，他仔細檢查，上面漏填了申請日期。

「請問今天是幾號？」我詢問。

「是二十號……萬事皆宜呢。」他有些不好意思地告訴我。

我與他相視輕笑。他查詢我提交的名字漢字是否適合作為人名，然後出生證明書順利受理。女兒在法律上也成為我的女兒了。

◆死亡

我接到母親的未接來電留言。

「Akiko現在呈現心肺停止狀態，打電話給我。」她留下一則訊息。我無法理解她話中的意思，重新播放了一遍。

「Akiko現在呈現心肺停止狀態，打電話給我。」錄著母親焦急的聲音。

心肺停止狀態……我大致聽懂她的意思是妹妹出事了，卻不明白其中細節。我回電給母親。

「喂，怎麼了嗎？」我努力故作鎮靜問道。

「Akiko心肺停止了，現在在醫院。」母親重複和留言一樣的內容，根本像是重播僅有的數個固定句型之一。母親至今的人生中想必沒講過幾次「心肺停止狀態」，莫名地特別突兀。

「什麼意思？」

「你妹妹說她很難受啊，搭救護車到醫院。去醫院之後，打點滴還是什麼的，雖然暫時穩定了，醫院要她再留院觀察一下，只有我先回家一趟，然後我接到醫院的電話，說她現在『心肺停止』。」母親彷彿故障的錄音機般說著這段話。

「Akiko會變怎麼樣？」

「咦？」母親不明白我提問的意思。

「心肺停止是指怎樣？」

她終於理解我的意思，可能是懂了才難以回答吧。她凝重地開口。

「心臟停了大概一小時，變腦死狀態了。」

「腦死？腦死是說變植物人？」

「大概是。」

「治得好嗎？」

「醫師說治不好了，已經無法恢復意識。」

「那就是說會一直維持植物人狀態？」

「嗯，醫師說最長也就一個星期左右。」

「誒，什麼意思？是說會死，如果意識無法恢復的話？」

「是啊……」

我想母親必定已經聽過好幾次這些話，所以比較能冷靜表達。

「爸呢？」

「他現在在醫院的病床旁。」

「好，今天沒電車了，我明天過去。」

我掛斷電話。實在太突然。腦死、植物人、Akiko 已經無法恢復意識了、死……也就是已經無法康復了嗎？

抵達新大阪站，望見因霓虹燈而混濁的微暗天空。先前我是為了迎接生命來到這個車站，現在卻是為了面對死亡而來。不想碰觸的現實逐漸向我逼近。如果我就這麼不去醫院，這個事實是否不會存在？要是我去了醫院，將會因此化為現實了嗎？我想就這樣去其他地方，不見妹妹，隨便去哪裡。

我在擠滿計程車的迴車廣場招了輛車。司機因為好不容易等到客人，逢迎地向我問好。我跟他說了目的地。他大概察覺到是什麼狀況，轉為一臉正色。我想他平常一定是會找乘客聊天那種人，現在默默駛向目的地。現實逐漸近在眼前。穿越昏暗的住宅區，計程車開往醫院。

夜晚的漆黑之中，巨大冰冷的醫院聳立眼前。現實就存在這個方箱裡嗎？鄰近老家的這間醫院，是我和妹妹出生的地方。

從夜間出入口走進醫院，母親在名為家屬休息室的房間等候，父親先回家了。母親見到我的第一句話是：「特地從東京回來很辛苦吧。」這般體貼的說法讓我知道她尚未崩潰。

我前往妹妹的病床，走過因螢光燈照射而泛藍的單調走廊。越過兩道厚重門扉，進入大房間內。妹妹在最內側。陰暗之中的妹妹，身上連接許多管子。頭髮紊亂結塊，眼睛紅腫。她口中有著管子，原本長形的臉變得更長。這是我妹，是現實嗎？現實比想像中更醜陋、更嚴酷。我親眼確認了她已經不會恢復意識的現實，流下眼淚，跟母親連一句話都說不出口。我在那裡停留了多久呢？正當我要離開時被叫住，醫師說有話跟我們說。

醫師在妹妹病床旁的小茶几向我們說明。因為心肺停止超過一個小時，血液無法流到腦部而變成現在的狀態。今天照了腦部斷層的結果，大腦皮質已經變平坦。瞳孔照光毫無反應，已經沒有反射運動。

呈現完全腦死狀態，今後不可能恢復意識。剩下沒幾天，最長一星期吧。所以，即便接下來發生危及生命的事，我們也不會急救了。

醫師不帶感情、平淡地說明事實。或許是每天都接觸死亡，他有著不同於我平常去的醫院那些醫師的剛毅。不迎合家屬的精神狀態，沒有一絲討好的態度，僅是完整傳達事實。

母親詢問醫師有沒有可能存活，祈禱就算不會恢復意識也能一直以這種狀態活著。我的想法卻非如此，腦中閃過錢、雙親的負擔等等問題。某部分的自己希望妹妹安靜瞑目。

頭幾天我每天到醫院報到。越去越難過，索性不去了。連接管子的妹妹，看到她的臉總讓我心痛。我足不出戶，在家不停打掃妹妹的房間。我想先打掃乾淨，讓妹妹隨時都能回家，開心回來。我要求自己打掃房間，或許是為了替不去醫院製造合理的藉口。

我第三十四次生日、爸媽第三十六次結婚紀念日來臨，我的生日與雙親的結婚紀念日很湊巧是同一天。想當然，我們家沒有一絲一毫慶祝的心情。但妻子說要替我慶生，所以我獨自去了她娘家。時隔許久，來到遠離老家生活範圍的地方。人們不慌不忙走著，與妹妹狀態無關的世界正在運轉。久違的妻子，還有什麼都不知道、微笑著的女兒撫慰了我。妻子的家人也溫暖地迎接我。所有人都對妹妹的事避而不談。應該由我親口好好說明，好幾次話到嘴邊，因太過沉重，最終還是沒能說出口。

在蛋糕店工作的小姨子替我烤了蛋糕。妻子的家人，以及妻子和女兒為我慶生。全家人一起慶祝生日這般理所當然的事，在我家已經不知道多久沒有了。這或許就是幸福的模樣。隱隱約約心想，我想建立這種無論何時都能替誰慶祝生日的家庭。這天，我直接留宿妻子老家。

隔天早上，母親聯絡我。妹妹過世了。我立刻前往醫院。到了醫院，焦躁的爸媽在等候室蹲俯著。遺體已從病床移出，送到地下室遺體安置室。昏暗的安置室裡僅有一張床。那張床非常窄，約單人床的一半，預想床上的人不會翻動而設計的寬度。床上覆蓋著白布，彷彿即將綑起白布製作木乃伊。負責人員掀起白布。她的臉頰乾癟，身體變得蠟黃，就像生前所抽的香菸焦油整個浮出表面。魂魄已脫離身體。我自責明明很近卻沒有每天陪在妹妹身邊，懊悔那個樂觀認為沒有問題的自己。

我們必須決定葬儀社。我原本想和父母一起決定，但我們完全說不上話，所以必須由我做出選擇。要拜託哪家葬儀社、要神道還是佛教儀式、棺木顏色該如何、哪種花、餐點、回禮……才在悲悼妹妹的死亡，就得不斷做選擇。我們非得持續做出決定不可。人生是一連串的選擇。妹妹曾選擇活著，最後又選擇了死亡嗎？還是持續做出決定後，最終只剩下死亡這個選項呢？

遺體運送回家，葬儀社來接手處理。來到家裡的葬儀社，彷彿是來取貨的貨運業者。他們熟練地將妹妹放上擔架床。擔架床滑過走廊，穿過玄關的階梯，離開家門。妹妹走了，永遠出門了。遺體平躺狀態放不進電梯，讓遺體傾斜才終於進入電梯，身體因為被抬起而露出臉。然後電梯門關閉，如同關上棺蓋的窗。

到了守夜的會場，祭壇上擺設著妹妹成年禮時的照片。放大沖印的照片裡，富古典美的妹妹肖似仕女圖。照片兩側是呈對比的白百合與綠葉，氣氛莊嚴。嶄新的白木祭壇，純白得刺眼。那個大型場地足以容納百人。我時隔良久地放鬆緊張情緒，心想終於走到這一步了，帶著要能堂堂正正風光送別妹妹的心情。

妹妹的遺體經過淨身，潔淨美麗。我碰觸她的身體，是溫暖的。但那是熱水的溫度，而非體溫。溫暖僅存於表面，內裡冰冷異常。她的皮膚僵硬，摸起來像爬蟲類的表皮。淨身後的妹妹，穿整好衣服、畫上妝，以美麗的模樣放入棺木之中。我幾乎沒見過她化妝的樣子，對我來說很陌生。原來妹妹化妝後很漂亮。

精簡的守夜儀式結束後，其他人都回家了，只剩下我們一家人，輪流守護妹妹，從我開始。我在妹妹的祭壇前，獨自想著我唯一的手足。冰凍的心開始一點一滴融化，出現悲傷、焦躁、憎恨以外的情緒。我想，自己已經沒問題了，妹妹在另一個世界會好好的，隨著時間過去越加肯定。母親回到祭壇前接替守夜，我返家。漫長的一日。

隔天早上，我回到會場。不知是想睡還是哭過，接替守夜的父親在遺照前揉著眼睛。我們尚未自昨日的疲倦中恢復，各自準備葬禮。

妻子和女兒來了。我帶她們到棺前，打開棺蓋讓女兒看妹妹的臉。

「這是姑姑唷，還能見到面真是太好了。」妻子說。是啊，妹妹與女兒「見到面」了。差點就見不到了。

神職人員吟詠祭文。我擔心女兒突然哭出聲來，但她從頭睡到尾。供奉綁上紙垂、麻等的楊桐枝葉

（「玉串奉奠」）後，神職人員又吟詠起祭文，儀式結束。將花朵放入棺木中，菊花、百合、蝴蝶蘭宛若有自主意識，同時向我們綻放。妹妹的臉朝同樣的方向綻放。一齊綻放的花朵不可思議地像是另一個世界的花田。

棺蓋闔上。觀禮者全員抬起棺木，搬運到靈車上。我們搭乘巴士跟隨靈車前往火葬場。巴士行駛在我高中時每天上下學的路上，途經朋友家附近、曾喜歡的女生家附近，回憶中的道路重新覆蓋新的記憶。這次的記憶色彩極為濃烈，讓迄今的回憶完全失色。我們全都不發一語，連愛說話的祖母也沉默著。日光照射在靈車的黑之上，引人眩目。閒適的晴天和煦乾燥的空氣將悲傷散播至遠方。

抵達了火葬場。推高機搬運棺木，安置於火化爐中，要一併燒掉的遺物也放進去。妹妹在神社買的許多護身符放在她身旁。如工業產品在輸送帶上移動一般，妹妹被送至火化爐深處。厚重的門扉砰一聲關上。劈劈啪啪、轟轟，發出類似點火烤魚時的聲音。接下來，持續發出燃燒的聲響。

吃完飯後，我們再次回到火葬場。妹妹在輸送帶上移動，回到我們面前。只剩下骨頭，其他什麼都沒有。腳趾的骨頭、腳踝的骨頭，從腳底依序以筷子撿骨。喉結完整留了下來，負責人說年輕的死者喉結會完整留存。還有沒燒盡的鈴鐺和類似釘書針的東西，是護身符吧。只剩骨頭和鐵屑的妹妹。妹妹已經不在了，不存在於這個世界。

我們回到靈堂，喝杯茶，然後大家都回家了。我鬆開領帶，脫掉襯衫，換運動服和牛仔褲，換掉皮鞋穿運動鞋，柔軟的鞋底很舒服。身體確定解放後，心跟著解放了。結束了，一切都結束了。漫長的一天。這天真的太悠長，至今人生中最長的一天。

我抱著一堆東西返家，從祭品魷魚乾到神主牌。雖然想直接睡覺，但覺得唯有神主牌得先處理，將遺照和神主牌安放在客廳的架上。妹妹長居客廳。「她總是關在房裡不出來，這樣感覺比她生前更靠近我們。」母親說。

晚上全家一起吃了祭品鯛魚，妹妹的照片也放在餐桌上。鯛魚著實美味。一家四口已經多年沒有這樣一起吃飯了。全家人同桌吃著美味的食物，實在極致奢侈呀。

◆修復

一個月後，我回到東京的家。細葉榕已枯萎，就像為了守護這個家而犧牲自己。我將全身重量拋躺到床上，彈簧的彈力讓我通體舒暢。之前一直鋪床墊睡在地上，現在能在彈簧床上慢慢入眠無比開心。

妻子和女兒馬上就會回家。我隔天又開始打掃，客廳、廚房、流理臺、廁所、浴室……將每個角落都打掃乾淨。丟掉寢室的床鋪。妻子決定以後要在地上鋪床墊睡覺，避免小孩可能從床上掉落。我仔細清掃一直被隱藏在床鋪底下的榻榻米，無論太陽或光線都照不到那裡，滿是灰塵。這樣的大掃除是為了讓自己重新振作。

我在月臺等待妻女。圓滾巨大的新幹線緩緩駛進車站，車門打開，乘客下車。最後是抱著女兒的妻子走出車廂。我拿過她的行李，將臉湊近女兒。女兒不知道我是誰，一臉莫名。我一抱，她就哭了。

我們穿過上班族死氣沉沉來回交錯的車站廳堂，走到外面的迴車廣場。大樓切割出小片天空。妻子和女兒回到了東京，女兒呆望著東京的天空。

我們回到家。女兒不習慣，哭泣不止。時間晚了，趕緊替她洗澡。這是我第一次跟她一起洗澡，用沾滿香皂泡沫的手抱著脖子還沒變硬的女兒，小心翼翼洗著她的臉、手、腳，將洗好仍溼答答的女兒交給妻子，我泡澡後晚點出浴。妻子哄女兒睡覺，她吸著手指打瞌睡。我睡在女兒旁邊。我與妻子中間是女兒，一家三口川字型躺著。不知在哪見過的幸福家庭景象，我的家庭開啟新的篇章。照顧小孩、讀書、偶爾去醫院複診。這樣周而復始度過每一天。日復一日，我持續過著平靜又幸福的每一天。失去妹妹的傷痛漸漸治癒。

從東京搭乘電車再轉搭巴士，花了五小時抵達和歌山大學。校名看起來很靠近大海，但卻是在深山裡。外頭是和煦冬日，藍天萬里無雲。是因為到了南方嗎？感覺這裡的天空比東京更藍。

這天是父親的退休紀念演講。他是教授，我從未聽過父親講課。他的最後一堂課將是我最初也是最後聽他授課。究竟能否聽完這堂課？大家有認真聽嗎？總覺得自己會難為情到聽不下去，又不能不去。為了辛勤工作幾十年的父親，為了他的回憶，為了自己的回憶。

講堂比我想得更寬敞。入口處放了芳名簿，我簽上自己的名字。我在演講開始的三十分鐘前到達講堂。早早坐進教室會顯露身為人子的在意程度，讓人不好意思，於是暫時在校園散步消磨時間。

等到演講開始前十分鐘來到教室時，裡面已經坐了不少人。除了理所當然有學生，同校的學者同儕、走上學者之路的學生也前來聽講。

演講開始了。退休演講果然與平常的排場不同，先由擔任司儀的教員介紹父親的簡歷，接著是系主任致詞，然後把麥克風遞給父親。父親站在講臺中央開始說話。他在螢幕正中間，全身被投影機的光芒包覆。黑暗之中，光線照射在他從前額往後方光禿的頭上。「爸，你現在就像機器戰警一樣耶！避開投影光啦，站角落講話啦，喔唷─」，演講一開始我就處於坐立難安的狀態。父親說了五分鐘後，終於注意到這點，移往螢幕邊角。

演講內容是父親工作的集成。父親有兩大成就，一是創立和歌山大學系統工學系。這並非針對單一學門的既有學系，設立宗旨是創建囊括各式各樣學門的新興理工學科系，不過名稱還是叫系統工學系。另一項是關於都市計畫的研究。父親主要研究環境共生式都市計畫，運用研究成果協助訂定環境保護條例、促進衰退偏遠地區的再生等。

我原本不太了解父親做過些什麼，聽完兩小時堪稱精華版的演講後略知梗概。父親那時去歐洲是為了這種工作啊？經常打電話來的那個人是從事這樣的工作啊？現在我才有了新的認識。

還剩下十分鐘時，演講結束，開始問答時間。很多人問了形形色色的問題，父親或是完整回答或是半做解答。然而，那些問題並非真的抱持疑問想要聽取答案，而是為了祝福即將離校的父親。會場縈繞著幸福氣息。我原本打算安靜聽講，悄悄離開，這時也提出問題。

「我是日下教授的長男日下慶太，今天從東京前來。我向來不是很了解父親在做什麼（提問讓我太難為情，為了掩飾自己的害羞脫口而出），直到今天才終於明白。創造與環境共生的城市，今日已理所當然，過去不過是漂亮話。現在反而是時代所需，時代追上了父親呢。我在廣告公司工作，現今這個時代，企業很積極推動社會公益活動，企求這類企劃的工作也在增加。近期這種企業的動向是否能與地方政府結合，推動更有效的環境保護活動呢？」

父親微笑聽我提問，接著拿起麥克風。

「嗯，必須竭盡所能保護環境才行呢。」

就這樣回答完畢，以為後續還會說明，啥都沒有。我想聽更周延的回答，但莫可奈何。比起提問的內容，提問本身更具意義；相較於回答的內容，父親回答兒子問題這件事更富意義。結束的鐘聲恰好響起，父親的退休紀念演講在身為人子的我的提問下畫下句點。學生獻上花束，演講落幕。

演講結束後，我去跟父親打招呼。父親看起來真的非常幸福。他身邊聚集了很多人，我簡單打聲招呼便回家了。

走在校園裡，我有些輕飄飄的。這一天，自己像是遵循別人寫的劇本行動，彷彿有另一個演出克盡孝道長男角色的我。原本的我既害羞又怕麻煩，絕對不會這麼做。過去的我應該不會從東京來到和歌山吧，就算來了也不會提問吧。妹妹的死改變了我的想法。能擁有許多美好回憶死去，或許才是幸福的人吧。滿載美好回憶的人生或許才是美妙的人生。倘若真是如此，那麼我想為父親創造特別的回憶。我想今天這一幕必定會出現在父親的人生跑馬燈裡。

父親的成就偉大嗎？足以在社會中感到自豪嗎？和歌山大學不是名校，他大概也稱不上知名教授。但我想，父親必然締造了一定的成績才決定退休。

我不知道他是否滿足於自己的工作，還是仍留下遺憾。總有一天我想問問他。今日暫且作罷，先對他說聲這段漫長歲月辛苦了，感謝您撐起一個家。

◆下定決心

退休紀念演講後，父母領年金平靜度日，終於能展開寧靜的退休生活。我在東京跟自己的家人悠閒過活。然而，這樣的日子轉瞬即逝。新年後不久，父親腦中風復發住院。我急忙從東京趕赴大阪醫院。父親意識不清，必須緊急手術，要把頭蓋骨切開的大手術。一月時，我一直在醫院的會客室等待。幸福又失去了蹤影。

手術順利成功，但父親仍未恢復意識。我暗自想著要是父親一直處於這種狀態該怎麼辦，幸好他一天天清醒，不久就回復原本的樣子。因他左半身仍麻痹必須轉院到復健醫院，在醫院持續復健了一段時間。為了照顧父親，還有尚未從失去妹妹的震驚中回復的母親，我又暫時留在大阪。我來回老家與妻子的老家，在父親復原狀況好轉時，為了定期檢查回到東京。

正走在住宅區的窄路上前往醫院時，電線開始大幅搖擺。正當我想著是不是因為附近正在進行電線桿施工，聽到工人大喊：「快跑。」天搖地動。我心想移動會有危險杵著不動，工人對我大叫：「電線桿附近很危險！快逃！」我用盡全力奔跑，穿過住宅區，就像跑在軟綿綿的海綿上。過了一會兒，感覺地面恢復正常。我用手機查找發生了什麼事。是地震。

不再搖晃後，我朝醫院走去。到達醫院，發現大家在等候室看著電視。黑色液體流過田野，吞噬車輛，是海嘯的影像。震源在宮城縣海域，東京卻搖得這麼厲害。我對震度之大不寒而慄。檢查並未因地震而中止，報到後正要抽血時又劇烈搖晃。我回想起阪神大地震的餘震。

妻女在橫濱友人家。雖然平安，大眾運輸停駛，當天無法回家，借住朋友家直到隔天才返家。阪神大地震時餘震讓受災範圍擴大。我判斷留在東京很危險，訂了機票，隔天搭機回大阪。

我回自己老家，妻子回到她的老家，在老家每天看電視。核電廠爆炸，穿著工作服的中央官員說：「沒有立即的危害。」SPEEDI（緊急環境輻射劑量預估系統）的資訊隨即被掩蓋。一年的輻射曝晒量恰到好處地從一毫西弗提高到二十毫西弗。輻射瓦礫分散到各地。首相從菅直人換成野田佳彥時，宣示事態已經平息。到底什麼平息了？真相是什麼？電視都不報導重要的事。憤怒湧上心頭，如同十幾歲時對社會感到憤怒，憤慨到能每天聽日本龐克搖滾樂團THE BLUE HEARTS第一張專輯的程度。我將怒氣轉換為行動，生平第一次參加示威活動，夾在中年群體跟不上時代的齊聲唱和口號與年輕族群發出巨響樂音舞動的抗議行動之間，只覺得渾身不對勁。一逕否定無法催生出什麼。

我在這樣的時代裡又能做些什麼？廣告刊登在失去民眾信賴的媒體這樣的載體上又如何？白費力氣鼓勵消費又怎麼樣？地震災害與核電廠事故敲響現代社會的警鐘。我不覺得自己有辦法一如既往地製作廣告。

死亡離我們並不遠，甚至可說近在咫尺。雖然看不見，但已迫近。我沒有時間了。沒有時間做那些無用之事，我必須做些什麼。

第四章 人生の逆襲

◆新世界

重返職場的時刻來臨。雖說如此，要馬上重回第一線仍有難度，所以我先被調往工作量較少的創意局總務課。一開始以關西分公司派駐東京的身分工作，東京有東京總公司的總務課，但沒有關西分公司的總務課。之後離開居住五年的東京，回到大阪。

剛開始首要任務是熟悉公司，沒工作要做，目標是正常到公司上班。計畫先在公司待到中午，再來到下午三點，接著到下午五點半，漸進習慣上班生活。雖然人到了公司，卻沒有任何工作，閒得發慌。

我過著每天在住家附近散步、拍照，看書，跟小孩玩的日子。離開一段時日的大阪也有了改變。我期待會發現什麼有趣的事物，在大阪到處閒晃，不時造訪味園大樓。曾策劃 FLOWER OF LIFE 的 Colo、Gachio 等人組成名為 COSMIC LAB 的團隊，在味園大樓一樓開設藝廊。我去看了藝廊展出的畫家藥師丸郁夫的作品《這裡是天國》（こちら天国）。畫作狀似曼陀羅，又如天國般色彩極為繽紛。當我看到其中一幅比其他作品更大，布滿整面牆的畫時，一名男子大聲說：「哎唷，這太厲害了！很難畫吧。」他手長腳長，約一百九十公分高，蓄長鬚，頭上纏著綠色頭巾，就像不知哪來的某教教祖。

我在藝廊跟許久不見的朋友說話。

「哎唷，這畫真是了不起耶。」剛剛的鬍子男向我搭話。

「我也這麼覺得。你剛剛在畫作前面說了很多呢。」

「吾是畫畫的人。只是想像用這麼多筆觸來畫就覺得會累死。」

「這有這麼難嗎？」

「很厲害呀。吾名是 Kotakeman。」

「『man』是什麼？敝姓日下。」

「你是做什麼的？」

「我是文案撰稿人。還有在攝影。」

「你身為文案撰稿人，覺得祭典的廣告標語用什麼比較好？我在新世界的商店街舉辦叫做『自我祭』（セルフ祭）的祭典。」

他遞出一張怪誕的手繪傳單，傳單內容就像在慈善拍賣廢柴一樣。我稍微思考了一下回答：

「新新世界之類的怎麼樣？」

「那很好耶。我正在招募參加者，你要不要參加？無論是照片或什麼都好。」

傳單太怪異，看起來沒啥好玩的。我跟他說請讓我實際去一趟，再決定要不要參加，然後道別。我八成會拒絕，但又很在意新世界這樣的地方。住東京的時候，每次回大阪，我都會造訪釜崎。釜崎是零工聚集的地區。很多人白天就在街上喝酒，喝到爛醉直接睡在路邊。有跟電線桿說話的大叔。有把玩偶排成一排，拿免洗筷當指揮棒揮舞的阿伯。走一走一定會撞上什麼。在沒有生氣的東京生活，我從過於混亂、濃郁如印度的釜崎得到生命力與慰藉。「人生就算不特別努力也沒關係」。釜崎旁邊是新世界。炸串、將棋、中午就在的醉鬼、通天閣。那裡也是釜崎阿伯們的遊興之地。我對大阪深南部（道頓堀、難波一帶）的祭典深感興趣。

總之我打算先到當地一趟再判斷，因而來到會場所在的新世界市場。新世界市場是從朝通天閣直線延伸的通天閣本通分岔出去、全長約一百公尺的小型商店街。我到那裡的時候，Kotakeman 也在。他說只要在商店街範圍內，所有地方都可供展示。我走在商店街裡，約莫一半店家鐵捲門深鎖。聞到不知名動物的惡臭。野貓駐留，糞便發出臭味。商店街的天棚是用塑膠布之類搭成，原本應該是白色的，現已泛黃。陽光透過黃色塑膠布照射進商店街，光線變成黃色，讓本來就帶著懷舊風情的昭和商店街景物更為褪色。

他帶我到自我祭辦公室，那裡掛著招牌「イマジネーションピカスペース」（imagination PIKA SPACE，想像皮卡空間）。入口處裝飾著照片，照片中間的人是小野洋子，兩旁各站了一位笑著的歡騰女子，她們是關西著名獨立樂團雙人組「あふりらんぽ」（Afrirampo）。我以為是因為 Afrirampo 其中一位成員是皮卡，所以這裡才叫做皮卡空間，似乎只是湊巧同名的店鋪。皮卡空間裡有其他工作人員，包括平頭、戴著帽子，看起來機敏的矮個子男，以及長得像搖滾太陽花般，孱弱高瘦看來毛躁的男子〔譯注：搖滾太陽花（flower rock）為特佳麗多美生產的玩具，在花盆中有一朵戴著太陽眼鏡、拿著樂器的太陽花，反映周遭聲音或光線隨之搖擺〕。平頭男看來一貧如洗，但被稱為社長。他自稱池田社長。孱弱男是氣仙沼春樹，本名熊谷春樹，出身氣仙沼，所以以此自稱。原本是要談些實務問題，如展示地點要選在哪裡等等，卻因氣仙沼之名開始講起地震。他們都是因地震移居大阪。等我注意到的時候，我們已經講了大概一個小時，不可思議地意氣相投。參加自我祭或許很有趣，我決定展出照片。

祭典前三天，我為了籌備展覽前往市場，會場裡很多工作人員正在做準備。從閒置店面清出雜物，

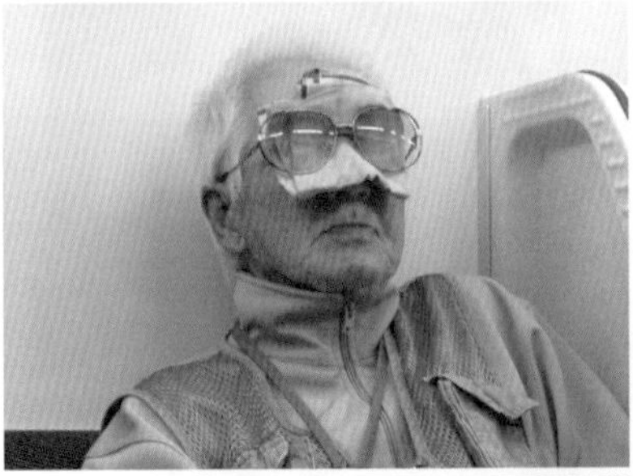

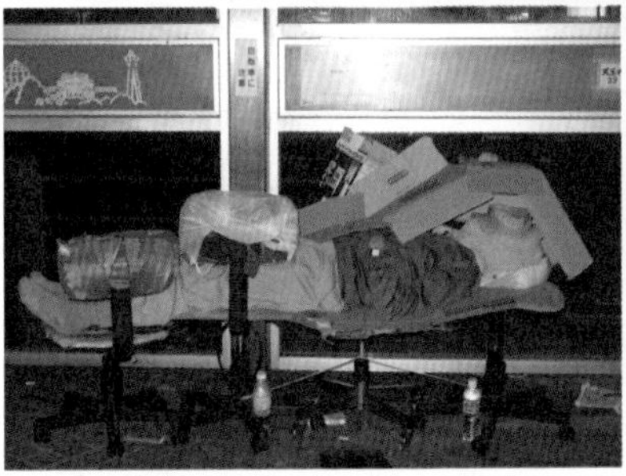
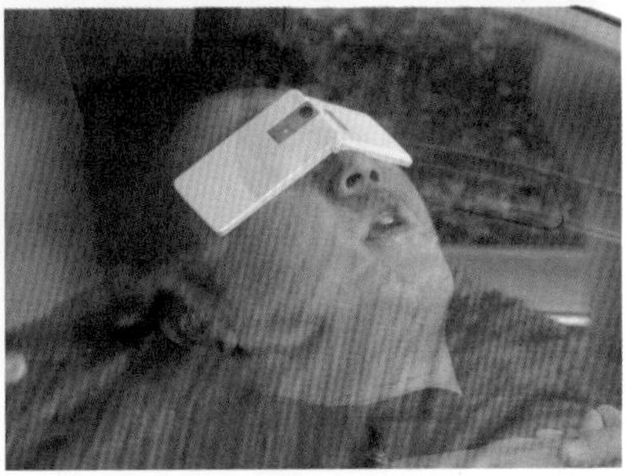

在天棚裡擺設裝飾、打掃。所有人都很認真。傳單亂做一通，準備工作卻不馬虎。

我也著手布置展場。這一年是通天閣百週年，所以我用B3尺寸印出約一百張大多是正在睡覺的人的照片，將它們布置在歇業照相館前的鐵捲門上，諷刺意味十足。整條商店街裝飾著眼珠等奇妙的物件，彷彿化身一文不名的惡夢，絕對不會想請朋友來訪。

來到自我祭當天。我原本以為反正不會有人來，出乎意料來了不少人，許多人在照片前駐足竊笑。我的照片曾在藝廊展出過好幾次，藝廊有專業的照明設備等，能完美展示照片，參觀者不是對照片感興趣，就是朋友或認識的人等特定族群。這次幾乎可說是在街頭展出，觀賞者是那些對照片毫無興趣，只是路過的男女老幼。他們的反應對我來說非常新鮮。

相較於看我的照片，更多人在仰望照片上方的東西：垂吊在天棚上的巨大蓑蛾幼蟲的巢。那個巢用真正的木頭搭建，有人進到裡面，滑著手機邊俯瞰人群。那是角野晃司的表演藝術作品《蓑蟲ＮＯＷ》（蓑虫なう）。

除了蓑蛾幼蟲的巢，商店街的天棚上

還裝飾了眼珠、腦漿、卵等等。商店街入口處倒放巨大的自由女神頭像。空地上有錢湯裡的富士山壁畫，壁畫前放著澡盆，那是權田直博的作品，名為《最澡堂》（風呂ンティア）。不管澡盆裡只是冷水，路過的阿伯開始脫光入浴。以為自稱流浪詩人的大叔正要朗讀詩篇，他卻立刻開始向觀眾兜售唱片。Afrirampo 的皮卡突然抱著鼓從皮卡空間飛奔而出。她邊吶喊邊打鼓，開始現場表演。觀看表演的觀眾擠滿商店街，他們的上方是垂吊著的幼蟲巢。皮卡表演完後，被抬上紙糊的巨大手腕，約二十個男人抬著手腕奔出商店街，穿過通天閣下方，走過主街，鑽過河豚料理老店的巨大河豚立體招牌下，巡迴新世界街區。途中炸串店的客人、路過的阿伯也搭了上來，最後回到出發地時，莫名地連熊貓都在上面。世界是混沌的，接連激發出前衛的化學反應。新世界儼然是新新世界，能量激盪著。無論來客或藝術家都享受著祭典，商店街熱鬧非凡。但店家老闆一臉陰沉，嫌惡地看著年輕人，少見商店老闆與年輕人交談的情景。老闆與年輕人沒什麼互動，只覺得年輕人在商店街裡胡鬧。

祭典第二天晚上，工作人員齊聚一堂，大家都有同樣的感受。為了進一步與商店老闆對話，我們各自跟老闆攀談，誠心相處。池田社長說要做商店的招牌。因為我是文案撰稿人，他希望我幫忙寫招牌上的文字，但我忙於調整自己展出的作品，更何況不想把廣告的事、工作的事帶到這裡而拒絕。最後池田社長在瓦楞紙板上手寫製作招牌。

最後一天，雖然我們推動了許多對策卻已太遲。商店銷售額並未提升，老闆與年輕人的交流也非常有限。在新世界的街上遊行一事還被嚴厲責備，因為未獲許可。我那時才知道原來遊行需要事先申請。結果商店老闆腦中留下的強烈印象是年輕人在新世界發瘋騷鬧。不過參加者顯然樂在其中，更重要的是

ホット
ホット
店内でパンを焼いています

懷抱極大的熱情。

下一回的自我祭是兩個月後的二〇一二年七月二十八日（浪速日）、二十九日，同樣決定在新世界市場舉辦〔譯注：浪速是大阪古稱，728日語發音同浪速，大阪市浪速區將這天訂為紀念日〕。我莫名跟自我祭的工作人員相當契合，拜託他們讓我成為主要成員。我就這麼以自我祭一員的身分參與，掛著自我祭顧問的頭銜。但我心想，實在不應該就這樣迎接下一次祭典。

◆炒熱祭典振興在地

我們各自為了新世界開始做些事。地震後移居大阪的春樹、社長、Han 三人，住進租借作為辦公室直到祭典結束的地方。春樹來自氣仙沼，在七個兄弟姊妹中排行第五，出生不久父親就因病半身不遂，母親含辛茹苦獨自養育他們。他在仙台度過荒唐的青春歲月，後來到印度旅行，又為了想成為陶藝家隱居靜岡縣濱松的山裡兩年，最後因地震回到故鄉。加入岸巡隊時，他接觸了許多人，以及人以外的事物，受在鈴鹿的工廠工作時認識的朋友 Kotakeman 邀請一起辦祭典，來到大阪。池田社長是東京出身的音樂家，受鄉下福島的核能事故災害啟發，正想著不做什麼不行而打算展開行動時，認識來自大阪的女友，兩人交往後移居大阪。但他到大阪後馬上被甩，沒了住宿的地方。Han 來自北海道苫小牧，追隨單戀的女子去札幌，失戀後又到了盛岡，因心病住院約一年後，回到札幌開了家煙燻三明治店。雖然每天有上班族女子排隊大受歡迎，但店鋪只是簡單搭蓋的建築，沒撐過北海道的冬天。他其實可以選擇重新開店，卻為了「要當電影導演」收起店鋪，之後在東京住了好幾年。有了喜歡的女生單相思，單戀對象移居西班牙，他跟著追到西班牙好幾次，甚至向高利貸借錢飛去當地。然而，戀情無疾而終，徒留負債。他搬到京都，無法適應，輾轉來到大阪西成區待了下來。結果幾乎沒在拍電影。迷途的三十九歲，自稱媒體監製。

三人住的房間是古老的木造建築，沒有浴缸也無法淋浴，租金是便宜到不行的兩萬五千日圓。房東松本說如果他們能讓商店街活絡，就便宜租給他們。這裡早已是野貓的住處，伴隨野貓的跳蚤繁殖。春樹全身被跳蚤叮咬，後來難以消腫，像得了不知名的皮膚病。因為復原太慢，又一直發癢，他懷疑自己得愛滋病而去檢查，結果是陰性。

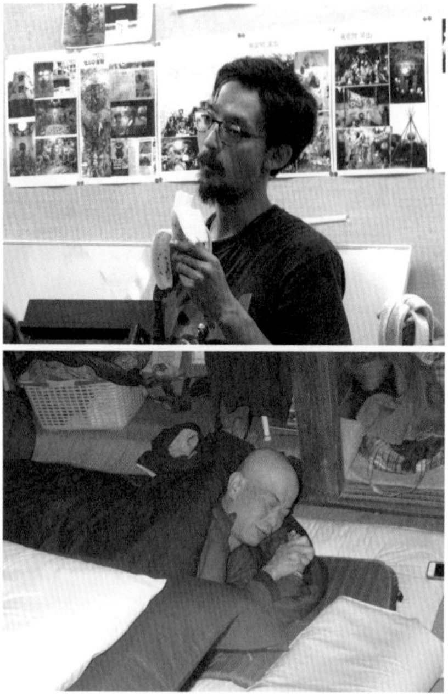

住進商店街的三人在商店街提供各種雜事代辦，非常活躍，從打掃、幫忙送貨到整修漏雨的地方等，贏得大家的信賴。當然，他們跟以往一樣喝酒、閒扯到天亮。每天都有不知從哪來的奇妙人士進出皮卡空間，激發前衛又開朗的化學反應，創造出一些東西。與此同時，自我祭的籌備持續推進。我們打算跟商店老闆一起打造些東西，並且開始運作幾項跟商家共同開發商品的計畫。

我還有工作，沒法像其他人一樣一直待在商店街裡，也不能跟他們一起打掃、送貨之類。我思考自己能夠做什麼，想到我可以運用廣告技巧做些東西。自我祭需要重新出發。但我們該往哪裡去？又該怎麼做？想做什麼呢？這時就是文案撰稿人出馬的時候了。自我祭沒有標誌，也沒有口號，該來設計這些了。「炒熱祭典振興在地」的口號定案。沒錯，以祭典來振興地區吧，不能只是胡亂騷鬧。因為祭典最重要的用意是為了振興這個街區。

我還想到另一件可以做的事，就是製作各店的海報。池田社長在祭典最後一天手工製作的招牌，文字是亂寫的，遣詞用字隨隨便便。雖說如此，商店街的婆婆們還是很珍惜地保留招牌。認真製作海報似乎可行。況且，這是身為文案撰稿人製作過眾多海報的我才能做到的事。我當時單純這麼想。一個人製作大量海報真夠辛苦。

我在公司負責教育新手。身處總務課，要照應新人訓練，策劃全體職員的研習。我盤算或許請這些年輕人幫忙也不錯，對他們來說能自由製作海報是極佳的學習機會。坐著聽著名創意人演講很好，親手製作能學到更多。加上新手欠缺能自由表現的工作機會，平常工作受到各種限制，客戶、上司、前輩、預算等等。我認為他們心中累積龐大無法滿足的欲望，想做更有趣的工作、希望得獎之類。事實上，我仍是新手時有同樣的感受。商店街的店家多達十五間，可以讓很多年輕人參與，不只是少數人。真是好主意，而且不花一毛錢。這項計畫幾乎不可能從蕭條的商店街拿到酬勞，必須義務協助。公司會同意這樣無法賺錢的工作嗎？再者，推動這件事大幅增加自己的工作量。我的身體狀況還不穩定，吃很多藥。

更重要的是，這會讓公司的工作侵蝕到自我祭、攝影等我的私人領域。做還是不做，讓我煩惱不已，跑去神社求神問卜：「跟工作無關，就這麼胡鬧一番真的好嗎？」我彷彿聽到祂回答：「不試試看怎麼知道。」

◆有趣的海報

我內心可能希望上司和公司阻止我，先試著與上司餅原討論，他毫不刁難地應允：「不是很有趣嗎？」我已經沒有退路了，唯有進行一途。但我不知道那些年輕人會不會參加，因為是義務性的，不能強制所有人參加。我很擔心沒人響應，戰戰兢兢詢問：「要做嗎？」幾乎所有人都舉手說：「要！」

一旦決定要做，必須全力以赴，不能背叛這些年輕人的心情。為了提供他們完全自由發揮的環境，我訂了幾項規則：

①要做有趣的東西。
②要認真對待店家。
③只做自己喜歡的東西。
④不需簡報，成果直接採用。
⑤即使老闆不喜歡也必定展出。

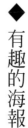

⑥文案撰稿人一人搭配設計師一人，兩人一組組成團隊。

⑦不借助他人的力量，一切由團隊獨立製作。

⑧製作能參加廣告比賽的作品五件。

①是理所當然的。在這個計畫裡，要是做出無聊的東西也沒意義，不有趣就重做。有些團隊馬上決定方案，有些即便提出好幾個方案仍無法確定。

②是廣告最基本的法則。認真對待對方。貫徹前往店家採訪，親眼確認狀況後再製作海報的作法。根本沒去過現場就做海報實在太荒唐。用在哪家店都可以的呈現方式，或者與該店無關的妙趣，都是不合格的。

③④⑤是非常極端的規則，在廣告界是天方夜譚。一般來說，廣告這種工作是聽取客戶針對委託內容的說明後，由我們企劃並向客戶提出幾項方案。順利的話，客戶會選擇其中一案。如果全被否決，就要思考新的企劃再次提案。就算選定方案，也可能要再次提案，因為客戶看中的只是提案中粗略的方向性，「能從這個方向多思考一下嗎？」反覆簡報好幾次後，得到負責人同意：「就用這個來進行吧。」接著向負責人的上司簡報，課長、部長等等。組織越大階級越多，要向上司確認的次數更多。「雖然我覺得好啦，但是被否決。」經常被上司打回票。獲得部長級同意後，又要面對董事簡報。或是「我覺得這很好啦，但社長不知道會怎麼想呢」，重新開始一來一往地討論。即便非常萬幸能向社長說明，也可能得到一句「我看不懂」，讓累積至今的辛勞瞬間付之一炬。需要費盡心力才能獲得所有決策者同意，

最終幸運定下其中一個方案。即使確定了方案也只不過是方案，還要發展成實體才行。拍攝海報、電視廣告和網站影片等，拍好的素材經過設計規劃、編輯，最後才變為成品，請客戶過目。確認過程和敲定方案的程序一樣，依然得通過層層關卡。如果此時需要調整，就是大事一樁。反覆來回作業好幾次，終於可喜可賀大功告成。知道這樣的過程，就了解不需簡報多麼荒謬。過程中不必讓人檢閱，令人難以置信。還有就算客戶不喜歡也必定展出，同樣違背常理。能制定如此荒誕的規矩，原因在於這是免費的義務性工作，也就是「我不收費，但請您讓我隨心所欲製作海報」。

廣告的停滯，甚至日本本身的停滯不前，我認為都是因為「確認」。所有事務都要一而再、再而三確認後才能推進。謹小慎微不間斷敲著石橋，結果敲過頭把橋敲壞了。明明已經敲了又敲，確定石橋能讓人安全過河，還是不相信，最終仍不過河。敲著石橋過河後，又有其他石橋。不斷投入時間精力進行修正或為了通過做準備，拖累了速度。歷經層層確認修正，早就面目全非，已非最初的概念，不明所以。除了「製作」之外，廣告耗費大量精力在「通過」這件事上，作業是為了讓前輩、上司、其他單位同事和業主等「通過」方案。投入精力的比率「製作：通過＝五比五」算是好的，有時甚至到三比七、二比八。其他領域的創意人則是七比三或八比二。如果是獨力創作的藝術家，還可能是十比零。製作廣告的人不可能贏過花更多時間創作的人。對世上的人來說，作品皆平等。無論是電影、小說、漫畫或廣告，並列於相同的舞臺。一般人不會判定「這在廣告裡是有趣的」，所有表現形式都是廣告的競爭者。在這種情況下，將時間耗在「通過」，根本不可能勝出。這是我進公司以來一直抱持的危機意識。

這次我替參與者營造了「製作：通過＝十比零」的環境。相較於海報內容，我更注重打造讓他們自由表現的環境。還是新手時，我經常被要求自由創作，結果根本不自由，所以我更需要堅守自由。我們甚少有不受限、能發揮創意的工作。我小心翼翼創造能全力自由創作的舞臺。有年輕撰稿人認為：「能做有趣的東西，棒透了」，也有帶著恐懼與壓力投入製作的人：「這麼一來，失敗也沒藉口了」。平日工作可以找各種藉口，客戶要求修正、藝人東指西點、上司指示、前輩的方案、預算很少，諸如此類。這次所有責任盡皆在己，沒有能推託的理由。

⑥是為了打造更好的團隊所制定的規則。負責文字的撰稿人與負責影像的設計師，這種組合平衡又不浪費。人數少只能靠自己完成作品，責任感會變強。

⑦雖然主要是因為沒錢無法委託他人，但包含我希望他們憑一己之力完成一切作業的想法。廣告工作日漸細分，幾乎都是由多人來製作，這有好有壞。眾人共同參與製作，分不清是誰做的。因此，我特意要求所有作業要一手包辦，希望他們由此感覺這是「自己的作品」。

⑧是將廣告比賽放在心上。所有年輕文案撰稿人都嚮往的東京文案俱樂部新人獎，獎項規定必須提交五件作品。反正參與者要製作有趣的東西，不如以得獎為目標。獲獎不能當作終極目的，但得獎能讓新手有自信、放鬆心情，往更好的工作邁進（注1）。

我將規則告知年輕設計師和商店老闆，讓製作者選擇自己想負責的店家，A團隊負責日式甜點店、B團隊負責茶屋等，依此類推決定各團隊負責的店家。不知是因為恐懼還是創作的喜悅，他們看起來都比平常更賣力，誠摯投入製作海報。一個偷懶的人都沒有。

負責生田綿店的是進公司第二年的文案撰稿人永井史子，她三番兩次前往綿店，像記者般從老奶奶口中問出她的故事，再把那些話稍微潤飾做成海報。因為沒錢，照片是我拍的。設計師河野愛利用照片和文句來設計。為了凸顯該店的個性，用店裡的線縫在「生田綿店」的商標上。河野運用平日身為藝術家創作的技巧，一展刺繡身手。

澤野工房的澤野先生一邊開鞋店，同時將對爵士樂的興趣發展到甚至創立爵士樂品牌。擁有這樣特殊經歷的澤野先生是在地知名的大叔，關西內行人都知道。他也是新世界市場的會長。負責的撰稿人是爵士歌手山口有紀。她將展現澤野先生精神的一句話做成海報，十分出色。

負責貼身衣物店家的是細田的團隊，細田是嫻熟的文案撰稿人。他們利用店家「電話一通、送貨到府」的特點，完成極有前輩風範的海報。

茶行大北軒的海報由年輕創意人松下康祐、瀧上陽一負責。不知是不是因為年輕氣盛，完全讓人摸不著頭緒，這樣的作品不可能出現在平日的工作裡。能將不明所以的東西做到這種程度，也是不涉及金錢的關係。

他們各自鄭重採訪商店老闆，將特別引人注意的話語當成標語，沒錢委託攝影師而大多自行拍攝，對著 Mac 鍥而不捨地連細節都仔細設計。展開計畫約一個半月後，海報大功告成。直到最後一刻，參與者全員仍為了讓作品更加有趣而努力。

製作者親自將海報送到在商店街等待的老闆手中。原本一臉忐忑的老闆，看到海報隨即一掃愁容。

「真的很感謝你們幫我們做這樣的海報。」

「捨不得貼出來啦。」

〔對頁右下〕對於鄰近區域的婦女身體資訊，瞭若指掌的男子。
〔對頁左下〕歐茶桑。

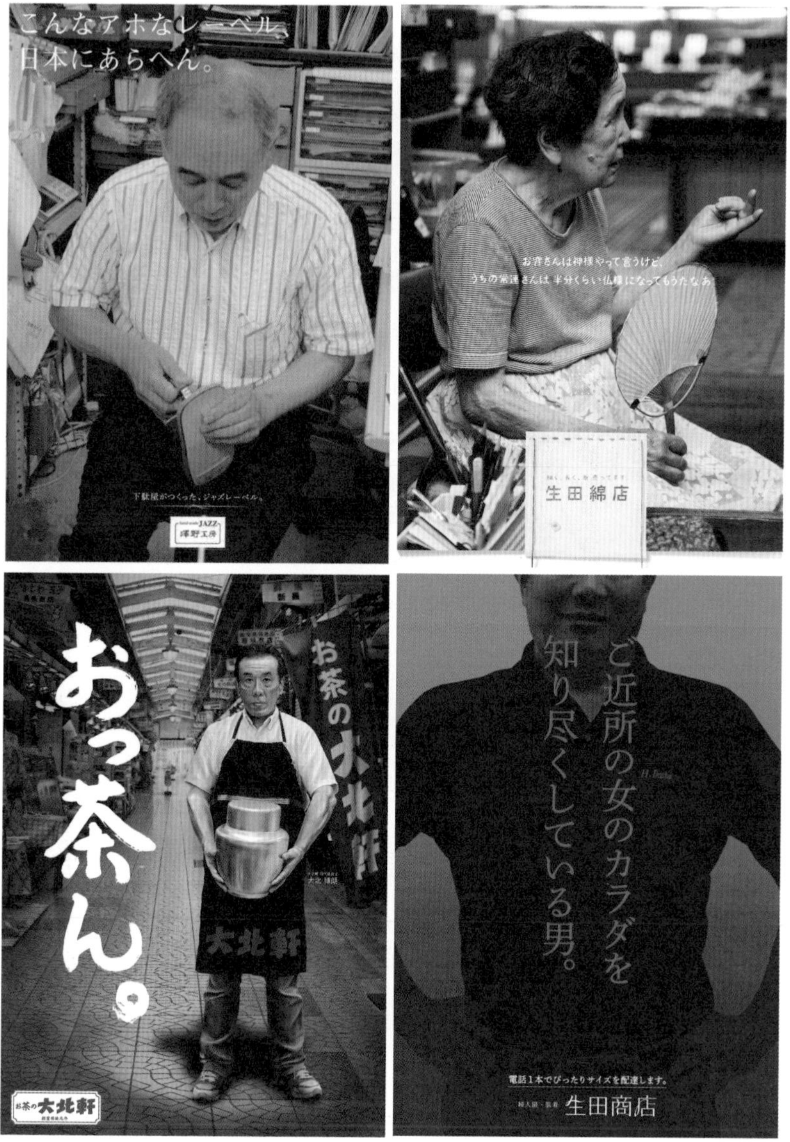

〔右上〕俗話說客人是佛菩薩，但店裡老顧客，差不多一半都已經成佛做仙了啦。
〔左上〕這個爵士樂品牌，日本第一蠢。

他們用看到剛出生長孫的眼神盯著海報。那些還在等待著海報送來的老闆迫不及待、坐立難安，紛紛跑去其他店偷看別人手上的海報，滿心焦急地說：「真好，真好。」最後拿到海報的茶行老闆大北先生說：「我會當傳家之寶，珍惜一輩子。」

常言道「提案是禮物」（プレゼンはプレゼント）。我至今送過很多次禮，卻沒送過這麼開心收下的禮物，也沒親眼看過送禮的場面。彷彿送上結婚戒指呀。每每見證這樣的場景都被幸福感染，自然而然溼了眼眶。

自我祭成員春樹和 Han 以原始手法裝飾那些海報，將鐵絲穿過海報角落，綁在竹棒上。對一般的廣告表現來說，這種粗獷的展示方式也是荒唐之舉。

七月二十八日、二十九日，第二屆自我祭開幕，在新世界市場展出十五家店的五十六款海

報。Kotakeman 創作的眼珠海灘球、從破掉的腸裡跑出腸子般的東西，以及其他藝術家的作品，與廣告創意人製作的海報同時擺列在天棚底下。同為藝術卻如油水互斥的現代藝術與商業藝術，混雜在一起。這樣的風景、這樣的展出，我從未見過。就像歷經漫長的登山過程後，山頂開闊的風景。只有達到某種境界才得見的風景，在商店街蔓延開來。

我們為店家所做的不只是創作海報。有藝術家在襪子店庫存的襪子上繡上點針繡圖案販賣；或是用可樂餅廢油製作肥皂，把它們做成炸串模樣銷售；頂著奇妙頭套的女孩宛如吉祥物，沿街叫賣店家的商品，雖然各自自由發揮，但都是為店家行動。年輕人從容展現，時而與老闆交流，老闆也溫暖守護著這些年輕人。有著第一屆祭典欠缺的整體感。

祭典結束後幾天，商店老闆和自我祭成員一

起回顧了第二屆自我祭。老闆都非常高興。海報很棒。藝術家也很好。店裡營收略微提升。自我祭相當成功。對老闆來說，我們從本來「莫名其妙的年輕人」，變成「似乎可以相信這些傢伙」。他們原本抱持「不要無事生非」的消極態度，現在彷彿從冬眠中醒來，積極發言：「那實在很開心」、「以前有那樣做過」、「這麼做是不是也不錯啊」。商店街的氛圍變了。

「真想一直留著這些海報呢。」會議結束前商店街澤野會長再次提及。我當然點頭同意，原本就是以留存為前提製作海報。活動結束，商店街又變得冷冷清清，要是能做出可以留下來的東西，就能一直存在於商店街裡，持續為商店街加油打氣。只不過作品的去留由商店老闆決定，祭典結束後海報可能就這麼撤走，所以我真的很高興可以「留下」。

「下次想做海報展耶。可以將閒置店鋪改裝成藝廊唷。」

那些商店老闆一開始就展現高度意願，我們也得到無償提供的海報展出場地。

海報展預計十一月下旬開展，還有約四個月。我先跟自我祭同伴一起改裝閒置店鋪，打掃時光暫停的骯髒空店，清空大量物品、棚架、浸泡數十年乾癟的梅乾等。園藝師傅阿大運來大量泥土，我們在合板上塗抹灰泥，謹慎仔細地層層塗刷，完成了泥牆。開幕前三天整修完工，命名為「市場藝廊」。電通工作人員製作了新的海報，十八間店鋪，包括先前的五十六張，加上新的七十三張，共一百二十九張。那些海報在市場藝廊和天棚下展示，整條商店街就像一座藝廊。這是「新世界市場海報展」的起點。

因為有通天閣那些地方，新世界原本就人潮洶湧，但人潮卻不會流向位於岔道的新世界市場。海報讓人潮逐漸流入市場。觀光客用手機拍下海報。阿伯突然煞住腳踏車仰望海報。工作中的上班族不禁莞爾。少年對照看著海報與老闆。海報佳評如潮，老闆也稱讚「客人很常拍照呢」。造訪藝廊的人漸漸多了。自我祭唯一的女性成員小 Oka 駐守藝廊，請來客享用香料奶茶等。藝廊裡有暖桌，看海報累了可以用奶茶和暖桌暖和身體。新世界一角成了溫暖的地方。

沒有預算，所以無法大張旗鼓宣傳，但自然而然口耳相傳蔚為話題。雜誌社記者不經意路過市場發現海報，想介紹海報展而寫了關於我們的報導，或是偶然經過的報社攝影師做了報導，就這樣逐漸形成話題。電視臺前來採訪，在晚間新聞裡介紹

〔上圖〕不買也沒關係，來逛逛吧。

這裡是「海報很有趣的商店街」。其他看了新聞的電視臺也來了，還參加ＮＨＫ廣播電臺的現場節目。商店街的澤野會長雖然緊張，仍在節目裡娓娓而談。

海報展超乎預期造成很大回響。首先是海報本身非常有趣。不受限，讓呈現的作品更精煉。對過氣的商店街一笑置之的自嘲式表現，海報主角不是藝人也不是模特兒，而是絕非俊男美女的市井小民，這些都讓新世界的海報與一般街上所見的海報有天淵之別。現場演出時舞臺上的音樂家若享受演奏，臺下觀眾會變得歡樂，創作者享受製作海報這件事，或許能感染觀看的人。海報主角商店老闆就在附近，也是獨特的魅力。對照看著海報與老闆，在海報旁跟店老闆說話，買那家店的商品，吃吃喝喝。有人說，海報與現實間不可思議的關係宛如裝置藝術。這裡有著只在網路上觀看作品無法體驗的真實。

在新世界這樣的地方，商店街老闆、電通職員、自我祭飛特族夥伴魚龍混雜。在此之前，我避免將工作與私人生活混在一起。為了在心情上與公司保持距離而創造的自己獨自存在的世界，可能因而遭到破壞。現在極度公私不分，甚至不是把私事帶進工作，是先有私事，再把工作，也就是廣告硬扯進來。不是我去靠近廣告，而是我把廣告往自己拉近。我從來沒想過這樣會如此輕鬆愉快。那是嶄新的世界。

某天，一家叫做浪速小町的和服店海報被偷。那是一件精心之作，男性下半身的照片上，圍上用真布做成的褌（兜襠布）。共有五款不同標語的海報，一百二十九張海報中僅有這五張被偷。海報被偷這類稀奇事，我大概只聽過發生在偶像身上。不知消息怎麼傳出去的，報章電視又報導了「兜襠布海報被偷」的事件。無可奈何，只好製作新的海報重新掛上。但當天夜裡又被偷了。「兜襠布海報被偷」變成新聞，在網路上傳成電通為了創造話題自導自演，這當然並非實情。於是如今一關門，店家就會把海報

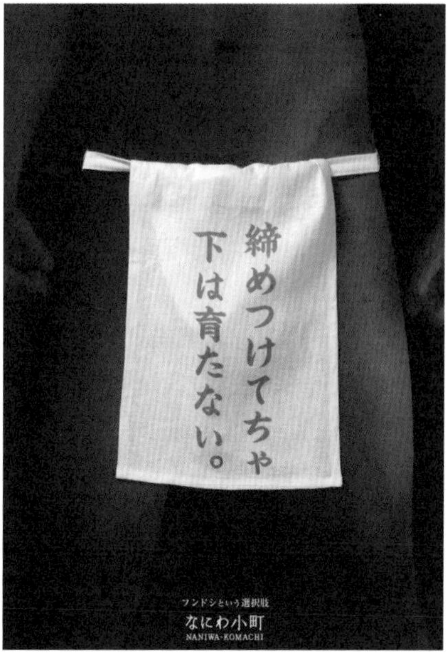

收進店裡嚴加保管。

新世界市場海報展在一片好評聲中落幕。參與的創意人奪得無數獎項，這項計畫本身也獲獎。我和新世界市場會長澤野先生出席在高輪王子飯店舉行的盛大頒獎典禮。在一字排開的獲獎大企業廣告中，我們邊笑說：「我們是最不花錢的吧」，邊吃著看起來很貴的飯店自助餐壽司。

◆正式出道

新世界市場海報展即將落幕時，我接到大阪商工會議所堤成光先生的聯絡，「希望能見一面談一談」。實際見到他，無論長相、聲音、不慌不忙的樣子都跟明石家秋刀魚很像，關西風格的男子漢。堤先生負責振興商店街，他拜託希望我在「商店街論壇」的場合講講新世界市場的案例。那是商店街業界一大盛事，全國各商店街相關人士齊聚一堂，學習活化商店街的新案例，形成網絡關係。會場在大阪商工會議所的國際會議廳，富麗的場地有柔軟的紅地毯，可容納數百人。我只有十五分鐘說明新世界市場

〔上圖〕綁得太緊，下面會長不大。

海報展，最後結尾時說：「如果各位有興趣的話，請在問卷上寫下希望舉辦」，約二十處商店街表示感興趣。於是演變成「既然這麼多人有興趣，那要不要一起辦海報展」。對我來說，我只是因為自我祭而順勢在新世界市場開始辦起海報展。我不認識其他商店街，根本沒考慮過在其他商店街舉辦。結果下一次海報展，決定作為「商店街振興計畫」的一項活動來舉辦，該計畫是大阪商工會議所主辦。

我一一巡訪候選的商店街。某個商店街太大，製作全部的海報超過我們的負荷。某個商店街規模太小，做了海報也很難創造話題。還有某個商店街本來就相當活絡，根本不需要海報。某一商店街則是太冷清，製作海報不過杯水車薪。造訪約二十處商店街後，我覺得大阪市阿倍野區的文之里商店街看起來不錯。那條商店街約五十家店，雖然冷清，卻不難想像未來因海報而熱鬧起來的景象。最重要的原因是商店街周邊環境。那幾年阿倍野區大型商業設施陸續落成，鄰近商店街處有家超市，兩個月後緊鄰商店街處又開了一家。人潮劇烈變化，舉辦海報展或許能讓尚淺的傷口不再惡化。

我們決定製作文之里商店街五十一家店的海報。電通關西分公司與電通 Creative X 關西分公司攜手，共二十九支團隊、五十八人參加，每個團隊製作一、兩家店的海報。我已經辦過一次海報展掌握訣竅，心想應該很簡單，麻煩卻接踵而至。前一次因為自我祭的關係，跟商店街的人都認識。然而，文之里幾乎都是不認識的人，他們不會信任我們這些蓄鬍長髮、外表怪異的人，完全從局外人的身分開始。在前置會議中，我們向商店街幹部詳細說明了海報展。幹部前往新世界市場視察，充分了解海報展在做什麼，但未能傳達給店家。各方問題排山倒海：「海報展是什麼?是要做有趣的海報嗎？」、「是會幫我們做我們喜歡的海報嗎？」。情況不妙。我帶著沉甸甸的 MacBook，到每一家店向他們說明意旨。

カツオからカツオ節。
これって立派な出世魚ですよね？
かつお節の
須崎屋

お好み焼き用
50g
150えん
50g
かつお節

天棚下盛夏的暑氣消散不去，我中暑了。

我心想必須更加認識店家，一一訪問了每家店。以照片和文章將各店鋪資訊整理在一張Ａ４紙上，製作簡介單。最主要的目的是供參與製作者參考，幫助他們思考要負責哪一家店、該如何進行。另一項用意是創造與店家交談的契機，讓他們相信蓄鬍看起來不整潔乾淨的我。藉由這種方式打造出讓製作者更容易創作的環境。就像之前在新世界市場時一樣，他們拜訪店家採訪後，據此思考企劃。由於新世界市場海報展廣獲好評，有媒體希望從製作海報階段就追蹤採訪整項計畫。三家電視臺貼身採訪，從創意人初次造訪店家開始追蹤報導。

負責柴魚乾店的石本藍子、野村恭平團隊，雕刻柴魚乾設計成海報，據說柴魚乾堅硬無比。負責魚鋪的小堀友樹、茗荷恭平團隊，覺得老闆活力十足，所以採集了老闆的魚拓，不，應該說是人拓。請老闆只穿一條內褲，全身塗上墨汁，在大張紙上拓印出人形。那張海報非常大，橫幅達兩公尺。

〔左上〕鰹魚升級為柴魚乾。也算出人頭地了吧？

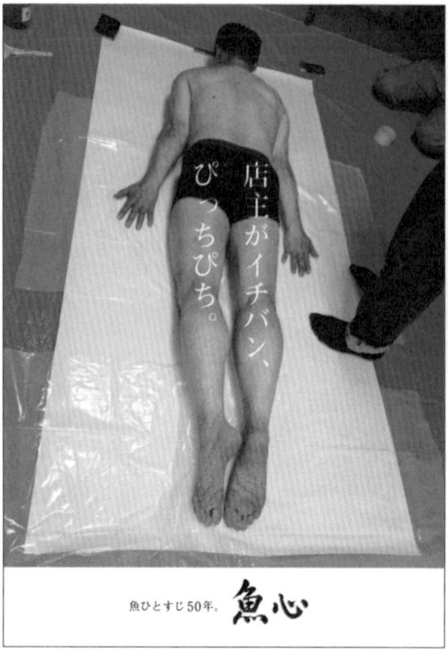

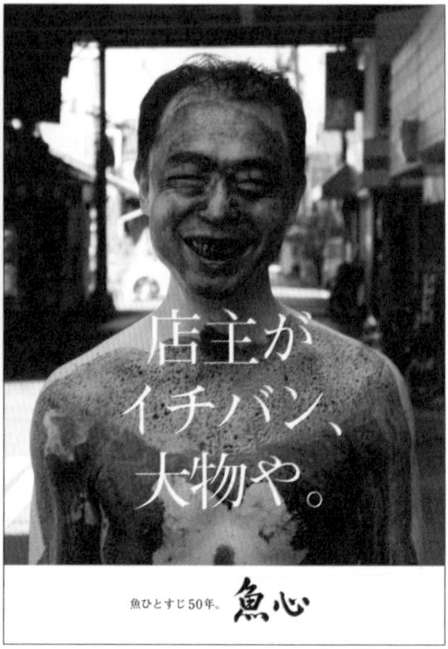

〔右上〕最大尾的魚兒，就是老闆。
〔左上〕最緊實的魚兒，就是老闆。

完成的海報由製作者親手交給老闆。就像之前在新世界的情況，老闆用初見長孫的眼神看著海報。即使見證過很多次送上海報的瞬間，仍感受到能分享他們幸福的美好。

商店街的店家幾乎都沒做過海報，廣告人誠摯採訪了解他們的生意，完成老闆人生中第一張海報。腳踏實地、勤奮努力至今的數十年歲月，第一次被放在聚光燈下。商店老闆突然變成主角，在眾人面前粉墨登場。自己的人生滑稽詼諧地暴露在大眾面前，既害羞又開心。商店老闆總是用羞赧與喜悅交雜的表情收下海報。

我們平常的工作，幾乎沒看過社長一臉欣喜的樣子。而就算規模不大，商店老闆仍是他擁有的店中唯一的大王。他們因海報而欣喜的那份感動，直接傳達給創作者。有人流下眼淚。自己的創作能帶給別人快樂，這是至高無上的喜悅。一位精銳設計師說：「這讓我回想起當初為什麼想成為設計師。」

兩百多張海報在天棚下展出。一如既往由春樹和 Han 幫忙掛設，同樣沒錢布置。文之里商店街的建築結構無法採用新世界市場的竹棒作法，最後將海報綁在架設特賣旗幟的塑膠棒上。天棚使盛夏的熱氣揮散不去，我們每天持續在暑氣阻滯的環境中作業，規模是前次的兩倍，也花了加倍的時間。掛設作業完成當晚，我跟春樹、Han，還有商店街江藤會長一起去高架橋下的居酒屋。我想這一晚將令人永生難忘吧。

海報展配合文之里商店街每年例行的夜間市集活動開幕。在夏日祭典的氛圍中，夜間市集來客興味盎然地欣賞海報。由於很多媒體報導這項展覽，除了來購物的在地客之外，不限於大阪，北到北海道、

南至九州，造訪者來自日本全國各地。偶然前往的中式餐廳裡，大叔的話題也圍繞著海報展。「你去看文之里的海報沒？要去看一下。」我跟計程車司機說：「麻煩請到文之里。」他回應：「是有布置海報那裡？很有趣耶。」自己的工作如此膾炙人口，真是有生以來第一次。

商店老闆同樣好評如潮。魚心的西尾先生說：「有那種一直盯著海報看的人對吧，我就去跟他說『那是我啦』。嗯，就算當下沒跟我買魚也沒關係啦。因為這樣增加的一百人之中，只要有一個人變成我的客人就好了。」海報成為接待客人的一項工具。美妝店多莉安的老闆說：「即使營收沒提升也沒關係啦。能讓大家知道這裡有文之里商店街就足夠了啦。」

大阪商工會議所的佐藤會長也到商店街來看海報，他同時是京阪電鐵CEO。我原本以為這樣位高權重的人來視察只是做做樣子，但佐藤會長在商店街從頭走到尾，還說：「這很有趣耶。我以前也負責過廣告，很喜歡廣告。」拿 iPad 喀嚓喀嚓幾乎拍下所有作品的照片。他請我在商店街酒吧喝了一杯。我和佐藤會長在狹窄的吧檯比肩對飲約一小時，接著與 Han 小酌。CEO與迷途的四十歲，判若雲泥。

開展兩個月後，舉辦「海報大選」。仿效選舉的告示板，在合板上展示全部五十一家店的海報。大獎是大嶋漬物店，同時獲得標語獎，雙喜臨門。製作海報之前，大嶋漬物店就已決定關門，老闆年紀大了準備歇業。一般來說，不會為還有幾個月就要停止營業的店家製作海報，但老闆希望我們幫忙做海報，作為他開了超過半世紀的漬物店最後紀念，所以設計了這樣的海報。

大嶋漬物店
ポスター？はよ作ってや。死ぬで。
お漬かれさまでした。
大嶋漬物店
二〇十三年 七月二十三日 閉店

在我講述新世界海報展隔年的商店街論壇中，舉行海報大選頒獎典禮。富麗堂皇的會場裡，大嶋漬物店的爺爺搖搖晃晃走上舞臺，接受佐藤會長頒發的獎狀和獎盃。文之里商店街海報展就在與傳統商店街不相稱的輝煌華麗下落幕。費時一年的計畫隨之結束。

後來發生了一個美麗的誤會。海報

〔上圖〕海報？快點動手設計啊。我都要翹辮子啦。

展結束五個月後，二〇一四年黃金週長假期間，某個人的推文讓文之里海報展開始發酵，在網路上掀起話題。透過一個匯集商店街約二十張海報照片（活動結束後仍掛著海報）的網站，介紹文之里商店街海報展的網站紛紛出現並被轉貼，甚至台灣的網站也介紹了這項海報展。不知誰把廣告標語譯成了中文，不少人看了網站介紹從台灣來參觀。很多人這時才知道海報展。網路上的熱潮再次驅動了電視臺，連從前沒報導我們的東京主要電視臺都開始報導。結束五個月後還能掀起這樣的話題，對一般的廣告來說根本不可思議。因為保留了海報，才得以出現這種現象。

海報贏得多項廣告獎（注2）。商店街獲選日本中小企業廳「努力的商店街三十選」。海報展結束後，訪客仍持續造訪文之里商店街，地方政府視察團亦來訪。即使已落幕四年，依然有從韓國來視察的訪客。

我們離開後的今日，商店老闆為了不讓熱潮消退仍獨自奮戰著，自行在商店街播放ＦＭ廣播、舉辦藝術活動等。

「我從前只會一直想著商店街裡的事，現在變成懂得思考整個地區。」商店街的佐藤會長說。沒錯，商店老闆的想法改變了。或許他們店裡的海報總是如一面鏡，映照出自己美好的那一面。

◆自力推動

經過各家媒體報導，商店街海報展變得遠近馳名。各地的邀請紛至沓來，「希望也能在我們這裡辦」。伊丹市是其中之一。市公所的綾野拜託我們，希望我們跟伊丹市西台地區的商店老闆見上一面。

西台地區位處阪急伊丹站西側，每邊三百公尺長的正方形區域，過去曾是伊丹的中心，阪神大地震時毀壞殆盡。再加上ＪＲ福知山線雙軌化，讓搭乘ＪＲ前往大阪變得極為便捷，城市核心也從阪急伊丹站移往向東約八百公尺的ＪＲ伊丹站。西台幾乎沒有留下昔日的痕跡，逐漸成為住宅區裡混著幾家店鋪的安靜地區。希望回復往日盛況的商店老闆向我們提出邀請。在西台經營中式餐廳的甲斐、內衣店的南方、照相館的松村、理髮店的濱田、珠寶鐘錶店的山田、咖啡館的築山、居酒屋的中本，西台的有志之士集結。他們多是三十多歲到四十多歲的第二代老闆，因為年輕充滿熱忱，「我們什麼都願意做！」，想做些有趣的事。但這裡不是商店街，而是名為西台的地區。我們不可能替地區內所有店家製作海報，只能選擇部分店家，於是變成地區內有海報與沒海報的店家混雜的情形。若是商店街，只要直直沿著道路往前走就能看遍所有海報，但在這裡是分散的，為了看海報必須各處遊走。沒有天棚，海報會被雨淋溼。這時我才發現商店街可說擁有絕佳條件。直到最後，西台不是商店街這一點仍讓我苦惱不已，但最終仍決定在西台舉辦，押寶老闆的熱忱。在文之里做不到的，他們應該能夠替我們做到。

文之里的經驗有許多需要反省之處。電視臺在開展前就開始貼身採訪，我們知道媒體會詳盡報導，也會吸引不少人潮，所以號召大家舉辦特賣，但五十一家店裡只有五家回應。結果變成搞不清楚有在辦還是沒在辦的特賣。倘若店家與海報能形成加乘效果，吸引到的人潮就能直接連結到銷量，這麼一想讓我心情複雜。九成五的人表示好評。百分之五則是批評：「海報展沒辦法幫助銷售」、「只是創意人把店家當玩具而已」，還有人寫道：「廣告公司在騙補助金」。真是讓人惱火。經歷新世界與文之里的海報展，在兩處各舉辦幾個月期間，我仔細觀察的結果發現海報可以吸引人群，能把人帶到店門口，銷量卻不會因而提升。客人會不會把商品拿起來看、會不會買，端賴店家的努力。就算海報再漂亮，老闆只坐在店裡面，客人還是不會駐足。店面的海報是開啟與顧客對話的好工具，這樣的機會不容錯過。正因有老闆的努力，才會讓客人想買些什麼。

能否確實把握海報展帶來的機會自力推動也至關重要。海報展落幕後，我們的責任就卸下了。無法永遠關照商店街，必須跟能朝自力推動努力的商店老闆合作。西台具備這項特點，他們總是在奔跑。

透過新世界、文之里的經驗，我確定我們能製作品質絕佳的海報。於是這次將海報全權委由製作者處理，我傾力於將老闆的熱忱化為實際行動。西台商圈聯合會歷史尚淺，即便甲斐等聯合會幹部熱忱十足，其他商店老闆卻搞不清楚狀況。跟文之里的情況一樣。這次不是由我去跟各店家說明，而是交給聯合會處理。為了讓聯合會團結一致，我對幹部做了許多困難的指示，商店老闆為了達成任務連連開會。西台有許多餐飲店，關店後才開始的會議總是進行到半夜兩點。

為了讓商店老闆奮力相助，首先舉辦「商店老闆自介大會」。製作者聚集到圖書館講堂，請商店老闆以五分鐘講講自己的店。準備了簡報檔的便當店、帶著鳥造型頭套說話的酒保、兩側伴著雙胞胎女兒宣傳自家照相館的老闆、操著拙劣日語的印度餐廳老闆等，拚命宣傳。跟廣告人士不同，餐飲店、零售

店的老闆幾乎沒有機會在人前說話，只有極少數能暢所欲言發表，多數人結結巴巴，緊張又不好意思。職人上臺說話相當罕見，商店老闆真的都很緊張，夜不成眠。對他們來說，這是回顧長年經營的店的機會。製作者以自介大會的印象來選擇希望負責的店家，著手製作海報。

在過去兩次海報展中，製作者已將運用老闆形象和其話語的手法發揮到極致，所以想方設法要做些不一樣的。負責「阪神運動」這家運動用品店的佐藤朝子、佐山太一團隊，考量老闆是球拍穿線專家，以穿線來製作海報。負責「濱田理容」的三島靖之、井上信也團隊製作的海報是一張消沉的臉，顛倒過來就變成理髮後清爽的臉。

從這次海報展開始，請全體參與者集中到一地，在圖書館講堂致贈海報。採取這種方式就能看到全部的海報，還能讓所有人一同分享老闆的喜悅。送上海報那一瞬間，值得再三品味。最後

〔右上〕拍線交給我。贏球交給你。拍線專家末高店長奮力一穿。（可能是）世界上第一張拍線海報。
〔左上〕理髮，逆轉人生。女朋友，還沒有。

中華料理
開華亭
親父！
開華亭 あの世支店、
あんまり繁盛させんなや！
味を継ぐ、想いを繋ぐ。
中華料理 開華亭

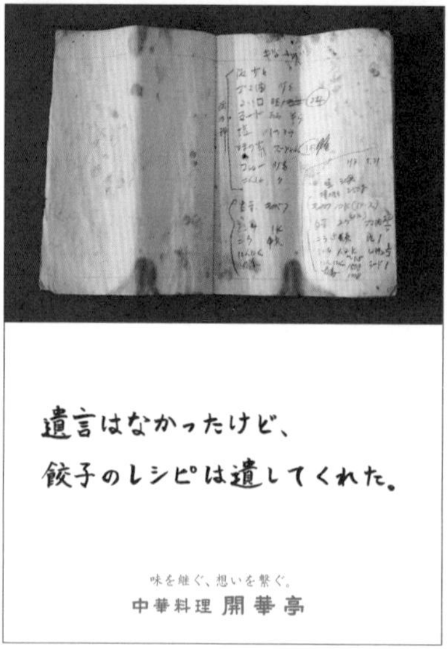
遺言はなかったけど、
餃子のレシピは遺してくれた。
味を継ぐ、想いを繋ぐ。
中華料理 開華亭

親父、三代目は
バスの運転手になる言うとるで。
味を継ぐ、想いを繋ぐ。
中華料理 開華亭

〔右上〕老爸！開華亭的陰間分店，別讓店內生意太好啊！
〔右下〕老爸，第三代說他以後要當公車司機。〔左下〕雖然你沒留下遺言，卻留下煎餃食譜給我。

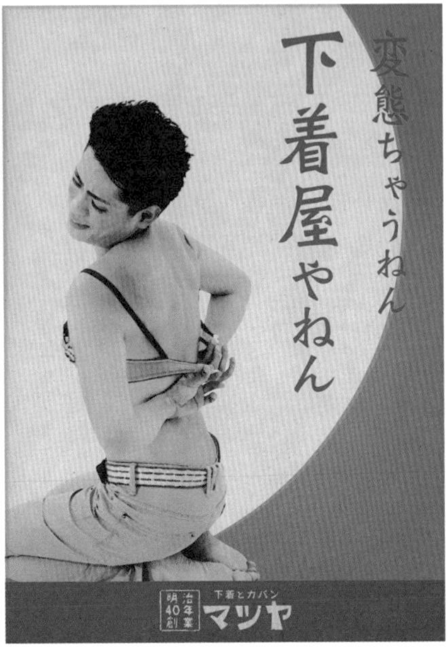

致贈西台商圈聯合會甲斐會長的「開華亭」海報。海報內容非常適合作為壓軸。甲斐二十歲時，當時的老闆，也就是他的父親生病了，甲斐倉促接手店鋪，所以沒從父親身上學到什麼。他想辦法撐起那家店，迄今近二十年。甲斐希望讓過世的父親出現在海報上，負責製作的松下康祐和小路翼出色地回應了他的請託。甲斐忍著淚，看起來就快哭了，但終究沒哭出來，保持聯合會會長的氣度。後來甲斐說：「哭出來就好了。」

完成的海報張貼在西台地區各處，當然仍是由春樹和 Han 負責掛設。內衣店「松屋」的南方先生，對於在店門口展示自己令人害羞的海報一臉苦惱。

西台成了沒走幾步就能撞見海報的地方。為了讓來看海報的訪客增添更多樂趣，我請店家構思「有趣的服務和划算的服務」。展出期間，手持地圖造訪店家可以獲得「有趣的服務」或「划算的服務」。舉例來

〔右上〕我不是變態，我是賣內衣的。

說，濱田理容划算的服務是頭皮用肥皂半價，有趣的服務是兒童龐克髮型一千日圓；專賣貴金屬的「丹尚堂」的服務是耳環九折，以及配戴價值一千萬日圓的貴金屬拍攝紀念照等等。我認為讓老闆絞盡腦汁思索至為重要，對店家提出的方案概不置喙。

從愛知來訪、預計當日來回的親子看了海報後，到開華亭吃飯，說著「真是最棒的一天」，然後回家去了。來自兵庫縣龍野市的男士說：「剪個頭髮作為來看海報展的紀念」，到濱田理容理髮後回家。因為在電視上看到開華亭的消息，時隔二十年造訪的客人，熱切聊著關於上一代老闆的回憶。還有人遠道從北海道、沖繩、台灣造訪。欣賞海報，在餐廳用餐，接受店家的服務。這是能樂在欣賞海報，也能享受店家服務的海報展。中式餐廳開華亭的營收增加了一點五至兩倍。海報達到直接提升營收的效果。

西台的餐飲店彼此有交流，但餐飲店與照相館、理髮店、零售店等雖然同處一地卻無往來。數度召開深夜會議、舉辦活動後，商店老闆團結一心，從前只是點頭之交而現在成了戰友。他們從這次的成功經驗中獲得自信，今後應該可以靠自己的力量讓西台變得更好吧。我跟那些老闆的好交情持續至今，好到能在開華亭的甲斐生日時送上「餃子的王將」煎餃當禮物。

◆花

八重嶋拓也帶著一大堆仙台名產「萩之月」（卡士達醬內餡海綿蛋糕）到大阪。他在進行河北新報社的災區援助活動「現在能做的事計畫」（今できることプロジェクト），河北新報社是宮城縣發行量

最大的報社。他希望在災區女川的臨時商店街舉辦海報展，預算不寬裕。荻之月的美味、八重嶋的熱忱，還有表現出他熱忱的荻之月數量，加上我自己對災區的情懷，讓我立刻答應他。二〇一一年地震以來，我一直想著有一天要為災區做些什麼。

地震過後一個月，我有事到青森一趟，因為想藉機看看災區狀況，在青森市內租車前往八戶，再從八戶沿太平洋一側的國道45號南下。我在新聞中看到八戶港口遭海嘯侵襲，但看起來沒有受到多大破壞。持續南行一段時間，沒什麼特別的變化，美麗海岸風光明媚。從臨海轉入山間的道路，再次靠近海邊時，那裡沒有村莊。護欄像海帶般扭曲彎折。接下來一直沒有看到沿海的聚落，導航顯示有村莊的地方也空無一物。海嘯侵襲的痕跡深深震撼了我。我將救災物資放在組合屋處，逃難般地逃離災區，什麼都做不到，什麼也沒做就回家了。之後過了三年，我終於能與災區建立聯繫，而且是因為工作。真是天賜良機。

我現在能做的是製作海報，運用在大阪的經驗企劃海報展，問題是由誰來製作海報。帶著大阪的工作人員前往當地，路途太遠又太花錢，只能由在地人製作。更重要的是，在地的事就應該在地人來執行。只不過，當地的廣告製作者我一個都不認識。正當我煩惱是不是乾脆讓當地的學生來製作時，因為其他工作受邀到東北地區。宮城縣南三陸町的製作人鈴木淳先生邀請我，擔任他主辦的「地區活化溝通講座」講師。我拜託鈴木先生介紹仙台的廣告人，他爽快答應。南三陸的演講回程，我繞道到仙台，前往鈴木先生幫忙召集的聚會，包場的義大利酒吧裡聚集了二十多名仙台的創意人。令人驚訝的是，在場者都是仙台廣告界的中心人物。我原本以為鈴木先生只是一位好相處的伯伯，沒想到人脈居然這麼廣，讓我一下子就闖進仙台廣告界的核心。在不熟悉的地方被許多不認識的創意人包圍，置身這種超級局外人的狀況，我與「現在能做的事計畫」主持人石井弘司先生一起厚臉皮地拜託初次見面的人：「能不能義務幫忙製作海報呢？」

當場出現各式各樣的意見。在災區製作有趣的海報會不會太輕率？真的有能自由創作的環境嗎？當義工是還好，連交通費都要自費嗎？人人態度冷熱不同。然而，身為仙台廣告界大老的電通東日本仙台分公司的伊藤光弘先生幫忙號召。

「地震已經過了三年多，我們一直在踩煞車，是不是差不多可以換踩油門了？在仙台沒有這樣能自由發揮的機會，錯過了，說不定就不會再有第二次。我認為我們應該做。」

他的一句話翻轉了會場的氣氛，所有人開始有了熱忱，轉向討論更具體的想法來實現這項計畫。「繼鹿兒島之後，仙台終於也要起義了嗎？」我的心情就像促成薩長同盟的龍馬（關於鹿兒島的部分容後再述）。

仙台那一夜後，情況急轉直下，製作海報的人接踵而至，甚至電通的商場對手，東北博報堂的野口健太郎先生也加入我們。仙台廣告業協會全力支援。其他還有從山形、東京、大阪、甚至沖繩來的創意人，居然聚集了約六十人。同時順利召集到參與的店家，當初只預計在臨時設置的「希望之鐘」（きぼうのかね）商店街舉辦，最後擴及到整個女川町，共有四十二家女川的商店和企業參與。

第一次前往女川時，我對當地的印象是無色的。只有最低限度的基礎建設，其他都是荒地。天空陰鬱沒有色彩。我進入灰色調的女川，小心翼翼向當地居民確認店家的事、地震的事、逝者的事、即將製作的海報的事。與我的小心翼翼截然不同，女川的人非常爽朗，笑臉迎人。他們企求開心的事。越來越常往返女川後，我明白了在那些笑容的深處有著悲傷。對過去的哀悼，對未來的憂心。而夾在其中的現在，由「只能笑」的覺悟與堅強意志所構築。程度或多或少，這是女川的心情。

為了宣傳海報展，我參加在地社區廣播節目，和在當地推動地區活化的岡裕彥先生同台。岡先生曾在女川經營小型表演場地 Diamond Head，因海嘯被迫關門，現在在臨時店鋪中開設咖啡館兼社區空間「喝茶聊天俱樂部」。他是衝浪手，也是吉他手，還兼任女川傳統舞獅隊「MAMUSHI」的隊長，主辦女川的祭典。岡先生是讓人嚮往屈指可數的傻瓜，值得尊敬的大人。他述說即將到來的東北大地震後第四個年頭。

「不管是地震後第三年還是第四年，那一天後流逝著的是女川的時間。我們置身於透明的吸管之中，被周遭無比關注。但我們無法走到吸管之外，就算想出去也出不去。」

我們有辦法將吸管內的女川製作成海報嗎？能夠完整擷取他們的意念嗎？不只是開心設計海報就好。大家在無法泯除這份迷惘的情況下持續作業。

我前往嚴冬中的女川。海風彷如剃刀，刮過裸露在外的肌膚。說明會過了約三個月，女川一間氣派飯店的大廳正舉行致贈儀式。創意人與商店老闆齊聚一堂。直到最後一刻，我還是憂心我們的舉止會不會被認為太輕率。然而，女川的商店老闆們笑中帶淚。完成的海報非常出色，幾乎都反映出豐厚的女川

〔上圖〕我不是個性開朗，而是讓自己活得開朗。

精神。雖然沒有大阪那樣驚天動地的有趣作品，但趣味與剛毅並存，極具女川風格。特別是描繪「我不是個性開朗，而是讓自己活得開朗」的木村電機商會海報，精采地傳達出那份精神。海報以視覺呈現商店老闆與仙台創意人內心某處的心意：「差不多是時候笑也沒關係了吧」。正式認可他們「笑也沒關係」的許可證，正是海報。

我們必須布置那些完成的海報。我請春樹從大阪過來，他把住在石卷的小 Oka 叫來。春樹出身氣仙沼，地震後曾回家鄉加入岸巡隊，後來去大阪。小 Oka 是大阪人，擔任救災義工去了福島，又回到大阪，現居石卷。曾在新世界一起玩耍的三人，現在同處女川。我們因為地震寢食難安，在大阪展開行動，而今共同身處災區，感覺不可思議。災區帶給我們的能量在大阪孕育，又回報給災區。

雪花飄落，我們在臨時商店街、各店鋪門口設置海報。猶如種花一般，將創作者培育的花朵一一栽植在商店街裡。鎮上的人看到這些花，綻放出如花笑容：「好有趣耶。」一直以來，我們想做的就是在這個鎮上讓花朵綻放吧，名為海報的花二月開花、五月枯萎（其中還是有殘留的花朵）。最後我體認到這點，道別女川。

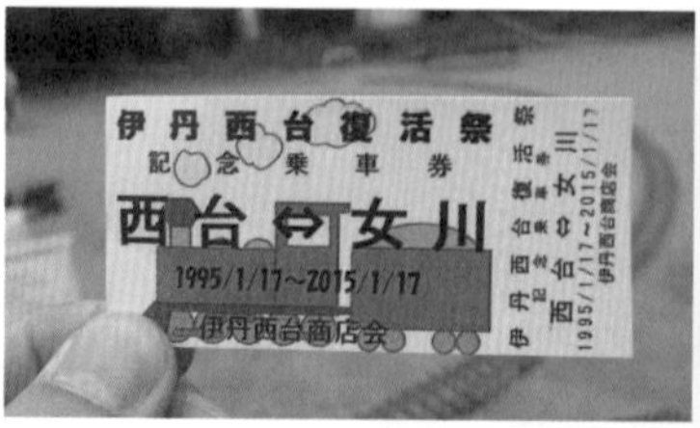

海報展開幕當天，河北新報社在報紙版面上介紹了這項計畫和海報。報紙全版，整整五頁。我完全沒想過會如此大篇幅報導，這是石井先生與八重嶋先生努力的成果。報紙影響力甚巨，以仙台為中心掀起話題，兩家電視臺製作特輯報導。看到報導的東京電視臺進而在全國聯播的頻道上報導，消息逐漸遠播。東北大地震四週年將屆，加上海報展活動與過去的災區援助大相徑庭，「富幽默感」，在電視上獲得極大回響。蒞臨災區視察的威廉王子也來看了海報，雖然不知道他是否能看懂。

女川與伊丹西台兩地的海報展恰巧同時期舉辦，所以西台的商店老闆也到女川參觀。接著在阪神大地震二十週年的二〇一五年一月十七日，西台的老闆們在伊丹舉辦「伊丹西台復活祭」，在公園裡擺攤、展示迷你蒸汽火車等，設置海報投票所，請來吉祥物。同為災區，為了想為女川做些事，由西台的參與者負擔交通和住宿費，請女川町觀光協會的遠藤前來。遠藤與西台的眾人一

〔右上〕推特？我不推文，只推串燒。

起，販售女川名產秋刀魚丸湯和女川的物產等，呼籲捐款。不知不覺間，海報聯繫起人與人、地方與地方。

我在海報展開幕一個月後來到女川。遭海嘯破壞的女川車站煥然一新，配合「女川復幸祭」的舉辦，車站前廣場擺設了很多攤位。參加海報展的許多店家前來擺攤，以我們製作的海報裝飾攤位、掛設海報招攬客人。串燒太郎的海螺在海報效果加持下立即售罄。海報大顯身手。花朵又綻放了，為女川的祝福增色。

一年後的二〇一六年三月，我又去了趟女川。貨櫃屋村商店街已經拆除，希望之鐘商店街殘存，海報也還在。張貼在店鋪外牆的海報已破舊變色，但仍裝飾在那裡。或許是歷經女川海風的鍛鍊，變得堅韌。

我來到中式餐廳金華樓吃午餐，這裡的主廚毫無保留地將真實的自己呈現在海報上。我久違地跟他問好。

「你去車站前的步道了嗎？那裡有好多人在走動。我已經很久沒在女川看到那樣的光景了。這就是『城鎮』嗎？我想『城鎮』真是好地方啊。」

步道從車站前直直延伸到海邊。朝向海邊有坡度，呈下坡地形，大海看起來更開闊。兩側是小木屋風格建物，為了增加採光，建築設計成大扇開窗，咖啡館、生活用品店連綿。步道上播放著爵士樂，宛若美國東岸街景。進駐這些建物的店家，好幾家曾參與海報展，海報從臨時店鋪移來張貼在店門口，跟爵士樂完全不搭嘎，在時髦的海濱大道上的確相當突兀。「謝謝你們貼著我們的海報耶。」我對老闆說，他們一臉害羞地點頭示意。

◆滲透與擴散

越過猶如立即將轉灰的水藍色瀨戶內海，在國東半島邊界下落，越過低山、別府的溫泉煙霧，抵達大分市。二〇一五年四月十六日，大型複合商業設施JR大分城在大分車站開幕。電通九州的今永政雄先生問我要不要去幫忙籌備開幕宣傳活動。今永先生是我在東京時期的前輩，當時回到家鄉九州。大分站前的商店街範圍遼闊，由於期待JR大分城與商店街共存共榮，他們需要有個懂商店街的人，所以相中我。

我在當地觀察了一圈，大分市中心有眾多魅力十足的店鋪。美食餐廳當然少不了，還有不遜於東

四十万匹くらい殺ったねえ
お品書き　いわし。以上
いわし料理　いなせ
イワシ、極めてます。
食材と向き合う真摯さと
あくなき冒険心
いわし料理 いなせ

〔上圖〕我殺了四十萬條魚了吧？

京、大阪等地的二手服飾店和古董店，一晃眼就不小心停留兩小時的咖啡館、電影良心成果般的迷你劇院等。我對大分一無所知，曾輕蔑地認為只是個小城市，其實這個城鎮滿溢豐富文化、氣候溫和、新鮮海產豐盛。

立場各異的客戶、在地人、電通九州職員和我，為了如何表現出大分的魅力，數度開會。最後達成的結論是製作最出類拔萃的導覽手冊。提供導覽手冊給來到車站大樓的旅客，讓他們前往市中心商店街，藉由這項策略活絡城市。我擔任總編，精選二十六家大分名店，右頁是店家海報，左頁是報導該店的文章。海報由電通九州職員製作，文章則由在地生活資訊雜誌工作人員撰寫。然而，海報製作時間有限。此前的海報製作約費時兩個月，這次只有兩星期時間。

電通九州職員都住在福岡，為了製作海報趕忙找了其中十二人來大分。我以為福岡離大分很近，其實要花兩小時。他們聚集到大分商店街辦公室，我向他們說明企劃主旨和之前的海報展，拜託道：「請自由創作海報。」所有人眼睛閃閃發亮。所剩無幾的時間也是營造樂趣的一部分，不顧一切勇往直前製作海報。

電通九州文案撰稿人米村拓也剛進公司，以前邊在熊本的高速公路休息站煮烏龍麵，邊在文案學校學習。他熟知商店街海報展。「沒想到我也能參加。」夢想成真的青年散發光彩設計海報。他在前往採訪的迪斯可舞廳地板上表演了霹靂舞。風格獨具的女性撰稿人渡邊千佳將所有廣告寫成短篇小說，製作極具實驗性的廣告。

海報配合車站大樓揭幕送出，致贈海報的場面百看不厭。導覽手冊立刻被索取一空，海報則持續在大分各家店展示。

受海報展啟發的鹿兒島自由接案設計師，組成團隊「不請自來設計鹿兒島」（OSHIKAKEデザインかごしま，簡稱ODK）。這個團隊集結一群設計師志工，雖然未受委託，但前往各地，嘗試以設計的力量讓當地更美好。他們的行動是「不請自來」，到不會有設計費的地方，藉由設計的力量，讓有些缺乏生氣的地區變得有活力。二〇一三年五月，在鹿兒島東側的日置市吹上町舉辦首次活動，十二名設計師製作了十二張海報。第二次是在鹿屋市製作了二十八家店的海報，第三次是舉辦薩摩町溫泉海報展。接下來，設計東海上的甑島的大漁旗等。我只有在第一次活動時提供了一點意見，其後這個團隊獨力進化到沒有我置喙之處，真是好事一樁。

在松山，愛媛大學與松山商業學院創意校的學生在稍微遠離松山市中心區的港邊小鎮舉辦「三津町海報展」。愛媛大學法文系山口研究會的學生前來大阪，甚至熱情滿滿地參觀了新世界、文之里、伊丹等所有曾舉辦海報展的地方。千葉縣船橋的商店街是由老闆自己獨力製作海報。千葉縣松戶市由工商協會的年輕成員籌辦。另外，相關活動擴及德島縣北島町、地鐵神戶商店街、奈良下御門商店街、新潟古町商店街、靜岡縣三島市、香川縣高松市等地。

薩摩町溫泉海報展

三津町海報展

〔上圖〕女湯，安全無異狀！
〔下圖〕搭配香甜巧克力豆，酥酥脆脆，好好吃。

◆大阪風格海報

海報展延伸至商店街之外。我與大阪商工會議所的堤先生再度聯手，舉辦「大阪檢定海報展」，以增加大阪商工會議所主辦的「大阪檢定」考生人數。針對大阪市營地下鐵和ＪＲ環狀線共九十五個車站，將車站與其周邊的主題製作成海報。我和大阪商工會議所、鐵路公司人員一起思考了各式各樣的主題。與後輩藝術指導井上信也討論什麼是大阪風格的設計後，決定使用繽紛燦爛的色彩。同為後輩的小路翼花了一整個夏天繪製圖樣。拜海報效果之賜，考生多了三成。次年，更多鐵路公司參與，除了ＪＲ和大阪市營地下鐵之外，加上近鐵、南海、阪急、京阪、阪神、阪堺共一百零四個車站。我們還應要求，銷售收錄海報作品的書籍。

〔右上〕下列圖案中，哪個才是正確的「惠比壽神」呢？
〔左上〕大正區成立於何時？

◆光亮

海報轉變為更有助於社會的型態。二〇一七年五月，舉辦為全國六十九個非營利組織製作海報的「社會海報展」。這項活動是與日本NPO中心合辦，電通集團創意人製作了從北海道到九州的非營利組織海報。

電通總公司參與協助非營利組織活動的田中來找我商量，希望以商店街海報展的形式製作非營利組織的海報。我沒多想就答應了，「很好耶，來做吧。」然而，沒想到這項活動與我迄今推動的海報展貌同實異。非營利組織關注的社會議題、活動內容難以立即掌握，不是魚鋪、漬物店那樣眾所皆知的事物，僅是向他人說明就耗時良久。如何才能把這些內容製作成一張海報？況且有些團體關注的社會議題極為嚴肅又敏感，不能像往常一樣只追求「有趣」。觀察企劃過程的情況，就會知道參與者非常苦惱。方案怎麼修正、

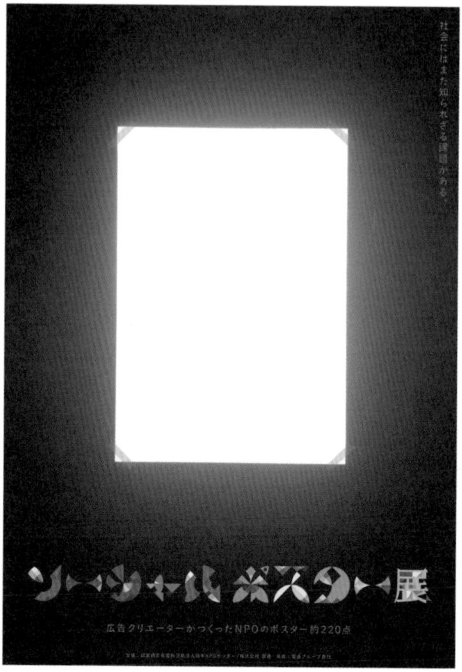

〔上圖〕社會中還有不為大眾所知的課題。

方向該如何等，最好能面對面溝通，但參與者比想像中多，北海道到九州實際距離遙遠。僅靠電子郵件終究很難傳達想法。我每天都被焦躁的心情與大量的海報塞滿。煩悶，啊，疲憊不堪，過著不想再看到海報的每一天。然而，那份辛苦在看到成品後消散無蹤。這些海報各自照亮了社會陰暗處，將它們匯集起來觀看，覺得眩目、神聖。在石卷參與災後重建的 ISHINOMAKI 2.0 激發熱情的海報；將相機交給流浪漢大叔，以其拍攝的照片做成海報的 Homedoor；大阪大概很難看到，Think the earth 美麗又高尚的圖樣；圖畫與文案圓滿結合的 Madre Bonita；大阪是商店街海報展發源地，將這份氣勢展露無疑的 Co-coroom 等，集結了各形各色的作品。札幌、東北等，那些較小型都市區域的創意人抱持不能輸給東京、大阪的精神，創作出相當出色的作品。部長級的老手團隊，以創意人身分，如新手般全力以赴投入海報製作。

在致贈海報的典禮上，創意人拚命解說自己負責的非營利組織，比那些應該有許多話想說的非營利組織成員更熱切、滔滔不絕地講述負責的非營利組織事務。他們就像是非營利組織的宣傳人員。當我這麼想的時候，我想就已經達成這次海報展的目的之一。日本NPO中心的坂口說：「比起製作海報，這次海報展更有意義的是讓一般企業的職員面對社會議題。」最後我終於理解他話中的含意。這類行動仍需延續。有越多社會問題就需要更多非營利組織，有更多非營利組織，海報就更不可或缺。

〔右上〕我討厭只是重建原本就惹人嫌的街道。〔左上〕親餵母乳消耗的體力等於打一場美式足球。
〔右下〕無家可歸的大叔攝。〔左下〕在零工街我驕傲。打發時間嘛。好過在家發呆和天花板乾瞪眼。

◆廣告能自由到什麼地步？之一

一身西裝筆挺的人罕見地圍在我的座位旁。公司裡負責報紙的久安與星原兩人來找我商量。二〇一五年秋天，將在大阪舉辦日本新聞協會大會，他們想藉大會做些事來展現報紙廣告的可能性，希望在報紙廣告上嘗試類似商店街海報展的企劃。我想到可以在朝日新聞、每日新聞、讀賣新聞、日本經濟新聞、產經新聞等五大報刊登同一客戶的全版廣告，廣告內容並非同一種，各報均改變呈現方式。文案撰稿人與藝術指導組成的團隊共五組，例如A團隊負責朝日新聞、B團隊負責每日新聞，依此類推，也就是以同一主題製作報紙廣告。

即使確實向客戶收取費用，但製作方式與海報展相同。需給予我們自由，我們全權負責製作。直到刊登為止，不會知道將呈現什麼內容。客戶完全不審核海報，報紙刊出時才會看到廣告，非常具挑戰性的企劃。

我們招募客戶。因為是特別企劃，價格比平常便宜。以合理價格在五大報刊登全版廣告，而且是以獨特的呈現方式刊出引人注目的廣告。雖然魅力十足，困難點是完全不可干涉製作。幾乎所有廣告主最後都因這項條件而猶豫。雖然有意見認為應該放寬規則，但若是屈服就沒有意義了，我堅持不退讓。因為在報紙廣告上，「嘗試完全交給創意人」的作法前所未聞，還具有向社會提案的意義。最終近畿大學表達了意願。宣傳部長世耕石弘先生表示，「雖然可怕但很有趣！來試試看吧。」舉手參加。近畿大學至今曾做過好幾次實驗性的廣告，因此願意參與這項企劃。

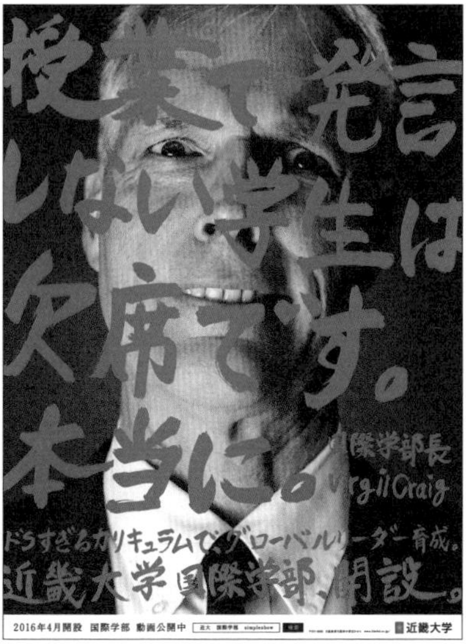

海報展的五組菁英團隊製作近畿大學新創立的國際學系廣告，其中最受歡迎的是以教師恐怖照片表現國際學系嚴格學風的系列，還有以英文描繪必要的有趣場景的系列。單一主題孕生出各種切入角度。擺置在商店街一角的海報影響不大，但對於將顯露在眾人眼前的報紙全版廣告，近畿大學到最後一刻都遵守不干涉的約定，我們對他們只有感謝與感嘆。

◆廣告能自由到什麼地步？之二

某天，公司裡不認識的業務打電話給我。他說大丸松坂屋的聯絡人想跟我談談，問我是否哪天能到東京一趟。我跟這家公司的關係，只有在大丸買衣服、在松坂屋名古屋店吃過鰻魚蓋飯而已。等我聽了他們的想法之後，才知道原來是希望製作三百位員工的海報，以記念大丸創業三百週年。負責人

〔右上〕課堂上不發言的學生我就當你缺課。我是認真的。
〔左上〕現在，我正在接受世界的測試。

秀島麻友子小姐是「商店街海報展」的支持者，因而找上我，想在三百週年活動中辦海報展。在新世界角落蕭條商店街裡垂掛著的海報，居然承載起歷史悠久的一流企業大丸的三百週年，真令人感慨萬千。因為人手問題難以實現三百人規模，最終協調到一百人啟動專案。首先從全國的大丸松坂屋中選出「耀眼的一百人」，除了女裝、男鞋、到府服務專員等符合百貨公司形象者，從總機室到警衛室，甚至總公司的法務等後勤工作人員也選出多位，集結了個性互異的一百人。

接著只剩下製作海報了，此時有兩項難題。一是如何達成客戶的要求，他們希望某地的店就由當地的創意人負責設計。大丸松坂屋遍布日本全國各地，包括札幌、東京、靜岡、名古屋、京都、大阪、神戶等。如果只有關西地區還有辦法解決，其他地區只能委託他人。我走遍全國拜託大家，後來由各地電通集團旗下的公司接下任務。

其二是作業程序的問題。商店街海報展的規則是製作者全權決定呈現方式。一開始是採訪，接著只剩下完成作品。不會進行確認方案的簡報，過程中請示意見等程序一律省略，才能表現出顯著的效果。然而，這次是大丸松坂屋的海報。大丸有三百年歷史，松坂屋的歷史超過四百年。他們可能同意這種作法嗎？這一點成為關鍵。遵循一般的作法一一請示，會讓表現變得圓融，更可能破壞商店街海報展的精髓。雖然客戶明白商店街海報展的優點，仍對完全放任、不加干涉感到遲疑。最後決定到草稿（手繪草圖）為止皆需讓客戶過目，其後他們不再過問。有立刻獲得點頭同意的草稿，也有重新修正好幾次的提案，但草稿定案後幾乎不再做任何修改。直到最後一刻，每位製作者都能專注於提升品質，創作出上乘佳作。

完成的海報在各分店致贈。籌辦了盛大的典禮，在各分店店長等人的見證下，由製作者親手送出海報。眾人表達喜悅之情，「居然能替我做海報，這輩子大概就這次了，真是感動」、「我會努力工作不讓海報蒙羞」、「要是能再幫我多除掉一點皺紋就好了」。

參與好幾場致贈儀式後，我注意到一點。成為海報主角的員工是大丸松坂屋的全明星隊。無論哪家企業要選出一百位代表，都能挑出名副其實的人吧。能夠為這些個性多采多姿又優秀的人製作海報，本身就是一件相當幸運的事。

在大丸梅田店的致贈儀式上，小山店長說：「品牌是由每一個人建構的，這次的專案如實表現了這點。」擁有三百年歷史的企業發言分量十足。百貨公司是以品牌一決高下。一般來說，品牌管理由總公司決策，再擴及、滲透到各分公司各分店。然而，這次專案是各地分店的個人來積累建構出品牌。一般的品牌定位是演繹式的，後者卻是歸納式的。不是由上而下，是由下而上，以這樣的方式榮耀大丸三百週年。

思維清晰的公司前輩藤野評論：「海報展是民族誌創意呢。」「民族誌」是文化人類學、社會學詞彙，運用實地考察來調查和記錄集團、社會的行為模式等手法，近年來被認為是有效的市場行銷調查手法而備受矚目。我們並未刻意採用民族誌手法，但對在各地大丸松坂屋工作的員工進行了實地考察，將調查結果創意發想成海報。這種作法甚至演變為「民族誌品牌定位」。換言之，以大丸松坂屋裡的個人，拼湊出名為大丸松坂屋的品牌。這種方式與以大丸松坂屋的企業整體出發來發想，結果迥異。

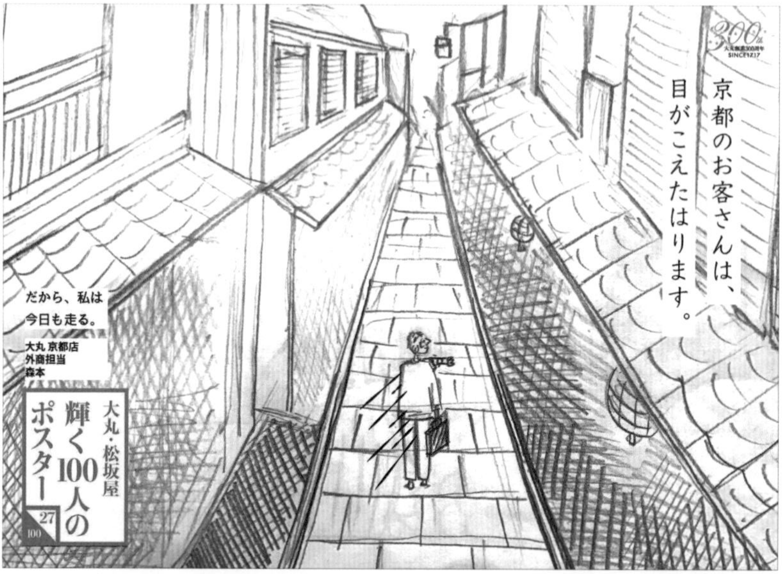

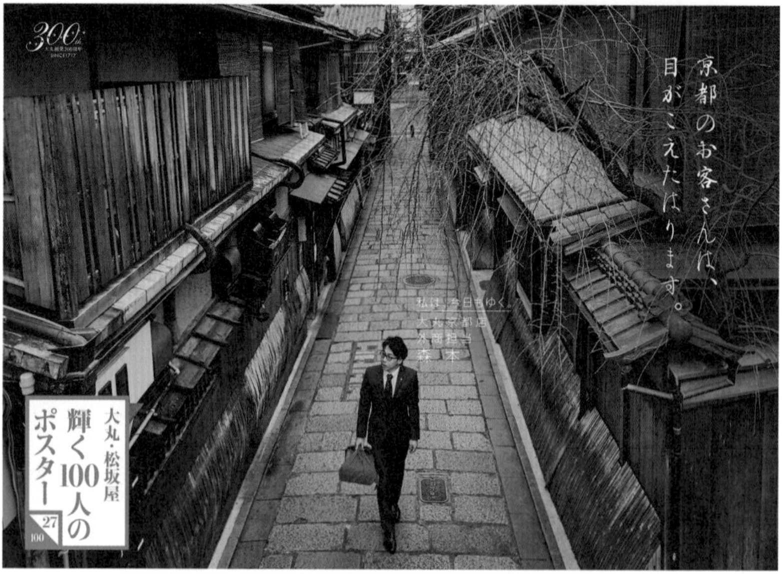

〔上圖〕京都的貴客，個個眼光獨到。所以，我今天也在四處奔走。
〔下圖〕京都的貴客，個個眼光獨到。我今天也登門拜訪。

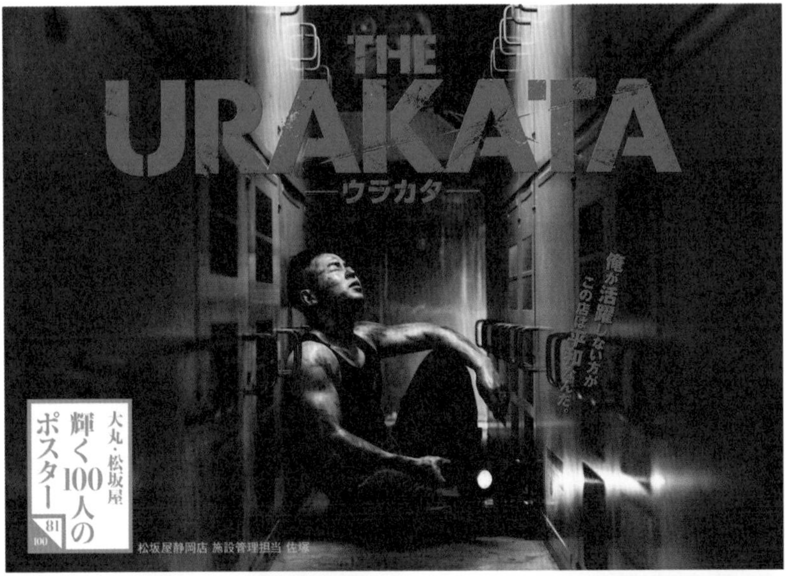

〔上圖〕我閒閒沒事，這家店才沒事。
〔下圖〕女人心，學習中。將近半百，才被調去負責女性商品。

不是由東京或總部主導，而是以各地為主角，這是我嚮往的目標。能在歷史悠久的百貨公司促成這件事讓我無比喜悅。再者，這是收費的案子，製作廣告能自由到什麼程度的一項實驗。到草稿為止確實獲得客戶同意，其後自由發揮。這樣的過程成為我製作廣告的一大指標。

◆音樂錄影帶拍過頭

剪齊的瀏海下可見圓形的漂亮額頭。中性看待一切的大眼睛。個子雖小，食量卻大。我跟剛結束在新宿工作室練習的三戶夏芽，在家庭餐廳吃飯，聽她說著她喜歡的漫畫和搞笑橋段。

隆冬時節，沒有暖氣的皮卡空間，索尼音樂的藪下、佐藤、鈴木來訪，請託能否為從模特兒轉換跑道作歌手的三戶夏芽出道助一臂之力。製作人是中田康貴。繼卡莉怪妞、Perfume 後，中田先生的第三張祕密王牌就是三戶。哎啊，這真是大事，大事一樁。我可以嗎？因為我沒問題才來的嗎？

三戶隸屬 ASOBISYSTEM。說到 ASOBISYSTEM 就不得不提卡莉怪妞在該公司旗下，甚至可謂原宿「可愛」文化創造者，名聲響亮。工作從原宿核心降臨到在新世界中心的我身上，真令人開心。

但我到底能做什麼？中田先生曾操刀的藝人各具特色，我一不小心就會成了換湯不換藥毫無新意，必須淬鍊出不同以往的作法才行。我想他們正是為了追求這點，才萬中選一挑到我。

三戶是在東京大受歡迎的模特兒，奈良出身。她畢業於大阪的服裝學校，非常喜歡搞笑橋段和麵食，談話用關西腔的第一人稱「我（うち）～」，爽朗不做作。平瀏海的髮型宣告她不只可愛，而且非常有趣。

我在企劃書中寫下「中田康貴×關西作風」提案。她的關西作風疊加上中田先生，能夠創造出新世界。然而，什麼是關西作風呢？雖然我腦中立刻浮現的是「搞笑」，但不願未多加思索就朝這個方向推進。不是搞笑，而以關西藝術的作風來進行。我做了決定，那個作風是「總之先做再說的精神」。電通很多藝術指導出身東京藝大、武藏野美大、多摩美大、金澤美大等著名藝術大學，而且是以優異成績畢業的菁英，知識豐富、繪製嫻熟，以真材實料的技術為後盾來創作。然而，我在大阪認識的人既沒有知識也不太會畫圖，卻有種「總之先畫再說」、「就做吧」、「就唱吧」的氣勢。即使技巧闕如，但有滿腔表現欲，因而能達到某種境界。大阪的藝術、音樂等文化得以形塑，某部分正是有賴於這樣的精神。類似龐克音樂，手上有把吉他，就算沒有技巧也能先撥弦發出聲音。龐克藉由這份能量去碰撞叛逆，大阪則經常是走向幽默。畫圖、獨立思索時尚的三戶也是如此。因此，我決定以「總之先做再說的精神」來製作三戶夏芽的企劃。

首先是拍攝藝人照片。提到三戶就想到奈良，說到奈良就想到鹿。我化身攝影師來到奈良公園拍攝照片。

接下來是製作專輯封面。出道專輯必須撼動人心，陳列在店面時要醒目，更重要的是得極具三戶個人風格，我左思右想，後輩設計師市野護眼睛閃閃發亮地提議：「想把ＣＤ腰帶變成瀏海」，最後直接落實他的提案。

再來是出道曲〈瀏海剪過頭〉（前髮切りすぎた）的音樂錄影帶，決定委託有「總之先做再說的精神」的藝術家拍攝。但只有一支音樂錄影帶沒法安心，可能是至今總是做超大量，不多創作幾件作品不太甘願，說不定是種病。結果委託了十一位影像製作人，他們都跟關西有淵源。神田旭莉是邊在百貨公司賣不時髦的蛋糕，邊創作影像的新銳影像製作人。芽倫濡是造型師，出於興趣創作嘻嘻鬧鬧的影片。公司後輩藤井亮是武藏野美術大學畢業的藝術指導，身兼導演拍些戲謔的B級片。小路翼是進公司第二年的新手藝術指導，學生時代曾創作奇妙的影像作品，這次讓他以影像製作人身分參與。宮本杜朗是關西年輕世代電影界的希望之星。大熊一弘是我在東京時期的玩伴，即使已經在東京住了超過二十年，還是滿溢關西氣質的奈良出身廣告導演。坂本涉太以「總之先做再說的精神」，在關西製作獨立樂團的影像作品，隨即一躍成名，活躍於東京。beN創作的世界觀與三戶最契合，打造出可愛、幽默滿點、異想天開的影像。身為自我祭主要成員的Makonehan，我本來以為他只是業餘人士，殊不知其實是曾製作NHK音樂節目《大家的歌》（みんなのうた）影像的動畫家。像自動販賣機上標示「？」的飲料，不知會掉出什麼東西的這個角色，就交給Kotakeman。

向共十一位導演說明影像製作的主旨提出委託後，他們的反應是：「是要製作作品的一部分嗎？」

「不是，請一人作一支。」「咦，真的嗎！」

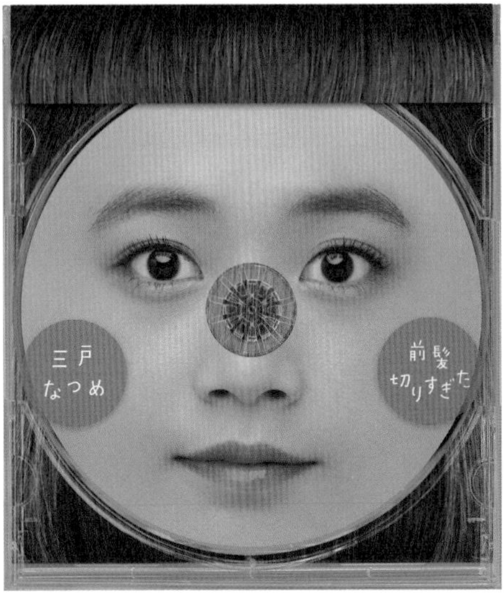

伊勢田勝行平日在物業管理公司上班，一邊畫漫畫。他年約四十歲後半吧，學生時代開始持續投稿少女漫畫雜誌，一直被打回票，始終無法出道。他未因此消沉，仍創作不輟，甚至不滿足於漫畫，還將自己的漫畫做成動畫，繪製手稿，以家用攝影機拍攝編輯。配音全由伊勢田一人進行。無論是男學生、女學生、小孩，或是刑警、外星人，都是他的聲音，所以很難辨識角色在說什麼。動畫的主題曲也由他填詞作曲並演唱。他還會扮成動畫人物，在大家面前唱歌。一切都在伊勢田的小世界裡成立。我拜託他：「繪製以三戶為主角的少女漫畫，再把它做成動畫。」兩星期後，伊勢田以用過的大丸包裝紙將完成的作品光碟包好送到我手上。這成為十一支影片的第一棒，上傳到YouTube。「這什麼鬼」、「是哪個歌迷擅自做的嗎？」，一陣騷亂啞然。太完美了。將伊勢田連結上中田先生那一刻，我就確信這項計畫會成功。

伊勢田的作品對其他十人造成莫大壓力，採尋常作法就輸定了。他們各自以獨到的手法和角度切入，提出個性十足的企劃。

攝影大賽開跑，兩星期間不停拍攝，因為還有十支影片要拍。他們不是叫三戶拿著白菜跳舞，就是在她臉上塗鴉、塞到籃網裡、在奈良深山裡拿著不倒翁、在中野的商店街來回奔跑等等，真是千奇百怪

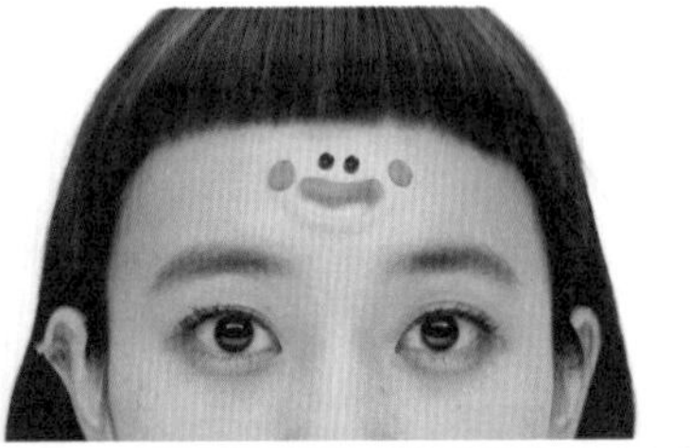

ちょうどいい

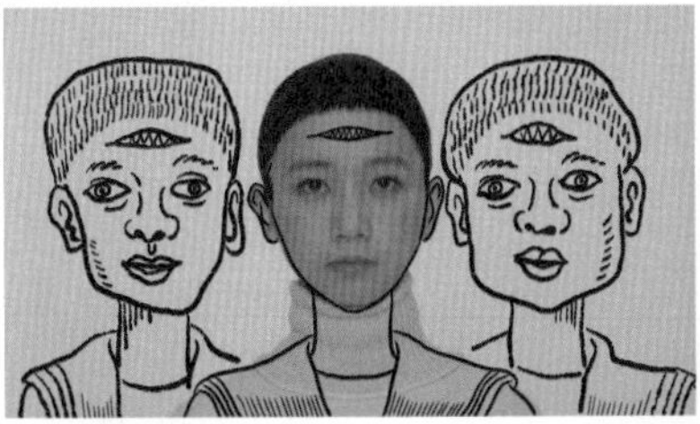

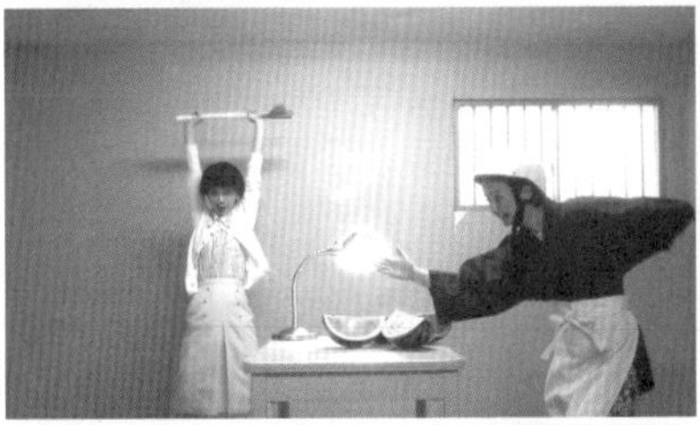

做了一堆。

〈劉海剪過頭〉的音樂錄影帶每三天公布一支。莫名其妙的影片一支接著一支公開，而且都是同一首歌曲，到了揮霍無度的程度。音樂錄影帶突襲作戰告捷，三戶有了華麗的出道。她現在已是經常上電視、拍廣告的當紅藝人。

集結這些音樂錄影帶，發行名為《劉海剪過頭的音樂錄影帶拍過頭》DVD。發售活動稱為「導演請太多」，讓每位導演表演一項才藝，打造令人摸不著頭緒的活動。表演結束後緊接著是簽名會，除了三戶，每位導演也都在包裝上簽名。這些導演根本沒參加過簽名會，每次簽出來的名字都長得不一樣。女高中生回絕了導演之一小路翼的簽名：「只有你的簽名不需要。」他似乎心想自己應該更努力。

◆美麗農村的煩惱

從大阪搭乘特急雷鳥號行經琵琶湖西側到福井，需要兩小時。之後轉乘幾小時才一班的越美北線單軌鐵道，越過三座山，正懷疑自己要被帶到哪裡時，前方突現一片開闊的平原。福井縣大野市是人口約三萬三千人的盆地，農田遍布，百分之百符合農村形象的鄉村。

大野市有兩成二十多歲、四成三十多歲的居民遷居外地。正值養兒育女的世代流失，等同於生兒育女世代的流失，將加速人口減少，問題格外重大。人口繼續流失下去，大野市這個行政區可能會消失。我承接了他們的煩惱，參與如何處理「人口減少」這般大哉問的工作。

人口減少的課題與振興商店街本質不同，需要更長期、更根本的解決方法。我想先親眼確認狀況，來到初夏的大野市。這裡的盆地之名名副其實，群山環繞的平原上田地廣袤，碩大的芋頭葉搖曳。在水田、旱田裡工作的幾乎都是高齡者，年紀大到讓人覺得「老爺爺，這麼辛勤工作會太累呀」。來到街上，行人都是推著推車椅的奶奶，還有許多開著輕卡車的爺爺。主要道路七間通冷冷清清。

市公所的人既不悲觀也不樂觀，冷靜觀察現況。日本總人口正在減少，這已是難以挽回的趨勢，自然增加呈某種程度的負數莫可奈何。無法勉強增加人口，只是想稍微減緩下探的自然增加率。其他地方政府主要施行吸引移居的政策，而相較於移居者，我們更以返鄉者為目標。大野市之名平平無奇，知名度不高，要讓人列入移居候選名單必須有高知名度。加上盆地形成的風土民情，較難對外地人敞開心胸（雖然一部分人抱持開放心態）。即便空屋很多，但都由屋主持有，能夠買賣或轉讓的不多。如果是出身當地的人，會有家人在大野，有家，能接受大野。這裡並不是完全沒有工作。我與市公所達成共識，先從返鄉者著手。

訴求返鄉者的計畫名稱是「回到大野吧」（大野へかえろう）。直截了當將想說的話變成主題名稱。「大野」這個地名算是大方氣派、氣度宏偉，隱隱能感受「回到大地之母的懷抱吧」的氛圍。

雖然制定了口號，標誌遲遲無法定案。因為是首度嘗試，所有人都過於慎重。「決定標誌之前，提不起勁推動其他政策。」市公所負責人雨山說。歷經數度商討，後輩設計師河野愛將代表「到」的日文字「へ」重疊，描繪出象徵大野的荒島岳輪廓，繪製成這項計畫的標誌。真是完美啊。「回到大野吧」就此站上起跑點。

幾乎所有大野市民異口同聲：「大野什麼都沒有。」也有人認為「前途一片黯淡」。但我覺得大野看起來魅力十足，有豐饒的大自然，美味的水，吸滿好水的食物又甜又好吃，人們溫柔又敦厚。

大野有一群過著優質生活的人，稱為「農村型進步人」。momonga 咖啡（モモンガコーヒー）的牧野堅持用大野的好水沖泡咖啡，供應其他地方喝不到的極品咖啡。HOOZUKISHA（ホオズキ舍，燈籠果舍）的長谷川擅長精湛的設計和影片製作，他的作品到哪裡都不遜色，即便住在大野仍有遠從東京來的委託案，同時打造社區空間、主辦音樂節等。盆栽藝術家高見瑛美深入大野山林，將山上的自生植物移植到花盆創作作品銷售，從事守護大野古老傳統的活動。建築師川端設計建造極具大野獨特風格的住宅和店鋪，還打造小電影院放映電影。舞者森田真由有著跟雪國不搭嘎、甚至連大阪人都認輸的開朗，教導孩子舞蹈，讓大野充滿活力。拓朗是設計師，繪製圖面，有空就去溪流釣魚，在 YouTube 上尋找世界的真相。佛壇店的清水為了修理釣魚用假餌，拿了佛壇上用的金箔惹怒父母，金箔假餌似乎太重很不靈活。大野市很多人的生活毫不遜於都會或甚至比都會更優質。

我問了很多人為什麼要回大野。有些人是自發性回鄉：「因為一直很喜歡大野」、「因為想一直跟家人在一起」，也有人不得不回來：「沒找到工作」、

大野へかえろう

「公司倒了」、「爸媽生病了」。其中一個訪談案例是與我緊密合作的大野市公所的雨山直人。雨山從京都的大學畢業後，找工作不順利，不得志而回到故鄉，在姊姊的建議下沒想太多就參加了公所考試，考上後工作至今。「大野好無聊，為什麼我會在這種地方生活。」他在二十多歲時度過一段頹廢的時光。如今三十歲前半，他一邊在公所工作，一邊利用私人時間與朋友們共同打造名為SONOU的社區空間，推動各式各樣思考家鄉事務的活動，於公於私都在思索如何振興故鄉。momonga 咖啡的牧野也是，曾在東京意氣風發地工作，因家裡的問題不得不回到大野。他二十多歲時感到迷惘，做過形形色色的工作，最後開了現在這家咖啡店。兩人的共通之處是相遇。因為認識其他想讓家鄉變得有趣的年輕人，進而改變自己的想法，「原來家鄉也有這樣的人啊」、「在大野或許會很開心」。我想其中必有啟示。

◆高中生與海報

截至目前為止的商店街海報展是由廣告人製作，這次則由在地高中生來設計。之前是以商店為主角，這次優先以學生為主角。「回到大野吧」最初的計畫是舉辦「大野海報展」。

目標有三項。首先是重新發掘家鄉的魅力。大野市內沒有大學也沒有專科學校，很多孩子因而離開家鄉，無法要求他們「不要走」。只不過，知道家鄉魅力後離開與不知道而離開截然不同。即便出生後一直住在大野，不，應該說正因為住在這裡，反而無法注意到家鄉的魅力。我希望讓他們還住在大野時，藉由製作海報更了解在地。為了製作廣告，首先必須發掘商品和企業的魅力。就算再怎麼缺乏魅力，也要勉力找到才行，不這麼做就打造不出廣告。廣告是發掘魅力，以及將發現的魅力更簡明易懂地傳達給大眾的工作（廣告人會想盡辦法找出魅力，所以性格會變好。輕視廣告的對象，就無法完成工作。即便如我這般，曾側眼旁觀的冷漠年輕人，性格也因製作廣告而變好了）。創作海報最適合用來重新審視家鄉。

第二個目標是藉由製作海報，讓他們與在地的卓越大人連結。大野有很多返鄉做著有趣的事的人，但高中生認識的大人大抵上只有父母、親戚、學校老師，極少在當地工作作為榜樣的大人。大野的優秀大人會是好的典範，能具體想像回到大野後的工作，藉此了解就算不去大都市也能在大野實現自我。

第三個目標是讓他們發現自己也有能力，能讓所居之處變得有活力。海報賦予商店老闆及那些看過海報的市民等各色各樣的人活力，讓他們展現笑容，甚至使地區變得生氣蓬勃。如果他們知道自己有能力做到，等到未來某天重返家鄉，就會想藉一己之力活絡家鄉、改變故里。

這項企劃不僅對當地有幫助，更有助於高中生，因此我原本以為獲得支持輕而易舉。是我太天真了。雖然我希望學校將海報展列為課程之一，但課程早已排定無法變動，加上若是學生在上課時間為了海報外出採訪而遭逢什麼意外，學校無法承擔責任。最終以讓學生自由參加的方式，在暑假期間舉辦。我們好不容易爭取到八月第一個星期的幾天，那時學校沒有活動也沒補課。高中生真忙碌。

日期訂好了，學生會不會參加仍是未知數。為了讓他們對製作海報產生興趣，我親自前往學校說明了好幾次。聽說在創校紀念日的朝會，有機會在全校學生面前說明，我從大阪趕赴大野，得到早上八點四十五分起的五分鐘時間，可以在體育館裡抱膝坐著的全校數百名學生面前說明。我也在放學後午後和煦光線籠罩的理科教室，個別向學生說明。我真的非常忐忑不安，不知道多少人會參加，結果共有三十六人報名，每人各負責一家店，共製作三十六家店的海報。

盛夏時節，我們舉辦了為期四天的工作坊，講師是六位電通的文案撰稿人和藝術指導、一位在地設計師。電通兩位講師江上和植村，竟然正是大野市出身。而且兩人還是大野高中同學，一起唸了藝術大學，又同時進入電通。以大野市的人口數來說，出現這種機率根本極罕見。兩人要替家鄉錦上添花，以海報為故鄉增色。

從採訪、企劃到攝影都由學生執行。我們備好租來的單眼相機，再由學生拍攝，幾乎所有人都是生平第一次接觸單眼相機。學生大多不會使用 Mac，所以最終的設計由我們接替。我接手的學生之一負責照相館，以自己的奶奶為模特兒拍攝，海報切合大野的高齡化現況。另一個學生則負責名為ＢＡＲＵ的

〔上圖〕不買也沒關係，來逛逛吧。

亞洲家具店，文案相當出色，照片也很精采。江上接手的學生之一負責水引的工房，以海報呈現水引的世界〔譯注：水引是婚喪喜慶的禮金、禮品等包裝上，以紅白、黑白等顏色線段編結的結繩〕。美麗、清涼、具透明感的海報如實表現出大野風貌。

海報張貼在市中心、車站、購物中心等處，引起極大回響，「從來沒想過只是變成廣告，就讓我們這裡看起來這麼美好」、「能夠創造出這樣的海報的地方，讓人想移居到這裡」。人氣投票總票數超過一萬張，萬千市民投下一票。前面提及的照相館海報獲得第一名。獲獎的學生說「我很喜歡的歌手有演唱會」，去了大阪。雖然他缺席了，仍是一場充滿祝福的美妙頒獎典禮。

隔年二〇一六年，再度舉辦大野海報展，作品跟前一年一樣嶄新。負責在地酒廠花垣的學生，決定以大野人所愛的荒島岳為背景拍攝商品，到了拍攝地點始終雲霧繚繞不見山頭蹤影，等待兩小時後

〔右上〕在亞洲鄉村的亞洲鄉村。〔左上〕拍美一點呀，要擺在佛桌上的呢。
〔右下〕傳遞歡樂喜悅感動。〔左下〕入口之後口中盡是大野風味。

終於拍攝成功。等待是有價值的，完成的海報無比精采。老闆非常喜歡，除了在海報展中展示，也運用在店面、停車場招牌等處。大野海報展的照片特別新奇美妙。學生幾乎都是第一次使用單眼相機，照片洋溢著拍照的樂趣。

二〇一七年同樣舉辦了大野海報展，二〇一八年也是。我從中得到一些寶貴的經驗，例如在盛夏的美麗芋頭田拍照、在開店前的拉麵店與高中女生獨處卻找不到任何共通話題而默默無語了一小時。在大野的最大教訓是，跟高中生混熟後，馬上會被叫綽號。

◆說不出口就用唱的

讓孩子們想回到大野至關重要，使父母希望孩子回到大野同樣重要。幾乎所有父母內心都「希望他們回來」，卻不告訴孩子。因為不好意思，因為即使回到大野也沒什麼工作機會，不想讓孩子受苦，說不出口。有些父母到了孩子找工作時，才跟他們說：「希望你們在這裡工作。」但大部分的情況是，對小孩來說，此時已接近大學生活尾聲，出路也大抵決定，即便父母說了什麼，他們心中早已選好未來的出路，難以扭轉。雖說如此，仍有人在父母跪求後回到大野。還有一些人即使不到屈膝程度，心想爸媽希望他們回鄉，於是回到大野。父母的心情理所當然會帶給子女強烈影響，能夠把他們「希望你回來」的心思完整傳達給子女，重返故里的孩子或許就會變多。

該如何傳達父母的心情呢？傳達時如何留下鮮明的印象？我認為用唱的好像不錯，可創作原創歌曲

〈回到大野吧〉，在畢業典禮上請父母唱給孩子聽。大人們大聲、毫不隱藏地拜託「請回來」，這是前所未有的全新嘗試。吉幾三的演歌〈我要去東京〉（俺ら東京さ行ぐだ）的相反版本。

我找了盟友富永惠介商量創作歌曲一事，他是音樂製作公司PIANO的製作人。歌曲想傳達的訊息相當明確。比起作詩，作曲更好，先由我撰寫歌詞。

我已經往返大野五十次左右，聽過許多大野人的心聲，彙整他們的意念寫成歌詞。割捨自己那種「這很有趣吧」的欲望，僅化身成媒介，傾聽人與大自然的聲音。一開始非常苦惱如何下筆，最終還是完成了自己很滿意的歌詞。

作曲委託隸屬PIANO公司的坂東祐大（筆名松司馬拓），曾得過芥川作曲獎的年輕明日之星。他親赴大野、感受大野後，創作出旋律。我對旋律只有兩個要求。第一是希望能接續唱下去的標準規格歌曲；第二則希望是開朗的曲風，能替即將遠行的高中生加油。我的歌詞如果搭配悲傷的旋律就太令人寂寞了。

歌曲試錄版完成。完美。我兩歲的女兒只聽一遍就朗朗上口，小孩能立即哼唱的就是好歌曲。自信滿滿向大野市民提案，他們的反應很兩極。有人覺得「好感動，都哭了」，也有意見認為「我們這地方才不是這樣」、「這旋律不對」。我僵住了。公司同事都給予好評：「一定會哭的。」大野出身的江上看了歌詞第一句就說：「我高中時也這麼想過。」他們的看法讓我的信心更加堅定。我沒打算更動歌詞和旋律，我們的溝通成為平行線。繼續這樣討論下去無法進行下一步，最後決定由市長定奪。

回到大野吧

作詞：日下慶太
作曲：松司馬拓

山區隔了世界
世界彷彿只有這個小鎮
時間伴隨大自然流逝
人們悠然度日

夕陽照耀田地
芋頭枝葉搖曳
小小地方的孩子們
為了追尋夢想啟程遠行

回到大野吧
說不出口就用唱的
回到大野吧
去到廣闊世界也沒關係
因為大野總是在等著你們

河川在盆地裡奔流
水浸潤一切
積雪的話就除雪
每天不變地生活下去

漫長冬季即將結束
雪融化為水的時候
逐漸成為大人的你
將從這裡離巢而去

回到大野吧
說不出口就用唱的
回到大野吧
去到廣闊世界也沒關係
因為大野總是在等著你們

追尋夢想
遇見朋友
陷入愛情
長大成人
希望你們偶爾想起
我們在這裡

回到大野吧
說不出口就用唱的
回到大野吧
去到廣闊世界也沒關係
因為大野總是在等著你們

回到大野吧
去到廣闊世界也沒關係
因為大野總是在等著你們

我搭上雷鳥號前往大野。穿越鐵灰色的大阪鬧區、雪白靜寂的京都，當右手邊出現廣闊的琵琶湖，開始下起大雪。透過車窗眺望琵琶湖，祈禱一切順利。離開琵琶湖後，列車開始爬山。經過彷彿滋賀不理、福井不顧的村落，進入敦賀，又再駛入山林，通過長長的隧道，變成平原。雪停了。潔白的田地上出現彩虹。是好預兆。市長一定會喜歡的。

我拜訪市長室。在市長、副市長、公所長官注視下，播放了音樂。市長雙眉緊蹙。當歌曲播到第二段，他開始輕哼。「是首好曲子，讓人想在KTV裡唱。」市長說道。完美。

下一個問題是畢業生家長（家長會）是否願意。如果他們說不喜歡就完了，沒想到家長會長和其他人都爽快同意。

歌曲已經完成，接下來是該如何實現在畢業典禮唱這首歌。一切都是初次嘗試，能否在畢業典禮上分配到時間都還不確定。雨山帶領的大野市公所團隊數度造訪學校，爭取到畢業典禮最後幾分鐘時間。企劃容易，實現難。跟之前的大野海報展一樣。這就是在小鄉小城工作的現實。

將歌曲的光碟片和歌詞分發給每個家庭。接著，安排了兩次練習，每次約有二十人到場。家長會幹部率先帶動其他人來，參加的家長僅十分之一，剩下的九成家長真的能唱出口嗎？我越來越擔心。

畢業典禮當天，萬里無雲的藍天下襯著白雪。跟已能感受春意的大阪不同，大野即使到了三月上旬仍殘留積雪。照射不到陽光、沒有暖氣設備的體育館空蕩又寒冷。學生陸續入場。女學生帶著今天是最後一天的表情，男學生應該也很落寞，卻彷彿想掩飾般笑鬧著在體育館裡走來走去。

校長、來賓致詞，頒發畢業證書，齊唱〈君之代〉，合唱驪歌〈仰望師恩〉，畢業生代表與在校生代表演講順利進行，畢業典禮的流程全部結束。

「最後有一項送給所有畢業生的禮物。向後轉。」

擔任畢業典禮司儀的教師在典禮即將結束時突然說道。父母們一同站了起來，學生笑著說：「咦，要做什麼？」在會場一片騷動聲中，響起〈回到大野吧〉的鋼琴前奏。然而，沒聽到歌聲。可能是站立不動讓身體僵冷，父母們的歌聲相當細弱，學生聽不見歌聲。我以為我們搞砸了，看了眼左近的雨山，兩人相視。他心裡想的跟我一樣。花這麼長時間準備卻失敗告終。但隨著歌曲一小節一小節唱下去，歌聲越來越大，開始清晰地傳入學生耳中。最初不知發生什麼事呆立著的學生，逐漸理解眼前的情況。到了副歌，歌聲完美，撼動學生的心。沒有任何學生冷眼旁觀，彷彿專注遙望遠方般看著父母。他們正在回想過去三年的時光吧？想著即將離開珍愛的大野吧？歌聲響徹廣闊的體育館。家長像是要整理心情，在間奏時擺正了姿勢，再度開始歌唱，歌聲不再疲弱。美麗的鋼琴音色渲染了在場每一個人。歌曲逐漸進入高潮。好幾位家長流下眼淚，邊拭淚邊高歌，也有一些學生溼了眼眶。最後很多人都哭了。一曲唱畢，掌聲不絕。

「我想的真的就跟歌詞說的一樣。」家長會長說。

「我畢業時你也要唱喔。」高二學生拜託爸媽。

「我的孫子兩年後畢業，我要從現在開始練習。」來拿光碟片的老爺爺這麼說。

「明年想由我們來演奏。」管樂社學生來拿伴奏帶。

隔天福井新聞和福井縣民新聞大幅報導。「作曲：松司馬拓」，坂東以松司馬之名推出的處女作就是〈回到大野吧〉。印上「作詞：日下慶太」，刊出所有歌詞。這是身為文字工作者最幸福的一刻。

歌曲不僅傳達給高中生以外的大野市民，更傳入離開故鄉的大野人耳中。即使回到大野也可能沒有自己想做的工作，但知道故鄉正大聲呼喚「請回來」這件事非常重要。總有一天，有了某個契機，他們會因而思考「回到大野」的可能性。

隔年的畢業典禮，在管樂社現場演奏中演唱〈回到大野吧〉。再隔一年，邊放映父母製作的影片邊高歌。我想接下來的每一年，這首歌都會繼續傳唱吧。

◆成年禮的禮物

「回到大野吧」企劃的集大成是攝影集。製作「讓人想回到大野」的攝影集，在成年禮時致贈。

大野市民與電通職員組成編輯團隊，每月召開一次編輯會議，直言不諱地商議該收錄哪些內容。首先是照片。「讓人想回鄉的照片」是什麼樣的相片？大野最著名的照片是稱為「天空之城」的影像，越前大野城的天守閣浮現在雲海上，電視經常報導。這樣的景象深受觀光客喜愛，在地人卻幾乎沒親眼看過，也就是這番景象並非他們懷念的情景。遊憩地的紅葉、花卉之類也一樣。他們不懷念觀光勝地。上學路、學校操場、插秧、祭典、芋頭收成、下不停的雪、老婆婆等等，我們應該拍的是尋常至極的場景。那是我們這些外人完全不了解的光景。為了創造獨一無二的大野攝影集，每張照片都附加了一句話。除此之外，還收錄與大野有淵源的藝術家作品、大野風味料理食譜等。

決定內容後，接著專注製作。照片拍攝委託在地攝影師兼設計師長谷川，盆栽藝術家高見瑛美擔任助理。在大野市內經營酒坊的源內啓志朗、在地平面設計師桑原圭、大野市公所的雨山、廣作力、鈴木翔太、岸本峰波負責撰寫文案。我擔任編輯，統籌團隊。

拍攝方向尚未定調前，長谷川邊摸索邊拍照。雖然他最初猶疑不決，但方向定案後拍出的照片張張出色。在編輯會議上挑選照片，加上文句。大野市民撰稿人一開始寫的文句多是照片說明，無聊乏味，引導他們「加入更多情感，那份情感越私人越好」之後，寫出許多精采的文句。我極力避免由電通職員來撰文挑照片。原因在於外來者所知的大野魅力只不過是一小部分，我們不認識大野漫長的冬季、冰雪的白、荒島岳的雄偉，這些只能由大野市民來創造。我們能做的是運用我們平日的廣告技巧，為他們的創作助一臂之力，使其更觸動人心、更簡明易瞭、視覺表現更強烈。約費時一年，完成了兩百頁的厚重攝影集。

攝影集在成年禮時送出。那些剛成年的孩子開心說著：「都是大野令人懷念的風景」、「我要帶回宿舍」，不過看起來他們對儀式後的聚餐更興奮，反而是他們的父母有更多好評：「看了這些就能發現我們應該守護大野哪些地方」、「我也想寄給去東京的年長孩子」、「哪裡可以買到攝影集？」。或許對這些剛成年的孩子來說，回顧故鄉的美好稍嫌太早，但我相信未來某一天，必定會對他們產生影響。

攝影集是非賣品，自二〇一七年的成年禮開始連續發送三年。攝影集末尾有如下後記：

最後

一直生活在大野的人
離開大野，有一天將回來的人
就這樣在其他地方生活的人
各自有與故鄉的距離

希望無論是哪一種人，都能將這本攝影集放在書架一角
希望你們能偶爾翻開書頁回憶大野
希望你們站在人生的十字路口時，能隨手拿起，好好想想大野
這本攝影集想來一定會讓你們有些傷感、賦予你們活力
大野一直等著你

「回到大野吧」企劃真正的用意是讓更多青年返鄉，要看到成果還需要很多年。我們所做的雖然感動了大家，成功與否尚不可知。只不過，我在大野的夏日祭典上看到參與海報展的大學生和大人們開心

對飲的樣子，確信我們至今所做的是正確的。因為有這些好大人存在，他們應該會覺得「回鄉也不是壞事」。要是能持續這些行動，我想一定會有一些人留在大野、有些人回到大野，成為引領大野的大人一員吧。

對我來說，這或許等同於創造我失去的故鄉。我在沒有歷史、也沒血緣關係的大阪千里新市鎮出生，成長於公寓，祖父母家都在都市近郊，家人已經搬離，再也沒有可歸的故里。大野沒什麼工作機會，人際糾葛頻仍，卻是應該回來的美麗地方。春天來了，開始插秧，夏天伴隨厚實雲層到來，在河裡游泳，割稻，收成芋頭，細心準備過冬，下雪，捱過漫長冬日，融雪，春天又到了。這是大野的一整年。大野教會我「故鄉」是什麼，教會我日本應有的一種樣貌。失去回歸之處的城市人，只要在某處創造屬於他的美麗故鄉即可。這是我在大野所思。

機械も届かない田んぼの端に　苗を植えるのは子どもたち

雪の日はお母さんが送ってくれた　不安な気持ちと車に乗ってる安心感

〔上圖〕在農耕機具無法耕到的田邊，由孩子來插秧。
〔下圖〕下雪天母親送我上學，不安感和搭車的安心感。

注1：二〇一三年TCC新人獎：永井史子；二〇一三年OCC獎：山口有紀、中尾香那；二〇一三年OCC新人獎：見市沖、石本藍子、永井史子；二〇一二年FCC仲畑貴志獎：永井史子；計畫整體獲頒電通獎宣傳媒體類優秀獎。

注2：二〇一四年CCN赤松隆一郎獎：上野由加里，CCN獎：前田將多、上野由加里、小堀友樹；二〇一三年FCC獎：前田將多、瀧上陽一、宮浦惠奈、見市沖、倉光真以、小堀友樹、茗荷恭平，坎城國際創意節設計獎入圍決選：茗荷恭平、小堀友樹；計畫整體獲頒二〇一四年大阪日日新聞元氣大獎金獎、第一屆年輕創意人票選廣告溝通大獎優秀獎。

成爲傻瓜

第五章 アホになる

◆新世界的嶄新世界

我就像已過了全盛期的脫衣舞孃，巡迴各個小城市。大野、女川、大分、鹿兒島、松山、宮城縣加美町、栃木縣佐野、三重縣紀北町、愛知縣岡崎、滋賀縣彥根、鳥取縣倉吉、京都府舞鶴、熊本等地。不知道為什麼東京之類的大都市沒找過我。這段期間也不能對新世界市場置之不顧。新世界是我的基地港口，應當回歸、髒汙卻溫暖的故鄉。

為海報展開設的「市場藝廊」，在海報展結束後由自我祭的夥伴小 Oka 以咖啡館兼藝廊的形式經營，展出藝術家作品，不時開辦三味線教室、咖哩教室等，變成所謂社區空間。那個空間因應情況開設了一年，直到小 Oka 移居男朋友所在的石卷。她現在在石卷經營頗受歡迎的居酒屋「Suisui」（スイスイ）。親手烹調的美食、東北沒有的大阪風格和小 Oka 的人格特質在當地人氣很旺，在地的好青年每晚都去她店裡。真的是一間好店。

自我祭辦公室是二〇一三年八月開設，延續原本二手服飾店的店名「想像皮卡空間」，既像咖啡館，又如居酒屋，彷若活動場地般不可思議的空間。我們自己花了幾個月時間動手整修老民宅，拆掉天花板，移除地板，重新在牆壁貼上鏡餅圖樣的壁紙（譯注：鏡餅是日本新年時奉祀神明用的麻糬，通常為一大一小的圓盤狀麻糬重疊而成），頂部則貼上棕刷圖樣的壁紙。髒兮兮的辦公室煥然一新，變得奇妙無比。

現在這個地方仍開著。不得志的音樂家、電影導演、從醫院返家途中的老人、抱著嬰兒的母親、靠生活保護費過活的大叔、尋找自我的高中女生、馬上就想脫光的京都大學學生、喝醉便開始模仿貓王的

大叔、原本是討債集團的嬉皮、將自己的人生全奉獻給稻草人的女子、印尼插畫家、衣索比亞裔美籍繭居族、英國日本色情片專家影像創意人、菲律賓噪音音樂家、莫三比克創作歌手等，聚集了形形色色人士。

皮卡空間的常客東先生，看起來應該六十多歲，不知從什麼時候開始一個人來這裡。我想他應該是靠退休金過日子。他口齒不清、聲音又小，說的話我只聽得懂六成左右，每次聽到黃色笑話就會生氣。但只要一播放黏巴達音樂，這樣害羞的東先生搖身一變開始跳舞，攤開雙手，微微動腳，帶著看見永恆的眼神。黏巴達音樂不停，他就一直跳著，絕不會停下舞步，而且不跳黏巴達之外的舞蹈。那樣的東先生的舞姿實在太精采了，有一次自我祭時，我們現場演奏黏巴達讓他跳舞。在數十名觀眾注視中，東先生望向永恆的同時不停舞動。一個二十多歲的女孩看了東先生跳舞的樣子，墜入情網。東先生跟這個女孩交往，成為相差約四十歲的情侶。黏巴達創造了奇蹟。

田代出生於東京下町，出生第三天父親人間蒸發，由母親一手養大。老家是母親經營的賓館。小學一年級時，因為家裡認為從賓館到學校上課不好，讓他離家獨自生活。朋友常出入他家，第一次性經驗是在小學四年級。中學一年級時加入暴走族，做盡壞事。雖然上了高中，但一天就被退學。其後無法繼續待在老家，十六歲來到大阪，從事特別專門搬運重物的重機操作員工作。他的嫻熟技術和統領工地的能力受到賞識，年紀輕輕就帶領幾十人，極盡所能賺錢，二十四歲自己出來開公司，成了重機具公司老闆。事業一帆風順，坐擁兩輛車、一艘船，賭馬賺了一億又在澳門輸掉七千萬，縱情玩樂。因為他的工作是搬運極重的重物，日復一日身體不堪負荷，傷及膝蓋無法正常走路，再也不能工作。由於不得志而依賴酒精，後來搞壞身體，接受生活保護。他每天都來皮卡空間邊喝酒邊說：「我喝酒就會死。」我們偶爾一起去釣魚。

音樂演奏（莫三比克人還有那些大叔）、獨立電影放映會、出身大阪的小說家織田作之助研究會、三位僧侶的佛教課、住在日本的外國人道地派對、料理對決、一夜小酒吧、SM流水細麵、某人的送別會等，皮卡空間每個月都有活動，維持這樣大雜燴的無序狀態，持續釋放能量。

除此之外，為了讓新世界市場有新店開張，我開始了「自助不動產」。我詢問商店老闆那些大叔，掌握他們手上的閒置店鋪，在臉書上公布兩間出租店鋪的資訊。因為是我開頭的事，由我帶看店面。早上八點來到商店街，喀啦喀啦拉開鐵捲門，一間房一間房解說格局，說明用水設備，告知價格。約有七組人馬前來參觀，關鍵多半是「不能便宜一點嗎？」，不動產到最後講的都是錢。而且居然是我在房客與房東之間協調租金，太難受了。這讓我明白不動產仲介的辛苦，仲介費分文未取。兩個相當有個性的人租下店鋪，一位是在千日前開了家很棒的小酒吧的小愛，另一位是菜刀店的丹麥人畢昂（Bjorn）。

商店街旁有座倉庫，那是在市場經營食品行的松本擁有的建物。松本先生的太太問我：「你想，有沒有誰會想租這個倉庫？」我腦中想到可能人選。在大阪福島經營民宿「由苑」的濱本夫婦——Achako和小咲，我記得他們以前曾說要在日本橋開民宿，最後無疾而終。聯絡上之後，他們回覆：「好像很有趣！想參觀倉庫看看。」透過我牽線，事情飛速推進。二〇一六年八月，民宿「THE PAX」開張，一樓是咖啡館和唱片行。施工由傳奇劇團「劇團維新派」的工匠負責，民宿新潮時尚又溫暖。民宿客人來到皮卡空間跟日本客人交流，有時來客只有外國人。

舉辦海報展之後，市場藝廊、皮卡空間、畢昂的菜刀店、小愛的小酒吧、二手店、呇里雜貨店、服裝店、魚鋪、炸串店、韓國料理店、民宿開張；小酒吧、豆腐店、花店、魚鋪（跟前面那家不同）關門。包括藝廊和皮卡空間在內，開了十一家店，關了七家店。蕭條的商店街有了些微變化。雖然是在名為新世界的街區一角，但我感覺我們在這裡打造市井、創造著場景。

◆姊妹商店街

新世界市場與台灣的商店街締結了友好條約。「正興街」是台南市一條約三百公尺的街道，富南國風情的古老民居與商店混雜。七年前還是一片冷清的街道，現在卻湧入許多觀光客，蛻變為大受歡迎的景點。我到台灣旅遊的時候，幫主高耀威（綽號 Erik）為我導覽正興街。以正興街居民化身為貓的圖像做成的看板，放置在每家店的門口。他們還製作了名為《正興聞》的獨一無二街刊，並將銷售所得作為

街區的資金，無所忌憚地把空地變成公園，不斷推動許多活動讓街區充滿活力。一切都源自他們先要讓自己樂在其中的態度，有著溫柔的幽默，跟我們很像。而且 Erik 跟我同年。我是文案撰稿人，Erik 也曾是文案撰稿人。我向他提議要不要跟新世界市場締結姊妹商店街，他回覆：「真有趣！下次大家一起去日本喔。」幾個月後，幫主 Erik、能言善辯的馬卡龍店老闆阿鏗、皮雕師暨劍玉高手 Fire、裁縫師兼口譯小宥、總是醉醺醺的黑輪店大哥等共十四人，從正興街來到新世界市場，進行了商店街對戰的桌球比賽、料理對決和表演比賽。雖然我們在表演項目獲勝，桌球和料理卻慘敗。這些只是餘興節目，主菜是簽訂友好條約的儀式。在眾人見證下，新世界市場的宮浦克巳代表與正興街的高耀威幫主在條約上簽名。仿效實際條約寫成如下條文：

「大阪新世界市場與台南正興街為了共同創

造地域的深化活性而交流。雙方在風格態度以及野貓的豐富性，皆有近似的本質。建立在如此的基礎下，我們打算秉持幽默感繼續強化彼此之間的關係，讓全世界看見街的力量，以下為締結條約」

締結的條約必須遵守。下次預計由新世界市場的成員前進台南。

◆祭己

二〇一二年開始，每年至少舉辦一次自我祭，至今已辦了十多次。剛開始是以我為主，跟各式各樣的人合作，這幾年我退居協助的角色，由 Kotakeman 和更年輕的人主導，年年持續推動。每一年都由兩名男子拉開一條長長的兜襠布，再由商店街的婆婆剪開，以「兜襠布剪綵」拉開序幕，接著進行變裝遊行、相撲，召喚幽浮後閉幕。

最初我們邀請知名藝術家，但付不出酬勞，有時本人沒來只是擺設作品，由我們設置作品，活動結束後撤除。最後決定「已經不用找名人了吧～」。相較於作品的完成度，創作者想要表現的心情更重要。比起習慣參與活動的著名藝術家，我們更重視非常想表現出來的業餘者。比起保羅．麥卡尼的第十六張專輯，默默無名歌手的首張專輯更有趣，要大量收集「首張專輯的震撼」。

小孩、高中生、大學生、上班族、爺爺，形形色色不同年齡層的人參與。還有年逾八旬的老奶奶前來參加。丈夫過世，孩子都離家，這位奶奶一個人在家的時間很長，出於興趣做了布草鞋。她鼓起勇氣第一次來擺攤，因品質極佳且價格合理，立刻銷售一空，後來我們收到她的長信：「我從年輕人那裡得到了力量。」

我們為了募集更獨特的演出者而到街上尋覓，發現奇特的人就一一上前邀請。我跟總在末班公車已過後於公車站吹奏口琴的爺爺搭話，被他拒絕：「還不到能在大家面前表演的程度，所以我才會深夜在這裡練習。」我也找了在難波車站前的一名男子，他戴眼鏡、繫領帶、穿襯衫，用認真上班族的外表把巨大塑膠桶當貝斯彈，自稱 Narancia，後來他參加了自我祭。

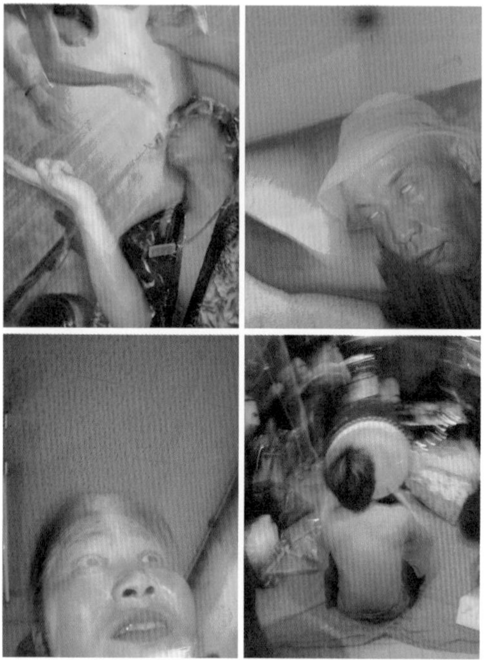

我下班回家路上，梅田的車站前有大聲演奏太鼓和金屬製打擊樂器鉦的團體，成員幾乎都頂著咖啡色頭髮、沒有牙齒。我鼓起勇氣搭話。他們是叫做「地車囃子神龍」的團體，全員都是生龍活虎的不良少年。他們成長環境雖大不相同，但喜歡祭典意氣相投，積極參與祭典活動。第一次請神龍來演出的自我祭，是在五坪大的狹小閒置店面裡進行。神龍用超大音量不停敲擊太鼓，

Naranica彈奏貝斯，大家配合神轎大跳舞龍，就像在位於地下室的非主流表演場地演奏祭典音樂。滿身大汗走出店面，外面是燈光已暗的商店街。這樣的地方會存在於哪一個世界呢？

我們把參加的門檻降到最低，甚至當天到場的觀眾也能變成表演者立即加入行列。參與表演跟只是觀看，兩者樂趣截然不同。對那些第一次表演的人，給他們勇氣、推他們一把：「因為有趣，什麼都可以，要不要試試看。」對那些不好意思的人，伸手邀請他們一起跳舞。對那些猶豫要不要越界的人，在後面偷偷推波。為了讓他們拋開自我，我們隨時準備好變裝用的服飾和化妝品。事實上，變裝後的人彷彿打開了開關，其中很多人待到祭典最後一刻。來自鳥取的得田原本只想稍微看一下祭典就回家，變裝後情緒高昂，結果在大阪留到晚上。一起從博多前來的兩個女生，就這麼變裝過了一夜，隔天直接搭乘最末班新幹線回家。

自我祭不是藝術活動，也不是音樂節，而是祭典。「祭典」是我們的堅持，我們各自去看了各種祭典。我當然沒有錯過大阪的天神祭、岸和田的地車祭等。以奇特的祭典為主到各地參觀，例如和歌山縣日高川町的「笑祭」，稱為笑男，裝扮像小丑的人邊喊著「笑啊～」，邊在街上遊行；品川區嚴正寺的「水止舞」，吹著大法螺，捆著乾稻草堆倒臥地面的男子，不斷被水潑；茨城縣龍崎市八坂神社的「撞舞」，沒綁安全繩索，在離地十五公尺高的柱子上做雜耍表演；隆冬裡穿著兜襠布、爭奪寶木的岡山市西大寺「西大寺會陽」等。祭典當天，一年僅此一次，那個地區的人變成主角。眾人相機對準，成為英雄，絕非藝人或名人。每個人都非常帥氣。日本需要更多祭典。舉辦祭典讓我發現，爵士鼓聲馬上會引來抗議，太鼓聲卻不知為何沒人抱怨。這是日本人對祭典的寬容。藝術變得更機敏，設計變得更巧妙。

自我祭有著洗鍊的藝術和設計裡逐漸喪失的原始力量。「祭典」原本就是為了解放人類原初根本的力量。表現「人類祈福之力」的物件之一，即大阪萬博主題館地標「太陽之塔」。自我祭創造的物件也帶有這樣的意味。可能因為同在大阪，那種氣勢不知不覺融入我們的身體。

正如「炒熱祭典振興在地」所言，自我祭和海報展擁有的巨大能量打開了緊閉的鐵捲門。自我祭現在的口號是「祭己」。這個口號是我打造的，用語言為自我祭添加故事是我的責任。神奇的是，這個詞與釜崎夏日祭典的標語「我等不服之民，在此祭己」非常相似。

從三個月大的嬰兒到八十三歲的老奶奶。從打工族到醫師。從釜崎的流浪漢到好萊塢男星。從素人畫家到專業畫家。從祭典不良少年到澀谷系音樂人。從迦納人到太空人。各形各色的人參與了自我祭，藉由皮卡空間連結，因此認識的人們又展開其他活動。怪人物以類聚，產生新潮的化學反應。倘若來到大阪，希望大家務必到新世界市場一遊。期待你們來看海報，來皮卡空間喝一杯，來參加自我祭。希望大家參與演出。自我祭的口號是「祭己」。沒錯，你就是神。

◆然後我就成爲傻瓜了

我莫名地感染了自我祭變裝的習慣改換裝扮。我穿上在撒哈拉沙漠買的摩洛哥圖阿雷格人服裝參加遊行，還扮過流浪漢。對於這類雖然身處城市卻明顯與俗世隔絕生活的人，我非常感興趣，想知道他們在街上看見的是什麼樣的風景。機會難得，所以我想扮成有些特殊的流浪漢，拿妻子的香奈兒香水仔細

流しそーめん

噴在身上，進行一場名為「好聞的流浪漢」表演。我在新世界市場的馬路邊，用紙箱打造了一個家，睡在裡面，在路上閒晃。當我睡在紙箱屋裡時，有個婆婆對我說：「我家啊，亂七八糟，一直很窮。我也沒辦法好好去上學，結果找不到好工作，甚至想著是不是要去陪酒。但是啊，我很幸運抽中了公團住宅喔。我心想不好好生活不行，就這麼努力到了今天。你也是，努力的話就會有好事發生，所以請先好好工作，因為你還年輕。」她給了我可樂餅。由於憧憬印度的修道士、苦行僧，我試著裝扮成他們的模樣。我曾經見過單眼失明的苦行僧，因而戴上單邊灰色隱形眼鏡。這是我人生第一次戴隱形眼鏡，朋友說做到這種地步很噁心。我也曾扮過「太陽大叔」這樣的角色，一吹吹笛就全部伸出去，吹笛帽是我一星期去四次五金材料行打造出的大作。

◆面向宇宙

二〇一五年的自我祭開始，我裝扮起了外星人，往後每一年都進行召喚幽浮的表演。說到為什麼我會開始這麼做，原因是我沒看過幽浮，絕對想看一次幽浮。我希望務必能在人生的集點卡上蓋上「看過幽浮」這一項。我想著要進行召喚幽浮的儀式。因此，我必須扮成外星人。提到外星人，最普遍的形象是叫做「小灰人」（Grey，羅斯威爾外星人），有著大眼睛、渾圓頭型的銀色外星人。不過，那是進口來的外星人形象。日本本土的外星人會是什麼模樣呢？我左思右想，最後想到繩文時代的遮光器土偶。我認為阻斷時代潮流、突如其來出現的土偶，一定是外星人。所以我決定打扮成土偶的樣子，每週去五金材料行三次，親手完成了服裝。

在自我祭的尾聲，舉行召喚幽浮的儀式。大家唱著召喚幽浮的歌，用玩具風琴演奏電影《第三類接觸》中召喚飛碟的「五聲音階」，配合「re-mi-do-do-so re-mi-do-do-so」的旋律哼唱，最後搞笑地把日清泡麵「U.F.O炒麵」從空中撒落。

二〇一五年「能勢電鐵藝術節」（のせでんアートライン，Noseden Art Line）邀請我們演出，這是「能勢電鐵藝術節妙見之森實行委員會」主辦的藝術活動，該委員會由位於大阪府北部、往能勢地區行駛的能勢電鐵和鐵路沿線鄉鎮組成。我應該做些什麼呢？正當我反覆思考時，偶然得知能勢文化的核心——能勢妙見山。妙見山自古就是受崇敬的靈山，時至今日仍保有北極星的信仰。北極星恆久位處北方的天空，能讓旅人知曉方位，因此被當作指引人生方向的星星，凝聚信仰。又因為北極星位置永遠不變，位於天空的中心，被視為上帝之星。時代變遷之際、世間混亂之時，北極星信仰的出現彷彿是為了指示新時代的方向。平將門、源賴朝、坂本龍馬、勝海舟也信仰妙見。現在正是那樣的時代。地震後這般迷惘的世間，我想需要的正是對北極星的信仰。我試圖恢復北極星信仰，創造出像是信仰北極星的新潮宗教集團。接著想到的是「北極星祭」，祭祀北極星。首先是前往能勢妙見山的巡禮之旅。數十人扮裝集團從能勢電鐵主要車站川西能勢口站搭上列車，在妙見口站下車，緩行於恍如出現在日本民間故事裡的山間聚落吉川。我們在當地的吉川八幡神社舉行祭神儀式。轉乘纜車、吊椅式纜車，抵達山頂能勢妙見山。向妙見菩薩禱告後，結束第一天。無論神、佛，還是外星人、美女，盡皆齊聚。

能勢妙見山有星星國王從宇宙降臨的傳說。為了實現這個傳說，隔天傍晚我們開始召喚幽浮的儀式，地點在妙見山的山頂，能將大阪平原和淡路島盡收眼底的絕佳位置。以象徵能勢妙見山的矢筈紋分配演員位置（譯注：矢筈紋是四片箭羽各轉九十度拼成的形狀，能勢一族家紋）。兩個星期前，其中一人夢到就像傳說一樣，光亮從天空灑落。他在夢中得到「祭祀八個孩子」的啟示，我想這一定是什麼徵兆。大家複誦八次「祭祀八個孩子」後開始演奏。太陽已經完全落下，星星現身夜空。我們各自面朝天空，又唱又叫、祈禱。還有吉川八幡神社的住持協同能勢妙見山的僧侶，結合唱誦祝詞與誦經不可思議地演奏。能勢電鐵的社長也朝夜空大喊。星星國王沒有出現。但我感覺到夜空中有四隻眼睛的剪影，感覺被那四隻眼睛盯著看。再堅持一下，星星國王似乎就會降臨。然而，已近結束時間，不停止演奏的話會有人回不了家。莫可奈何，以「為了向沒看到幽浮的人表達歉意，將送上U. F. O炒麵」作結。幾乎所有人都拿了U. F. O炒麵。

能勢妙見山的植田觀肇副住持表達感想：「最後的祈禱時間，吉川八幡神社的久次米住持等許多人同心協力祈禱，對我來說是相當寶貴的經驗。我在其中感受到過去應該曾經存在，最原始的『祭』。每個人都用不同形式祈禱，完全混亂無序的祈禱。我想那種狀況必然是隨著時代演化越加精煉，進而昇華為神道、佛教等宗教的層次也說不定。這次嘗試讓我感覺到，我們自己的祈禱是何等精煉，同時在混亂

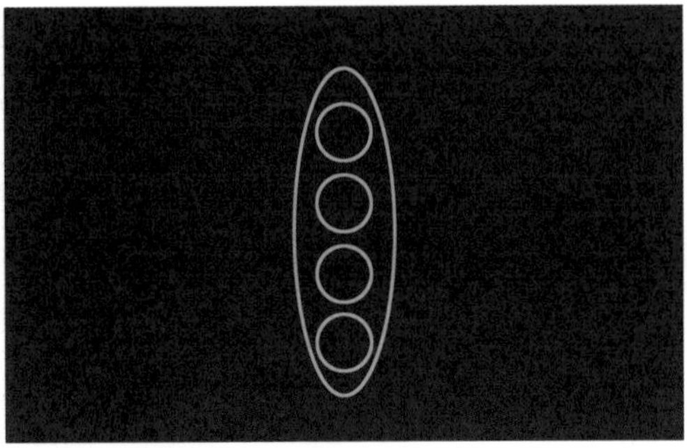

無序的祈禱中彷彿看見那些在精煉過程裡被剔除的某些東西。真的是一段很愉快的時光，是一步步顛覆了自己刻板印象的時間。我由衷感謝各位，能讓這樣美好的祈禱實現。」

在地人成為主角唱著、祈禱著、舞動著、叫著。在鎂光燈下發現了一些什麼，又回到尋常的生活。舉辦祭典的樂趣之一，就是能見證大家這樣的變化過程。祭典的神祕力量不僅在新世界市場，連在大阪最北端也運作自如。

我未能清楚看到幽浮。但是，另有後話。當時我跟在場的朋友Tsuyadama 說，我看到四隻眼睛的剪影，他看到一模一樣的形狀。其他還有四個人看到了這個形狀。我只看到剪影，不過好幾個人說它還發著光。能夠看到同樣的奇妙形狀，實在令人難以置信。幽浮來了。

它確實來過了。

那個時刻起，樂團「圓盤」（エンバーン）誕生。我到四十歲才開始組團，為了召喚幽浮而組織，沒有其他目的。成員約十人，有專家，也有業餘者。我們很快就受邀演出，二〇一六年二月，在大阪難波宗右衛門町的 Loft PlusOne West 舉辦幽浮祭。「圓盤」樂團現場演奏，卻沒能成功召來幽浮。我們當中好幾個人目擊過幽浮，我也親眼看見不明發光體。

在那之後，「圓盤」樂團經常受邀，還曾被邀請參加地下偶像的活動。我們跟十幾歲的偶像一起在休息室等待，在充滿年輕、香甜氣味的休息室裡待了好幾個小時。偶像表演數曲後，輪到我們演奏。觀眾傻了眼，全都跑到販售偶像周邊商品的攤位去了。會場裡一個人也不剩。

二〇一七年八月，我在兵庫縣猪名川町的大

野山舉辦「大野山大宇宙祭」。這項祭典是延續「能勢電鐵藝術節」。標高七百五十三公尺的大野山，山頂附近有天文臺和露營場地，位於周邊地勢高點，能三百六十度俯瞰景色。北有綾部和福知山，東是龜岡，西為篠山連綿群山，往南熠熠閃亮、宛若邪惡帝國的大阪平原一覽無遺。穹蒼星點滿布。山頂上的猪名川天文臺曾發現好幾顆新的小行星，場地非常完美。我們以「向宇宙喊喂～！大野山大宇宙祭」為題，召喚幽浮。

祭典自中午過後開始，先熱身，大人小孩一起創作外星語歌曲，製作太空衣，編排獻給外星人的舞蹈。夕陽西下，開始現場演唱。為了通知大家有現場表演，我們換裝後在場地內遊走。一群發光的怪誕人物在露營場地的綠色草坪上走著，抵達山頂會場。雲層之中，夕陽放射狀延伸，身處天國般的情景。在山頂架設的舞臺上，進行第一項演出：「給外星人的一發藝」〔譯注：一發藝係指一瞬間的動作讓人發笑或驚奇的單招才藝〕。朝宇宙大吼的男子、上班族在尾牙上表演的芭樂歌、丟擲雜耍、三天前被男友甩掉的女生演唱失戀歌曲等，採取現場自由參加形式，參加者朝向宇宙表演了各式各樣的餘興節目。半裸的佐伯慎亮大聲吹響大法螺、植田觀肇副住持站上舞臺正要誦經供奉時，黃昏的天空出現不明發光體。正懷疑是不是飛機，彷彿要讓我們比較一番，有飛機飛過一旁。飛機與那個不明發光體是性質完全不同的東西。

以黃昏的天空為背景，小 Oni，也就是佐伯真有美開始唱歌。強而有力的美聲是朝向宇宙的美麗祈禱，融入夕陽之中。夜幕開始低垂之際，不明發光體再度現身。這次它雖然還是出現在同樣的地方，但略微移動，忽明忽暗，然後又亮了起來，儼如在回應我們的心。

神田旭莉和芽倫濡組成的性感短劇雙人組「蝶惑星」，面朝天空開闔大腿，莫名的舉止讓山頂滿盈笑聲。她們就像為了引誘隱身在天岩戶的天照大神出現，跳著豔舞取悅眾神的天宇受賣命。西邊天空綻放煙火。這天是猪名川的煙火大會，從山頂看去，煙火在很低的位置，生平第一次俯瞰煙火。

葛瑞格里．蘇利文（Gregory Sullivan）開始演奏，名為里拉琴的弦樂器極為溫柔，將萬物全體包覆其中，讓宇宙與人類世界的感性趨於同調。那不可思議的音響，打開我們的心胸，我們的心完全暴露在宇宙之下。葛瑞格里演奏第三首樂曲時，柴田剛指著天空說：「有東西。」強光劃過天際。像人造衛星，卻不是一直線，而是搖擺扭動的。現場約莫一百人全都目擊。

接著是我們「圓盤」樂團登臺。我們朝向神奇宇宙演奏的蠢樣，讓會場融為一體。表演曲目是為了這一天創作的〈向宇宙喊喂～！〉，眾人齊唱「喂～！幽浮！」，跳著舞，牽起手圍成圓圈。世界完美了。我們專心演出，看不到其他東西，但在我們表演過程中，有人拍到不可思議的不明亮光。

假定我們看到的都是幽浮，那麼總計約看過五種光亮共十次。那是一場夏夜精采的天文秀。不管我們看到的究竟是什麼，無論大人還是小孩，所有人一起朝著天空大叫，萌生感動，在等待的時間裡談星星話天空。真的非常美妙。奇蹟之夜。

後來有一天，某家電視臺因為其他採訪到猪名川町，問當地的孩子：「暑假有什麼開心的回憶？」孩子們回答：「大家一起召喚了幽浮。」讓電視臺吃了一驚。他們來拜託我，希望在節目裡介紹。我看了播出的節目，小孩和母親開心講述著在大野山山頂發生的事：「我們一起喊『喂～！幽浮！』，召喚了幽浮喔。」

大野山大宇宙祭深獲好評，「圓盤」樂團邀約接踵而至。電通舉辦了邀集新創企業參與的募資簡報活動，我率領「圓盤」樂團演出。也就是說，我在自己的職場召喚了幽浮。遺憾的是未見幽浮蹤影。

我的小孩好幾次跟我一起，以「圓盤」樂團一員身分站上舞臺，他們學會了好幾首歌和動作。有時妻子看完演出提出指教批評。岳母為我們縫製舞臺服裝。對我這樣召喚幽浮的行動，作為我的家人，父親至今始終溫暖守護著我。我今後也想繼續召喚幽浮，夢想上太空去旅行。

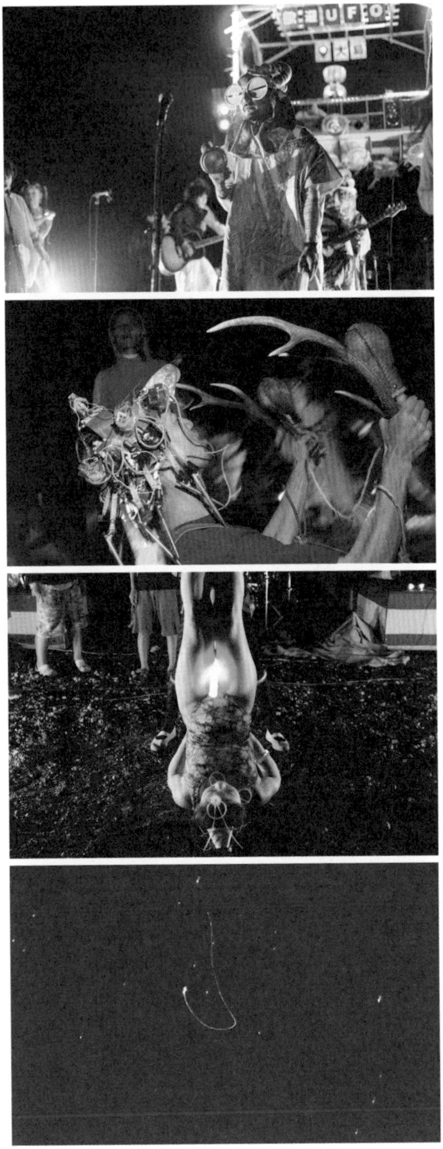

拍攝到的不明發光體

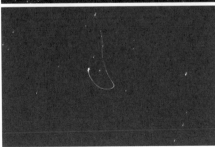

◆日下祭

二〇一五年，商店街海報展等成績受到讚賞，我獲頒「勇於行佐治敬三獎」（やってみなはれ佐治敬三賞）。這個獎項是頒給該年度關西廣告界最活躍、表現出三得利前會長佐治敬三先生精神的人（譯注：三得利經營理念為「志在新，勇於行」，彰顯這家總部位於大阪的日本代表性企業堅持創新的挑戰精神）。獎牌上刻印佐治先生所題的「夢」字，以及大阪廣告協會會長佐藤茂雄先生的簽名。佐藤先生也是京阪電鐵CEO，同時兼任大阪商工會議所會長。在文之里請我喝一杯的佐藤先生，正是佐藤茂雄會長。從佐藤先生手上拿到這個獎項，讓我非常開心。

既然得獎了，就要辦場盛大的感恩派對。我把獎金五十萬日圓全數投入，舉辦冠上我的姓氏「日下」的祭典，號召公司的人、商店街的人、新世界的夥伴齊聚一堂。派對食物全部來自新世界市場和文之里商店街。場地選在有FLOWER OF LIFE回憶的味園大樓一樓「味園Universe」，這裡原本是大型夜總會，現在作為大型表演場地。廳堂裡擺放著大概是客人和女公關坐過、反覆吸納慾望的呢絨沙發。行星般的常設燈具自天花板垂吊而下，正如其「宇宙」之名。舞臺背景平行設置紅、黃、藍、綠四色霓虹燈管，發出眩目光亮。舞臺上懸吊著毛筆書寫的「日下祭」看板，舞臺兩側大大的「日下」兩字閃閃發亮。會場裡空白的牆面和會場外張貼至今製作的商店街海報。千日前的熱鬧街道上貼著商店街的海報，那些海報誘使陌生來客好奇「這是什麼」而闖入會場。

我的夢想是成為王，這天是適合夢想成真的日子，是能夠任性而為的一天。首先是日本的王，所以我化身領主。我將自己的長髮梳成「丁髷」髮型，剃光頭頂前半部的頭髮，並從時代劇攝影棚租賃豪華衣裝，變身為織田信長。我準備好了，伴隨北島三郎的演歌〈祭〉，搭著神轎入場，巡行觀眾席，坐上事先擺放在舞臺邊的豪華藤椅，公司和新世界的眾位美女隨侍在側。

眾人一一為日下王獻上表演，這是日下祭的流程。公司和新世界的夥伴輪流表演，從傳說中的宴會餘興節目開始，草裙舞、民謠、讓人不明所以的相撲、前衛舞蹈等一一演出。日下王親賜金幣獎賞給表演者，那些金幣是巧克力。上半場結束，我為了換裝回到休息室。

我剪掉真髮髮髻，剃得精光，變身埃及法老王登場，開啟下半場。首先，新世界市場澤野會長和文之里商店街江藤會長致詞。接下來各種表演輪番上陣，模仿秀、饒舌、翻眼皮特技、演奏長號、鹿舞（譯注：日本傳統舞蹈，戴上鹿頭形狀、其下連接斗篷

遮罩的頭套，模仿鹿的動作劇烈舞動」、角色扮演者熱情演唱動畫主題曲、重現格鬥金肉人一幕、失敗作結的霹靂舞等等。山區搖滾風樂團 The Grace 約三十名成員占滿舞臺和會場空間，到處跳舞。電通關西分公司前社長內海先生也亂甩領帶，盡情跳著扭扭舞。

壓軸是地車囃子神龍。大太鼓的震動直達腰間，鉦的音色在會場內尖聲作響。鑲嵌在基因中的祭典之魂蠢動。所有人都跳了又跳，我也在跳舞。會場一片混亂。無論打工族還是菁英、不良少年或分公司前社長，全部混雜在一起。

最後由我致詞。我裹著一條兜襠布站上舞臺。對聚集於此的人感謝溢於言表，只是尋常說聲謝謝太無聊，因此我結束的方式必須有日下祭風格。

「今天雖然說是佐治敬三獎獲獎派對，但我只是想拿五十萬的獎金跟大家一起玩樂，僅此而已。我呢，得到佐治敬三獎的的確確會變偉大。我常常被在場的內海前社長叫到董事室。有這種傢伙嗎？沒有。媒體曝光率確實在增加。各位媒體朋友，謝謝！我也跟京阪電鐵那個佐藤ＣＥＯ喝過幾杯。還有啦，馬上啦，會和跟流浪漢沒兩樣、叫 Han 的傢伙去喝酒。有這種傢伙嗎？沒有！」

「喂，日下！」「你以為你誰啊！」抗議聲與物品齊飛。我不理會繼續說：「各位打工族也是，雖然跟我的年收入天差地別，你們不需要氣餒啦。就像以前一樣跟『日下先生』說話就好啦。聽好了大家。在這裡的打工族夥伴呢，他們的薪水少之又少，也有連保險費都付不起的傢伙。但是呢，他們啊，拚命地……」

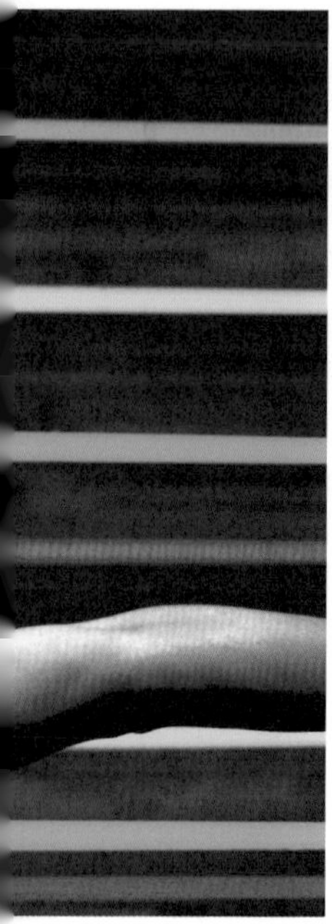

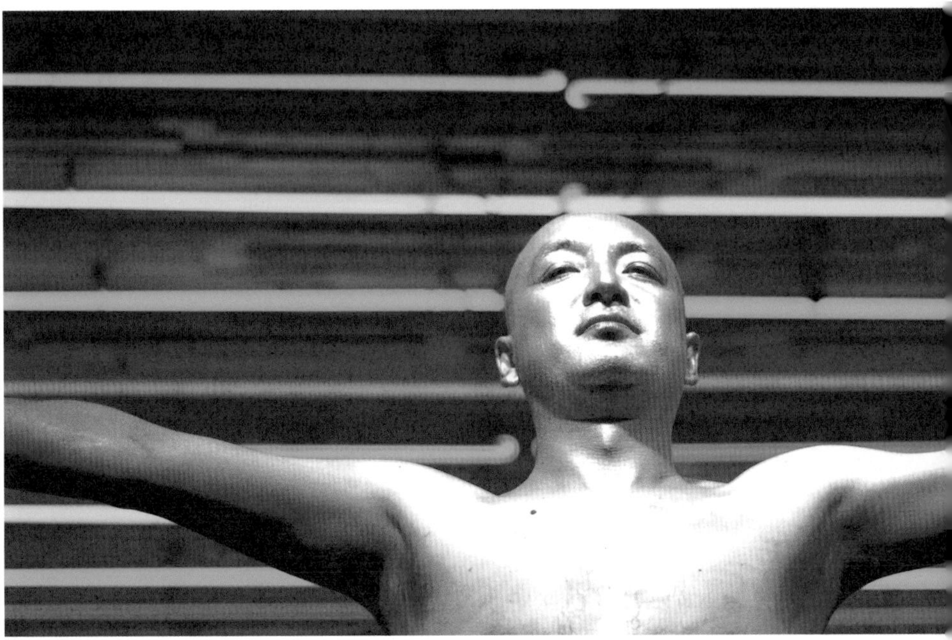

東西更猛烈飛來。裝飾用的銀色大字「日下」被丟上舞臺，砸到我身上。日下被拋向日下，讓我踉蹌了好大一下。我跌跌撞撞仍緊握麥克風繼續說下去。聚光燈打在我身上，燈光非常刺眼又溫暖。我張開雙腳，手臂直伸出去，呈大字形。身裹一條兜襠布，以全身接收光亮。整身金色的我光芒四射，這是我截至目前為止的人生中最光輝的一刻。我的迷途沒有錯，還好相信了自己，還好相信了廣告，還好我沒辭職。謝謝大家，謝謝世界。我是王，只有這天是王，是沒穿衣服的國王，外表也是裸露的。各種物品飛來，砸到我臉上、我頭上。我被淋了酒。有試圖脫掉我兜襠布的傢伙，有想抱我的傢伙。人不斷湧上舞臺，我人生中的配角不停登場。光亮中，妻子上臺。我不知道她有來。

妻子在身裏一條兜襠布的我身旁做結尾致詞。「雖然他講了這種話，但我想他其實很感謝各位。謝謝大家。」

銅鑼大聲敲響。裸體的國王被拋起，飛舞在色彩繽紛的味園 Universe 空中。祭典結束了。

祭己。拋開羞恥心和顧忌，成為傻瓜。

◆傻瓜的極致

二〇一三年三月，母親離世。那是妹妹過世兩年半後，我想應該是妹妹的死對她打擊太大。新世界、文之里的海報展受到好評，即將一帆風順之際，我的人生再度停滯。就像體溫降了三度左右，一直覺得很冷，寒風刺骨。沒有人可以替我驅寒，連家人也沒辦法。我孤身一人。

常言道七七四十九天，過了四十九天後，我的體溫逐漸回升。接著，身體與心臟動了起來，也稍微習慣了死亡這件事。我不能一直消沉。就像靜止的潮汐即將再起波瀾，我的人生再次開始流動。我沒辦法就這麼停止。所以我成為傻瓜，脫離常軌的傻瓜。我以變傻來克服母親的死。

人終有一死。碰觸遺體時的冰冷與僵硬，我懂得那是無法逃避的現實。死會讓人變成物質。

我也曾生病。自以為會一直健康時，毫無預兆地生了病。誰都無法保證能永保安康持續工作。以經驗與技術為後盾，不會始終無往不利。人生苦短，真的很短。遺憾卻很幸運，我親身體會了這點。

我養病期間，恰好發生東日本大地震。我已經無法一如既往地使用時間。如果不能在其中找出行動的意義，身心完全無法動作。沒時間做沒用的事。

賈伯斯罹癌後，每天站在洗臉臺前問鏡中的自己：「如果今天是人生的最後一天，那麼正要做的事真的是自己想做的事嗎？」我也試著這麼做了。早上起床洗臉後，問自己：「如果今天會死，我在這裡做這種事可以嗎？」只維持了三天，因為我怎麼都不覺得今天會是人生最後一天。但那之後，有件事一直擱在心上，就是「拋開羞恥心和顧忌」。因為害羞而什麼都做不了，因為顧忌他人而什麼都做不了，我下定決心不再害羞與顧忌。今後還有機會，曾以為下次再做就好，但機會已經不會再來。就算幸運地機會降臨，也是好幾年後，或是數十年後。那樣只是浪費時間，現在不做不行。因為這樣想，讓我對任何事都全力以赴。踏出第一步，成為傻瓜。所以才會在這裡寫這本書。

佛教有「大愚」的觀念。變得異常愚笨就能開拓人生，翻成英文便是賈伯斯所言的「Stay hungry, Stay foolish」（求知若飢，虛心若愚）。我的道路確實開拓出來了。二十多歲時，因為無法蠢到頭，所以我才那麼鬱鬱寡歡。明明能仗勢年輕氣盛，更愚昧、更傻、更蠢，卻莫名裝酷。現在拋開羞恥心和顧忌，毫無保留。成為傻瓜就會無比快樂。

成為傻瓜後，身為文案撰稿人，我獲頒佐治敬三獎、Good Design 獎，還有許許多多其他獎項。我與一般的文案撰稿人所處位置不同，身為稀有品種的文案撰稿人，順利進行著工作。

我身兼攝影師，幾乎每天拍照，將拍攝的照片上傳到「一窺囧鏡」攝影部落格。有餘力時也展出照片，參與和攝影師的對談，偶爾到攝影專科學校擔任講師。每天腳踏實地拍照就會帶來幸運。受到編輯都築響一先生青睞，得以在他的電子報上連載。我真的相當開心，自己的照片被長期關注前衛藝術的都築先生讚賞，達成不倚靠他人的力量，憑一己之力，製作有趣東西的目標。之後廣告工作也變輕鬆。即使不能做有趣的廣告，攝影有趣就好。放鬆到這種地步後，反而能做出有趣的廣告。真是不可思議。

召喚幽浮。為了召喚幽浮而成立的樂團「圓盤」，以兩個月一次的頻率現場演出。二〇一八年五月的時點，成功率是四成，不差的數字。演出邀約眾多。我的夢想是上太空去旅行。

進電通時，必須於介紹新進員工的刊物寫下在公司裡的目標，我寫的是：「成為前衛的上班族」。那時我是憑直覺寫的，現在回頭來看，宛如預言。我游移在廣告界、攝影界、音樂界、電影界、新世界、宇宙之間，可說是很前衛的上班族吧。個別的力量還需要變得更強大才行，但與二十多歲時有了天翻地覆的改變，我很滿意現在的自己。我想能走到這一步，是因為誠實跟隨自己的心，不閃避問題。對廣告察覺到的不對勁、對工作察覺到的不對勁、對社會察覺到的不對勁、對自己察覺到的不對勁，不是放任不管，而是審慎面對，試圖消除那份不對勁，這麼做讓我成為今日的我。

「逐二兔者，不得其一」，二十多歲時我就很在意這句話。我煩惱邊從事廣告邊攝影，會不會兩頭空，但不間斷耕耘十年後，兩者之間有了關聯，如今甚至連結上曾經非常喜愛的音樂、文學、對社會的關心。二十多歲時，我以為自己無所不能，卻一事無成；三十多歲時，我明白自己無法做到全部，但卻能做到某些部分。

就像支流匯聚成一道巨流，大河正在我的體內流動。它水量之豐、水勢之強，沖刷著許許多多人事物。這條大河看來暫時不會乾涸，仍將流轉不息。

後記

寫書不是工作，讓我有顧忌不在公司進行。回到家，正一字一句撰寫時，因小孩想玩耍無法專心。最後換過一家又一家咖啡館、家庭餐廳、漫畫咖啡店，才完成本書。因為是在工作空檔執筆寫作，花了大概一整年。我現在的心情就像一直大不出來的便便終於排泄成功，感覺神清氣爽。

我想先感謝突然從東京來到新世界，問我要不要寫書的編輯高部。我只能祈禱高部的眼光不會出錯，本書將會大賣。接受我反覆更動的要求，設計內頁的佐藤。我剛進公司就認識的設計師市野。世界上一定是我最常叫他畫圖的插畫家小路。還有總是微笑並給我靈感的新世界夥伴。既優秀又是對手，不能放鬆卻讓我無所顧慮的公司前輩、同期同事、後輩。告訴我可以隨興發揮的都築先生。讓我的人生增色不少的三戶小妹。使我憧憬撰寫文章和小說的偉大作家。與我這樣一個人有關的所有人。總是支持我的家人。真的很謝謝。雖然一直寫很辛苦，結束後又煞是寂寞。

謹將本書獻給逝去的母親和妹妹。

附錄

傻瓜打造的街區和廣告

本篇是附錄，將介紹我推動各式各樣專案，並從那些經驗中推導出的「好的工作方式」。平常我以「傻瓜打造的街區和廣告」為題演講，演講內容大致如本篇所言，希望能對大家的日常生活有些幫助。如果想親自聽我說，請找我去演講或進行其他活動都無妨。

有趣×有益社會

商店街海報展成功的原因，雖然幾乎可歸功於海報本身有趣，但只是有趣無法如此廣泛傳播。其中有著「有趣」與「有益社會」，也就是「有趣的海報」和「振興商店街」，包含這兩者就能讓計畫自然而然聲名遠播，不斷有媒體曝光。承蒙媒體介紹，商店街海報展不花錢就有極大的宣傳效果。

與電視、報章雜誌等的記者接觸後，我發現他們並非因為喜歡才想報導殺人、政治或緋聞。記者一直在尋找題材，對他們來說有價值的是「有趣」與「有益社會」兼具。把「有趣」與「有益社會」換個說法，變成「話題性」和「公益性」，就更清晰了吧。不具話題性無法引起大眾興趣，不能取得高收視率、瀏覽量。但光有話題性無公益性，不值得報導，這類資訊交給綜藝節目就好。反之，僅是「有益社會」太嚴肅難以形成話題。如果兩者兼備，就有極佳的新聞價值。即便不是有趣到極點，「有趣」相對於「有益社會」，五比五或三比七皆可（我的目標大多設為七比三）。許多人的目標是十比零，也就是想創作出與社會毫無關聯的「有趣」企劃，沒想過在這世界上有太多單純有趣的事物。在電影、小說、搞笑橋段、網路影片等所有媒介都是競爭對手的今日，廣告要靠有趣致勝異常困難。所以我才會刻意、處心積慮以「有趣×有益社會」，試圖讓計畫更廣為流傳。在有趣之中混入少許有益社會的部分，在有益社會的事物裡增添趣味。這麼一來，擴散的方式截然不同。

當然，獲得報導本身並非全部，以新聞報導為目標是本末倒置，但報導的效果確實很顯著，有些訪客是看了新聞前來。然而，更重要的是，獲得報導這件事對贏得信任大有幫助。特別是對年長者來說，「我們這裡上電視了！」非常有用，能夠立即讓他們信賴。

再者，「有趣×有益社會」將讓參與者越來越多。所有人都多少有著想讓世界變得更好的想法，但那些參與讓世界變得更好的活動的人，幾乎都是看來「意志高昂的一群」。一般認為這樣的人會創立非營利組織，從事需要更「高昂意志」的活動。只不過，如果活動中包含「趣味」的元素，就會接連出現越來越多「我也想試試看」的人。以商店街海報展為例，含括「製作獨特海報」的「有趣」和「振興商店街」的「有益社會」。女川海報展對社會的助益則是「幫助災區」。社會海報展具有「製作非營利組織海報」的「有益社會」意涵。不少廣告創意人和我一樣，懷有「鼓勵消費」的罪惡感。幾年前開始，「for Good」成為世界級坎城國際創意節的潮流。廣告的力量，也就是靈感、優質海報、創作影片的力量，不是為了提升商品銷量、品牌價值，也應該用於解決社會和地球的課題。這是我的想法。這的確是很棒的事，但平日工作中幾乎不可能做到。銷售提升了多少？知名度提高了嗎？點擊數增加了嗎？瀏覽量變多了嗎？這些加諸在廣告人身上，對他們而言，應該立即產生的廣告效果，無法以「雖然點擊數很少，但對社會有貢獻」作為藉口。因此，對創意人來說，能夠貢獻社會的機會意義非凡。

有趣×有益社會×有助於自己

對廣告創意人來說，自由創作的環境是獲得廣告獎的機會，能讓下一次工作變得更好的良機。事實上，很多參與本書提到的活動的人都得了獎。「想得獎」聽起來好像只想著榮譽很俗氣，但對製作廣告的人來說，比起滿足榮譽心，得獎作為精神安定劑的作用更強烈。得獎會讓我們安心。對年輕創意人而言，得獎是「能以廣告創意人身分堅持下去」的護身符；對屢次獲獎的創意人而言，是確信「我想得沒有錯」、「我還能繼續下去」的證明。這種確信將創造正向循環，讓我們心有餘力，從容不迫迎接接下來的工作，打造更好的東西，如此一來就能再度獲獎，可以將工作做得更好……。反之，沒得獎會像過去的自己那樣，「我就是很無趣，沒有才能……」，陷入惡性循環。從這樣的經驗中，我決定將商店街海報展打造成給年輕人機會並體驗成功滋味的環境。只要成功一次，就會相信自己「也是能做出有趣東西的」，漸入佳境。

這也是向公司和世界訴求自己「是能創造有趣事物的人」的機會。獲獎有助於推銷「我是優秀的創意人」；即便未得獎，仍能藉由海報展現自己的潛能。有參與者因海報活動表現而接到前輩委託的工作，「用那個海報的感覺寫企劃」。女川海報展的參與者大多自由接案或隸屬小型組織，海報展成為他們獲得委託案的契機，「我想跟設計出那個有趣海報的××一起工作」。作品是他們的強力宣傳，幫助他們自我推銷。

對廣告創意人來說「有助於自己」是指「得獎」，但每個人各有其「有助於自己」的事物。我在東北災區見過好幾個學生義工，他們當然是抱持貢獻災區的心情來到東北，但除此之外，時而能窺見他們的算計，因為擔任義工有利於找工作，對學生來說也是「有助於自己」。其他譬如參與某些計畫而拓展人脈、認識潛在客戶等「有助於自己」。即便另有謀劃，如果他們的行動能讓社會變得更好一點、讓小地方的社會動起來，我想那就是美妙的事。

有趣×有益社會×有助於自己×只有我能做到

「只有我能做到」這項與眾不同的特質，讓前述海報展有別於其他計畫，更顯突出。只有文案撰稿人和藝術指導這類職業能製作海報，所以可創造有別於其他的強大事物。就算我們打掃了商店街，我想也不會變成新聞吧。

有句源自拉丁文的口號：「為公眾利益」（pro bono publico），簡稱 pro bono，意味著為社會義務貢獻專業技能。雖然起源是律師為市民提供免費法律諮詢服務，如果以振興商店街為課題，工匠可以協助整修閒置店鋪、會計師可以幫忙商店街處理會計，這些獨特能力可以創造新的差異。

以「有趣」、「有益社會」、「有助於自己」、「只有我能做到」四個範疇的重疊之處為主軸撰寫企劃，就能打造難以撼動的東西。請在思索企劃時參考。

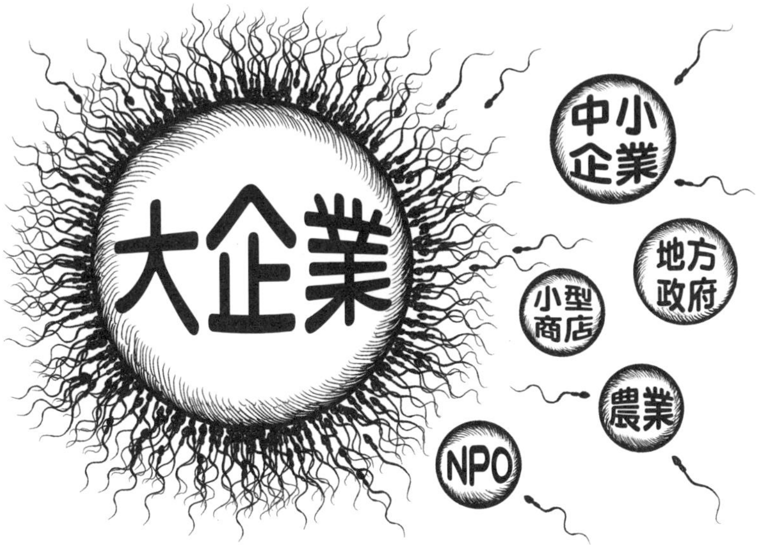

在供給不足之處提供

我待過大阪和東京的廣告創意第一線，以前曾有個疑問，就是創意太集中於東京，而且超過需求。舉例來說，A公司推出新商品，新品宣傳活動的競圖比稿眾家競逐，從電通、博報堂、旭通DK、大廣等綜合廣告代理商，到名為創意設計工作室的小型企劃公司。假設十家公司受邀，每家各提出三個方案，共計三十個方案，其中只有一案會雀屏中選。除了每家公司提出的三個方案之外，還有更多方案胎死腹中。如果每個團隊有三名創意人，一個人想出二十個點子（二十個算少的了），就有六十個方案，再從中提出三個方案。若十家公司各想了六十個方案，中選機率將是六百分之一。何況選中的那個方案不一定是最好的。

正如商品的供給大於需求會讓價格下降，

創意供過於求會讓品質降低。然而，在首都東京以外的地區，創意的供給遠遠不足，需求卻非常多。除了企業之外，那些地區還面臨許多問題。廣告創意人能解決的問題多不勝數，但沒有供給，只要供給了一點創意就會馬上被採納，像乾癟的海綿吸取大量水分那樣吸收創意點子。也就是說，將創意提供給小地方，通過的會是優質方案。不去東京同樣能在這些地方做有趣的事。廣告創意人幾乎都憧憬東京，想著能去東京的話應該就能做更多有趣的事，有更多懂創意的客戶。事實上我也曾這麼想。然而，首都以外地區有更懇切的需求，所以才必須供應給他們。如果提供創意點子，就能讓該地變得更好。我參與的那些計畫如此，其他也是。鹿兒島的ODK正是進入沒有設計的地方，提供設計創意。

讓創造的過程變得有創意

商店街海報展的成功讓我開始相信廣告創意人的潛能。我曾經有偏見，認為相較於藝術、電影、漫畫、文學等其他領域的創意人，包含我自己在內製作廣告的人沒那麼有趣，事實卻非如此（事實上，部分原因是其他領域的創意人看不起廣告人）。就算缺錢、沒藝人，廣告人如果能將用在「通過」的精力變成用於「製作」，便可創造出舉世騷動的強烈表現形式。不是著名創意人的新人也做得到，廣告創意人並不遜於其他領域的創意者。

然而，現況是仍須將精力用於「通過」，所以我認為必須讓創造的過程變得更有創意。例如近畿大學的廣告，雖有收費，他們卻願意給我們完全的自由。將全副精力投注於「製作」，這是理想。就算難以達到目標，也可如大丸松坂屋一案，至手繪草稿為止——讓客戶過目，其後我們自由發揮。盡量減少將精力耗費在「通過」上。我每天都在嘗試可於商業領域做到什麼程度，而非僅限義工範疇。

重量甚於重質

海報展的作品數量遠多於其他廣告宣傳活動。新世界市場約一百二十張海報，文之里、伊丹則約兩百張。我想如果是萬中選一的一兩張，不會掀起這麼大的話題，因為有近兩百張海報才形成話題。坦白說兩百張裡面也有不那麼有趣的，但比起一張一張仔細欣賞，只要連續瀏覽許多海報的感想是有趣就可以了。三戶夏芽的音樂錄影帶是一樣的道理，只有一支影片可能就不會掀起話題了吧。相較於品質，以量取勝。

如今是偶像團體成員都能有四十八人的時代，或許已是重量甚於重質的年代。廣告可能是一頁報紙、車站或電車的一角、十五秒或三十秒電視廣告等，媒介有限。商店街裡有很多空間，網路上的空間無限，所以我們才有辦法促成這樣的活動。相較於呈現品質超群的單一物件，展示多件優質作品，更能讓大家心中留下印象。重量甚於重質，也是我從編輯都築響一先生身上學到的。我以攝影師身分在都築先生的電子報連載時，他只有一個指示：「要更多的照片。」都築先生的文稿總是搭配大量照片。如此一來，得以到達的世界，是只用一張照片無法企及的領域。

我個人認為從零分到七十分的勞力，與從七十分到一百分相同。要讓已經及格程度的東西更臻完善

需要許多時間，因為必須更著重細節。在海報版面上可能是幾公釐，在影片裡是零點一秒，在文章中是不斷斟酌的修正作業，耗費莫大精力。當然，最後精煉的成果將創造出魄力。一百分的作品具有巨大的力量，能做到這點才是一流專家。我非常不擅長這種事，不甚在意細節差異。即便盡力打造出還算注重細節的作品，也總會思量看的人是不是想著：根本不需要把力氣耗費於毫米之差。製作一件一百分的作品，不如製作兩件七十分的。對一件執著到底，不如再做另一件。這逐漸變成我的風格。

大量累積，形成品質卓越的一項事物，成果正是商店街海報展。講述大丸松坂屋的案例時曾提過，公司前輩評論那是「民族誌創意」。不是從企業、縣、市、鄉鎮等總體出發，而是匯聚個人、店家等個體代表全體。匯聚一百位員工就能看見名為「大丸松坂屋百貨」的品牌。

課外活動

商店街海報展的誕生源自我參與了自我祭，而能參加自我祭是因為我沒有放棄攝影。與公司無關的課外活動，讓我成就只悶頭待在公司裡無法達成的突破。Google 以前有條百分之二十的規則，必須花百分之二十的工作時間，從事與平常業務不同的事務，「必須」也就是一種義務。電通有很多人從事音樂、戲劇、格鬥技等課外活動。我的課外活動促成商店街海報展誕生，而我的另一個課外活動召喚幽浮也逐漸變成了工作。

課外活動當然不會馬上變成工作。正當我因為這樣賺不到錢，不知如何是好時，新世界市場的澤野會長對我說了一句至理名言：

「日下你聽好了，雖然現在沒賺到錢，但你正在賺到人。」

正如澤野會長所言，人際關係如今帶來了工作。

自己的舞臺自己創造

年輕時愚蠢的自己，經常跟身邊的人說：「請給我一些有趣的工作啦」，卻完全沒工作上門。現在回想起來，那是理所當然的。因為我這個人根本沒在做有趣的事，所以才沒有有趣的工作找來。那時我把要做些什麼有趣的這件事，全賴在別人身上。

有趣的事要自己創造，只是等待等不到任何東西。即便幸運獲得機會，只是受託，多半必須遵從委託人的意見，可能無法做自己真的想做的事。既然如此，不要管那麼多，自己做主。自己的舞臺自己創造，沒人可以對我指指點點。

巴黎時裝週等時裝秀上，走秀的是身著「那種衣服平常誰會穿啊」前衛服裝的模特兒。這是各品牌最革新的創意發現，但秀上發表的服裝幾乎不會陳列在店面。東京車展也發表「這到底怎麼開」的未來汽車。製造的行業裡區分為日常生活與節慶這樣普通與特殊的兩部分。我以為廣告或其他工作也應該有這樣的舞臺，希望能有製作「那種東西平常不可能啦」前衛作品的環境，讓製作的人能百分之百發揮那無法抑制的創意。如此一來，未來某天會有助於推廣工作。

打造自己的藍海

生病之前，我只是一逕走在所謂的廣告創意人之路上。磨練身為文案撰稿人的技巧、得獎，負責更上一級的客戶，最後成為明星廣告人，每天一步一步前行。但這條路上並行者眾多，成為明星的道路嚴重塞車，卻不走不行，因為我看不到其他的路。接著得到ＴＣＣ最佳新人獎，我看見了明星創意人的路，卻生病了。

回到公司又重返這條路時，我省悟自己已經無法繼續在這條路上前進。拖著尚未完全痊癒的身體，我不可能跟其他人以同等程度工作，那是比我更有才能的人、比我更努力的世界，我不可能贏得了。所以我偏離了軌道，想方設法逃到無路之處，反而來到只有我的地方。因為只有我一人，所以我一直是第一名。對其他人來說，在這裡的只有我，所以非常重視我。只有我能做到的工作找上門來。從競爭中勝出固然極為重要，但我也勸大家從競爭中退出。

留存

我在工作中一直思考「留存」一事。廣告的壽命，報紙是一天，貼在車站的大眾運輸廣告大致一兩週，電視最長三個月左右。

新世界市場的海報從揭幕到現在已經過了五年仍然存在，如今依舊引人注目。在新世界市場貼出海報後一年，登上了報紙全版，這是因為留存才得以發生。文之里的活動結束五個月後在網路上爆紅，然後三年後又登上新聞，那也是因為留存才可能發生。

大野市的計畫同樣如此。雖然我想跟大野市維繫關係，但不知道能參與到什麼時候，所以我在大野思索的是如何「留存」最多。留下歌曲，留下海報展的作法，留下攝影集，留下照片和文字的技術。

同一時期在奈良縣櫻井市的工作也是如此。受櫻井市委託吸引入境旅客，但要對全世界宣傳，單由櫻井市來發聲是沒有意義的。因此，我提案進行更大範圍聯手。將櫻井市、天理市、宇陀市、曾爾村、御杖村、磯城郡等組成YAMATO（大和）區域，以此為主體提供資訊。用YAMATO為名製作了小冊子、網站和影片，小冊子和網站都留存。但我最想留下的是「跨域聯合行動」這樣的關係，也就是名為YAMATO的區域。

我認為「軟體性硬體」似乎符合現今的時代。留下硬體，會被批評是「只蓋蚊子館」，不符合時代潮流。留存仍會保留一段時間的軟體相當重要，如歌曲、海報、作法、關係。只要商店街存續一天，商店街的海報就會一直存在，〈回到大野吧〉之歌也會年年傳唱不停。如果可能，我希望可以留存數十年、數百年。當然，還有這本書也是一樣的道理。

ポスター？
はよ作ってや。
死ぬで。
お疲れさまでした。
大 大嶋漬物店
二〇十三年七月二十三日閉店

拋開羞恥心和顧忌→成為傻瓜

在大阪，「你真傻啊」（お前アホやなあ）是最高級的讚美。這句話的意思比較接近「你真是做了啥非比尋常的有趣事」。或許織田信長口中的「蠢貨」（うつけもの，腦袋空空者），意思大同小異。

鹿兒島也有「莽人」一詞。我一直留心要當傻瓜，特別是在振興地區的工作上更是如此。地方創生常言：「能活絡一地的是年輕人、蠢人、外人」。我在大野和新世界都是「年輕人（雖然並不年輕）、蠢人、外人」，所以才能有不錯的成績。我真心認為成為傻瓜才能讓地區活絡。然後，我往返小城市，看了各式各樣案例的結果，確信那是事實。

長野奧信濃有一份受歡迎的免費報紙《鶴與龜》，上面刊登的幾乎都是老人的照片，發行人小林真的是傻瓜。我心想為什麼只有鄉下老人照片的免費報紙能夠存在，如果不是真傻根本不會想做吧。其他國家也有人在推動傻傻的街區振興活動。台灣台南市的正興街有年輕人做著傻事，五年前幾乎沒人走動的街上，如今變成台南最受歡迎的景點之一。他們也很大程度參考了商店街海報展「傻傻自暴自棄」的精神，持續推動著有他們自己風格的振興活動。我們之間有相當程度的共通之處。

小林先生的著作《鶴與龜　祿》（鶴と亀　禄）卷末有如下文章：

如果問奧信濃爺爺奶奶的魅力是什麼？
回答會是生活能力之高、生存能力之強。
的確這些都是，但我不認為它們是最重要的。
是什麼呢？我腦中馬上浮現的是
在奧信濃這般絕非容易生存的地方，

講著「算了啦」邊活下去之類。
也因為我自己現在，在出生長大的奧信濃，
試著想要那樣活下去。
我想這些爺爺奶奶，
沒什麼機會選擇他們要在哪裡生活，
幾乎都是「算了只能在這活下去啦」，
而生活至今的人。
我卻是相反，從小在被告知想做什麼都可以，
想在哪裡生活都沒關係的情況下長大。
承蒙這便利又自由的時代，我能去許許多多地方，
能在網路上看各式各樣資訊。
但是，容易生活的地方好似也有辛苦之處，
為了「美好生活」而必須取捨的已經太多，
變得有些麻煩。
那乾脆，就在我出生長大的奧信濃「算了啦」活下去嗎之類的。
雖然我嘴裡說著，算了啦、算了啦，卻不是那麼悲觀。
～中略～

今後我將想辦法在不會死的程度下，在奧信濃
「算了啦」活下去。
「就像爺爺奶奶一樣」。

我發現下定決心「雖然想去大都市，但算了啦，就在這裡做吧？」，轉換心境：「那麼把現在生活的這個地方變有趣」，才能振興當地。這是組織無法達成的。現在隸屬的部門不有趣，轉換到其他部門或許就能變有趣。目前所在的社會不適合我，如果是其他社會一定能做到原本我想做的。確實可能如此沒錯。但我認為此時就在此地嘗試，可能更加重要。

那麼，現在該怎麼做呢？答案是拋開「羞恥心和顧忌」變蠢，像個傻瓜試著去做。我認為唯有如此，才會事竟成。

大阪、東京、名古屋、仙台、福岡、大分、大野、飯山……各地的傻瓜做著開心的事，文化群雄割據的時代來臨就太棒了。彼此尊敬：「您做的真好」、「您也是」，讓日本更加豐富，我們所居地區更加快樂。我今後也將繼續在大阪這個城市，那樣這樣地胡鬧。有點講太多了，就在這裡結束吧。

海報展作品集

2

1

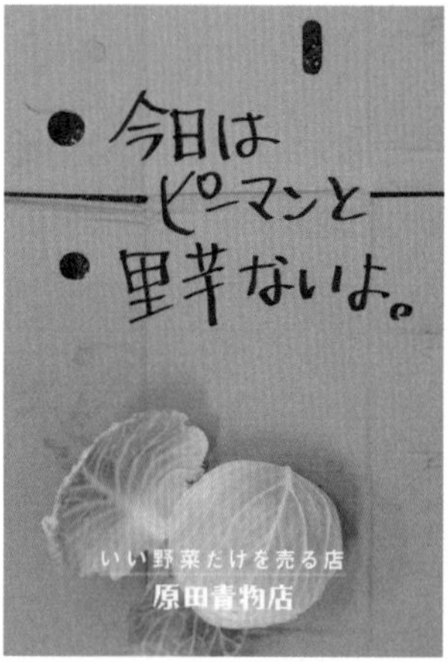

3

6

5

4

新世界市場

歌詞のない、
恋の歌だってある。
ようこそJAZZへ
hand-made JAZZ
澤野工房

8

どこへも行かずに、
どこかへ行きたい。
ようこそJAZZへ
hand-made JAZZ
澤野工房

7

売り上げより年金の方が多いわ
チエンスター
綿カード巻
生田綿店

10

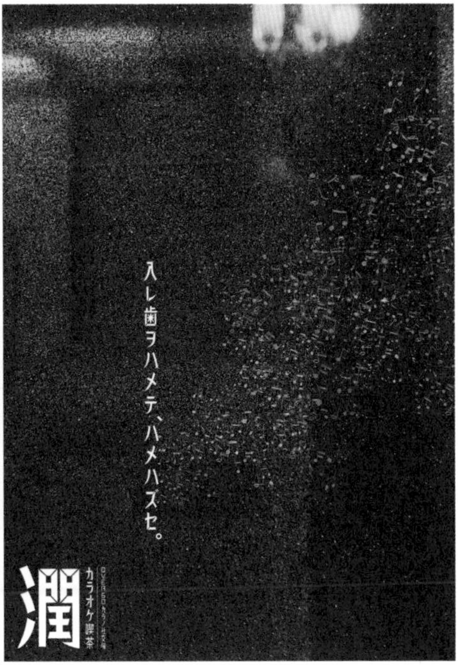
入レ歯ヲハメテ、ハメハズセ。
潤
カラオケ喫茶

9

11

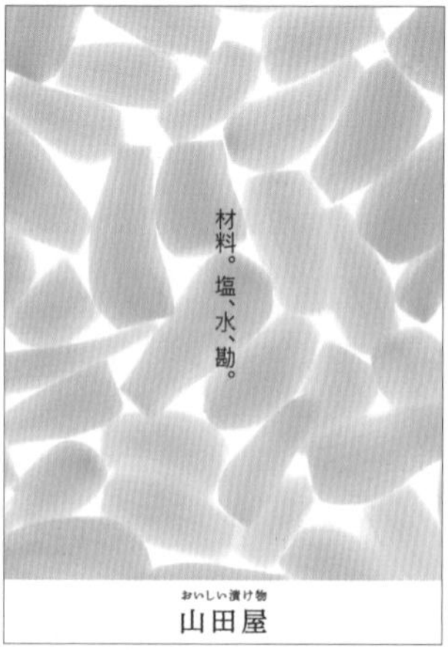

12

13

14

15

16

17

18

新世界市場

旨いもんが多い街は、
洗いもんが多い街。
新世界のキレイを支えて100年
ミヤウラの台所道具

19

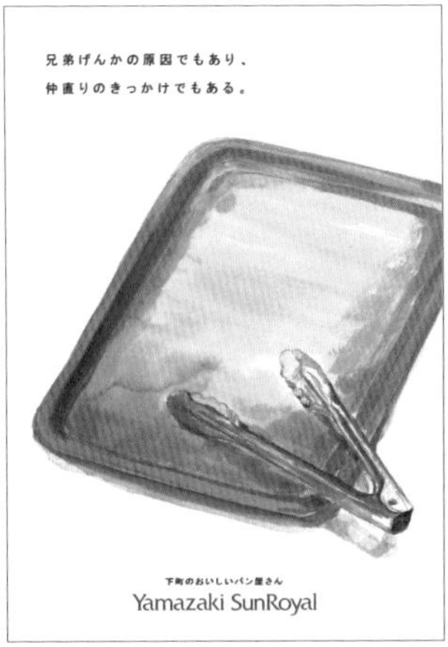
兄弟げんかの原因でもあり、
仲直りのきっかけでもある。
下町のおいしいパン屋さん
Yamazaki SunRoyal

20

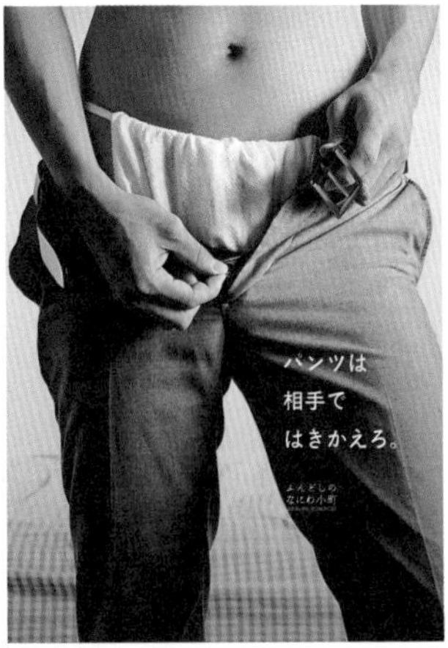
パンツは
相手で
はきかえろ。
ふんどしの
なにわ小町

21

これぐらいの
おはぎ
作りたい。
中山菓舗

22

1個ぐらい食べても
バレへんよね。
中山菓舗

23

愛してるで。
黙って作りなさい。
中山菓舗

24

週休2日にせえへん？
中山菓舗

25

http://www7b.big
lobe.ne.jp/~naka
yamakaho/
中山菓舗

26

清き一丁を。
ふみのさ党
眞ちゃん
選んでください
眞ちゃん豆腐

2

買わんでええから見にきてや
文の里商店街ポスター展
～商店街再生のために若手クリエイターたちが制作した180枚のポスター展～
2013.8.28-12.31

1

あなたと
一緒に
いたいから、
今日は
終電を殺します。
大人のガソリンスタンド
オカジマヤ酒店

3

好調な時の方が
商売はこわい。
誰かがブレーキかけんと
怪我するんよ。
あなたの会社の
「今」と「将来」を応援します。
結城順吉税理士事務所

6

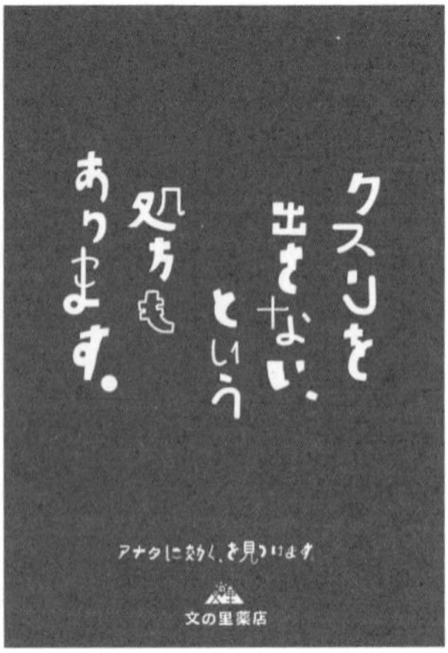
クスリを
出さない
という
処方も
あります。
アナタに効く、を見つけます
文の里薬店

5

これ、スズキ。
僕、ハマグチ。
さかな、すきかな？
鮮魚
はまぐち

4

文之里商店街

FUMINOSATO SHOP STREET
まいにちに、ものがたりを。
バンビー
世界で一番カワイイのはだあれ？
7

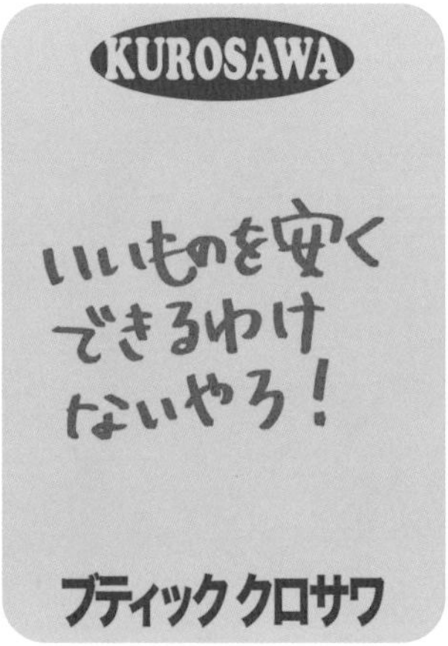
KUROSAWA
いいものを安く
できるわけ
ないやろ！
ブティック クロサワ
8

当店は、
敵対的M&Aには
あらゆる手段で
徹底対抗します。
グローバル経済より、どローカル経済
毎度ありがとうございます。
チキンショップ マルチク
9

家をさがすことは、
帰る場所をさがすこと。
心を動かす不動産を、さがそう。
ES-MAGA
10

あ、パティシエの牛飼さんは酒太りです。
Pâtisserie Alchemist
11

お父さんの
好きなサカナは、
肉でした。
おうち焼肉しませんか。
焼く肉 なかの
12

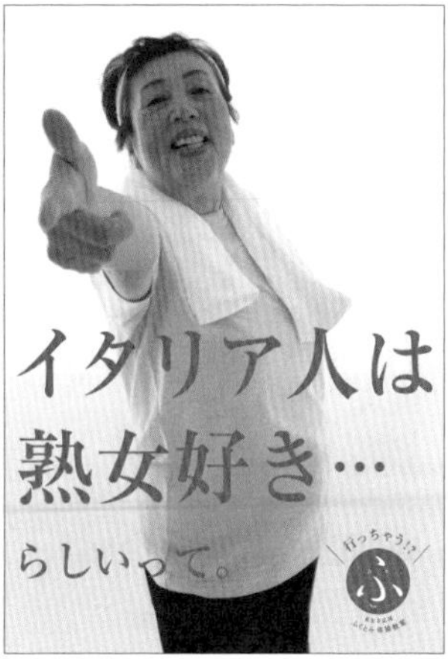
イタリア人は
熟女好き…
らしいって。
行っちゃう!?
ふ
13

アジアの文化も、
ヨーロッパの文化も、
わたしからしたら、
みんな同じお茶の文化です。
お茶と陶器にこだわりを。
yamataen
14

とんとんとん、
ふつふつふつ、
おいしい時間を
したく中。
お昼に帰るいえ。
萌木星
15

16

17

18

19

20

21

22

23

24

文之里商店街

洋服は、
流行ってる時点で
もう時代遅れやで。
あなただけの一着を作ります。
Adorn

26

どうして当時の私がこれを仕入れたのか、
誰か知りませんか？
伊万里焼の大壷　4,500,000円
ガラクタか、宝物かは、あなた次第
ギフトと雑貨 マエダ企画

25

人と同じなんて、柄でもない。
テイラーメイドの
若葉服飾

28

酔ったふりするから、
家まで送るふりもして。
お酒は、使える道具です。
かとう
CELLARS
株式会社 加藤酒食料品店

27

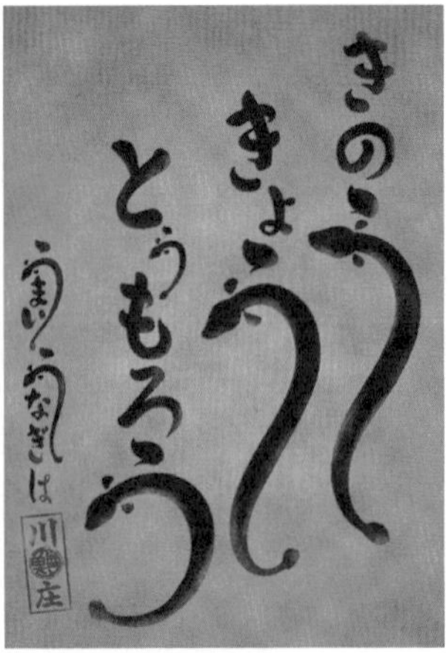

29

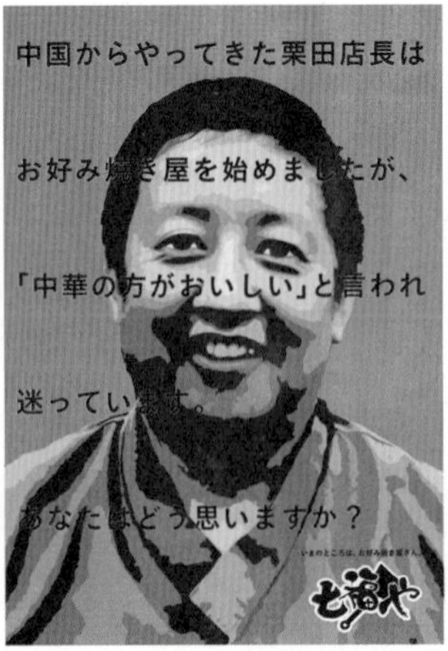

30

31

32

33

34

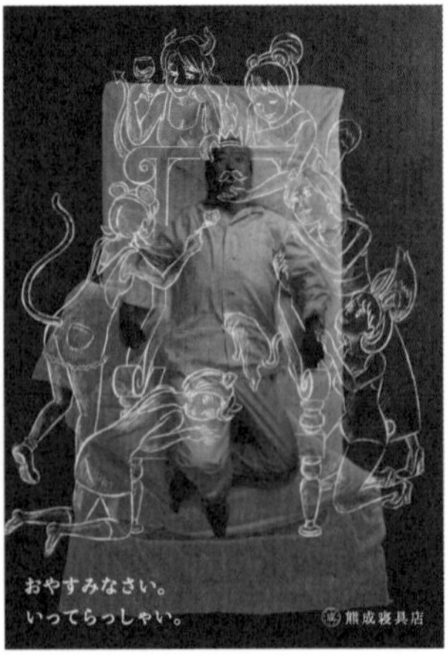

35

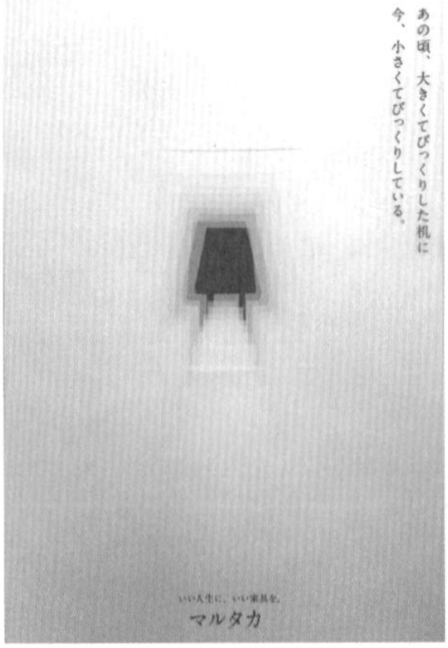

36

37

文之里商店街

AMIY
LADIES FASHION
Madame Fuminosato
服を楽しむことは、人生を楽しむこと。婦人服アミー。

38

お母さんがいない人の
お母さんは、
誰がするんだろう。
オヤジがつくるオフクロの味
コバヤシ

39

お客様の
着物のことで、
しばしば
姉妹喧嘩を
いたします。
姉妹でやってる 着物のお店
姉妹屋

40

似合ってなければ
口には出さず、
顔に出しております。
SALE 20% OFF
ひとりひとりと向き合う
婦人服のウシダ

41

42

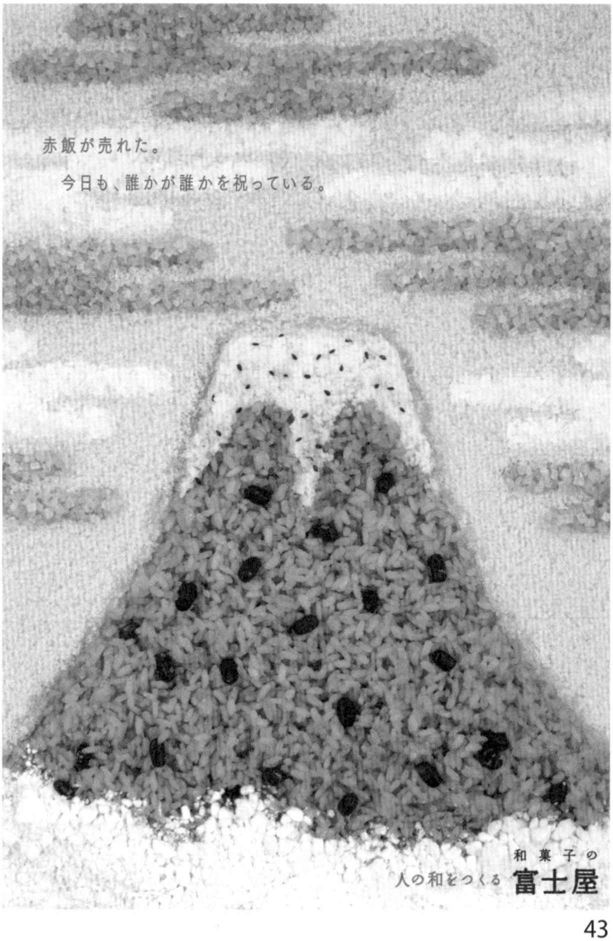
赤飯が売れた。
今日も、誰かが誰かを祝っている。
和菓子の
人の和をつくる 富士屋

43

来月どの色買おか、と思てる間に長生きしてたの。
ドリアン

44

男のために化粧してるうちは、お子ちゃま。
ドリアン

45

年いったら、美人かどうかは美肌かどうかやで。
ドリアン

46

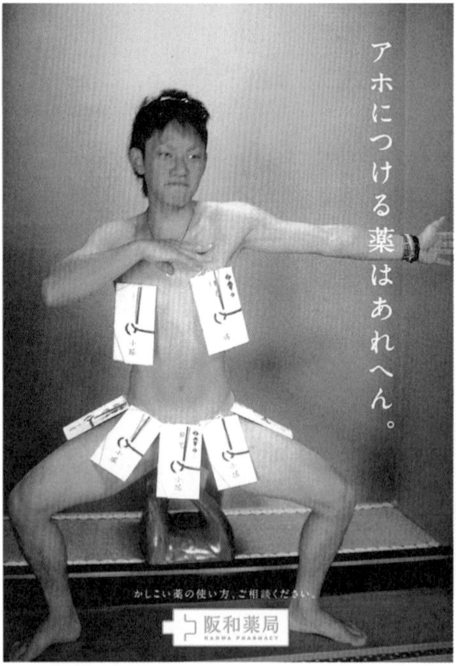
アホにつける薬はあれへん。
かしこい薬の使い方、ご相談ください。
阪和薬局
HANWA PHARMACY

47

文之里商店街

紀の川漬
大嶋漬物店
ポスター？
はよ作ってや。死ぬで。
お漬かれさまでした。
大嶋漬物店
二〇十三年 七月二十三日 閉店

やっと気付いた。
この仕事、しんどい。
お漬かれさまでした。
大嶋漬物店
二〇十三年 七月二十三日 閉店

シャワーが
止まらないんです。
アフターサービスの限界に挑戦。
下村電気

遊ぶで、これから。
お漬かれさまでした。
大嶋漬物店
二〇十三年 七月二十三日 閉店

島買いてえなぁ、島。
大きいこと言おう。
白雪

2

渡多邊邊邊邊
そのイライラにほっとするお茶を。
みどり園

3

買わんでええから見にきてや
開華亭
カーテンギャラリー
アルファ
伊丹西台ポスター展
〜地域再生のために若手クリエイターたちが制作した150枚ぐらいのポスター展〜
2014.11.01—2015.03.01

1

次から次に
新しいメニューが
増えてく、
覚えられん！
アイデアがひらめいてしまって
シェフの居食屋
CHU厨

6

カッコつける日も、
たまにはあったほうがええよ。
はなかご

5

鹿しか。
鹿料理が自慢の
アントン
イタリアンレストラン

4

7

8

9

10

11

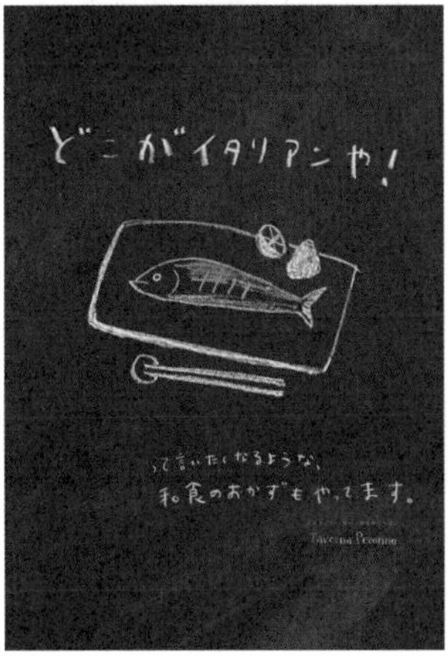

12

13

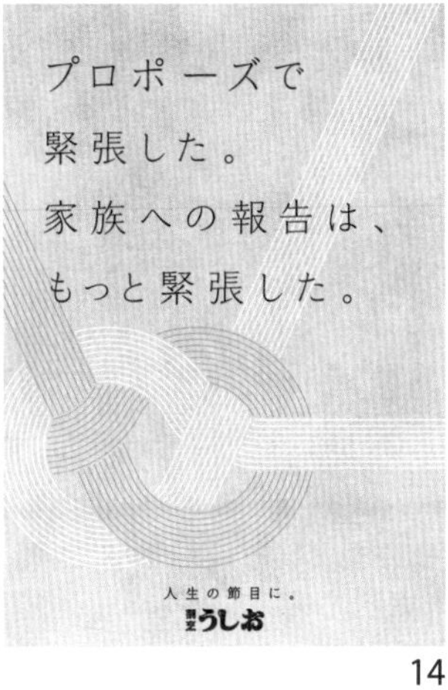

14

15

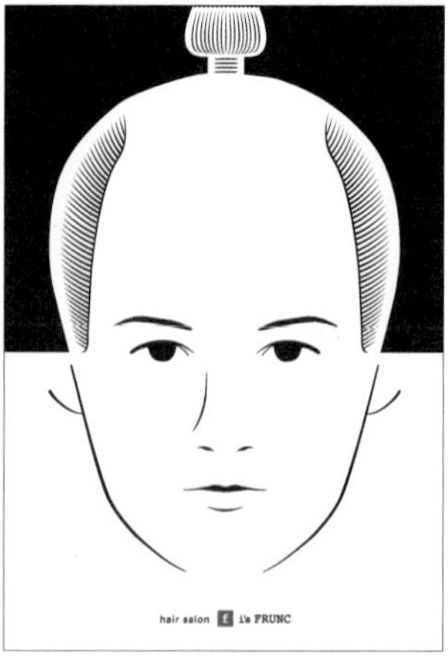

16

17

18

19

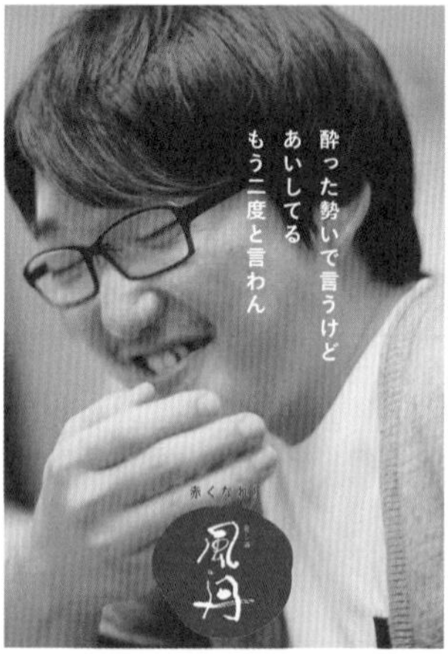

20

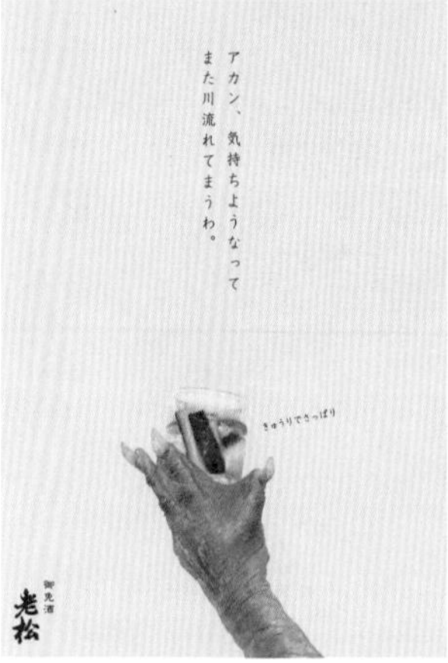

21

22

23

24

伊丹西台

では、ねぎまになってきます。
比内地鶏専門
とりしげ

25

あ、
けさ産んだ卵も
持ってこれば良かった。
秋田の大自然から来ました
比内地鶏専門
とりしげ

26

こんなところで
食べられるわけにはいかない。
秋田の大自然から来ました
比内地鶏専門
とりしげ

27

どうもー、食材です。
比内地鶏専門
とりしげ
秋田の大自然から来ました
比内地鶏専門
とりしげ

28

とりあえず、ひまわり持とか。
子どもには、ひまわり。
Star Love

31

あんたはDや!!
見たわかる
下着とカバン
マツヤ

30

ぐっすり眠れる部屋にしたいんです?
数百年くらい。
カーテンで
あなたの世界
開きます。
カーテンギャラリー
ALFA

29

ワインの
深みに
ハマる夜。
まつだ屋

34

バイトから
社長を
受け継いだ。
割烹
うしお
三代目襲名

33

商談成立ハ、マダ。

32

どれほど時間がたったでしょう
ふくろうの声とともに
空にはいちめん
宝石のような星が輝いています
どこからか音楽が
きこえてきました
ふたりは不思議な木といっしょに
ノリノリで朝までおどりました
よがあけ　ふたりは
チューリップ畑のある
かわいいおうちをみつけました
すてきなおばあさんが呼んでいます
ふたりは　ここで暮らすことにしました
ゆーかりという名前の　このまちで
物語のあるモノだけを
手工芸の店ゆーかり

35

伊丹西台

愛しているから、バラバラにします。
時計のオーバーホールも。
宝石 時計 丹尚堂

36

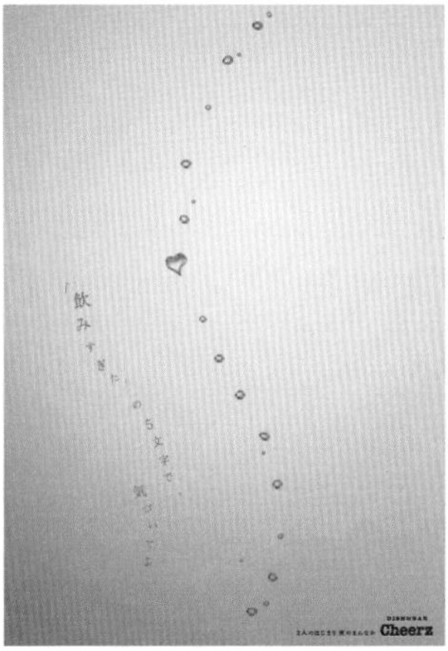
「飲みすぎた」の5文字で気づいてよ
Cheerz

37

snack
静
かに
伊丹で飲もう 地元で飲もう
RED
LEAVES CAFE

38

ずるいぞ、ビール。
今日もMON MON…
cafe Mon

39

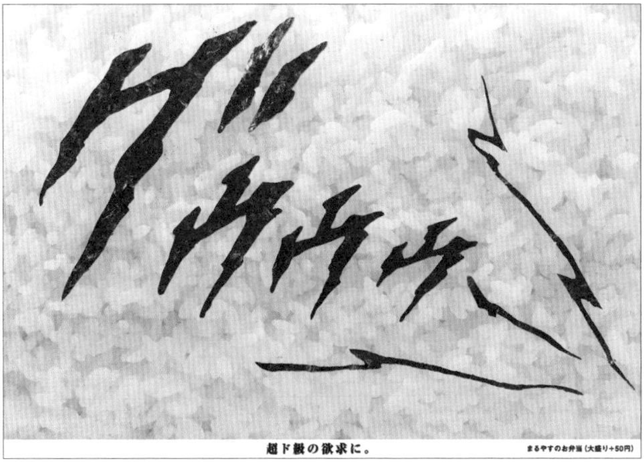
超ド級の欲求に。
まるやすのお弁当（大盛り+50円）

40

とっても天気がよかったから
ふたりは箱を抜け出し
さんぽに出かけました
花のみちを　のんびりと
てくてく歩いていくと
いろんな花が咲いている
森がありました
鳥のさえずるこえも
きこえます
森の中には川がながれ
２人はたのしく
おさかなとあそびました

いいがらいいがら　見さございん

2

3

1

6

5

4

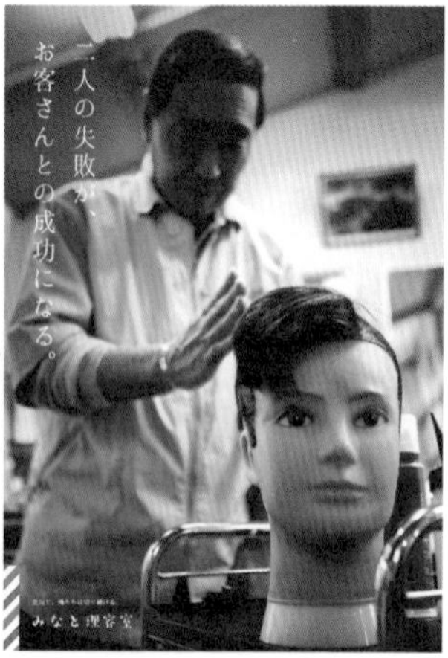

7

8

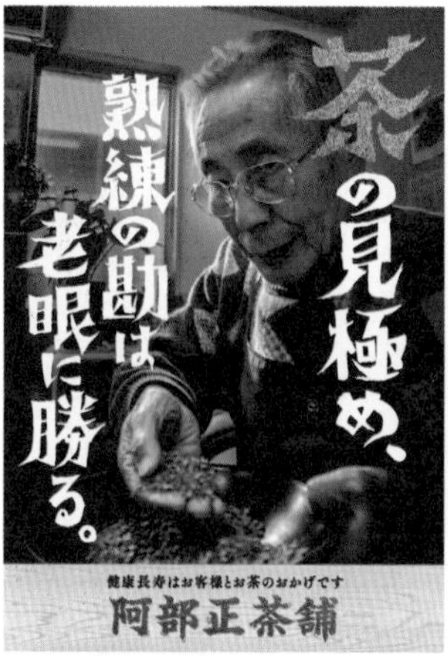

9

10

11

12

13

14

15

17

16

18

21

20

19

22

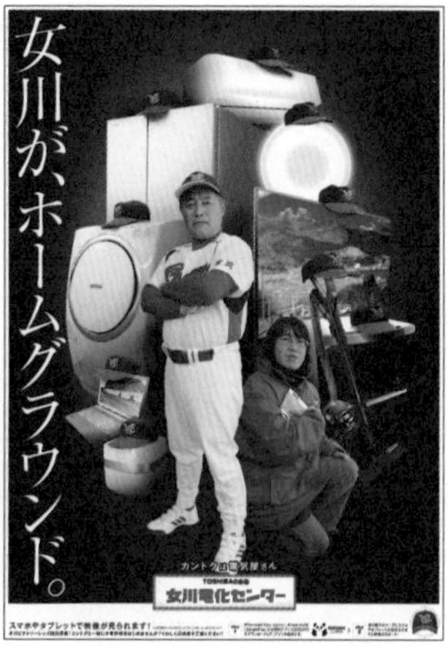

23

24

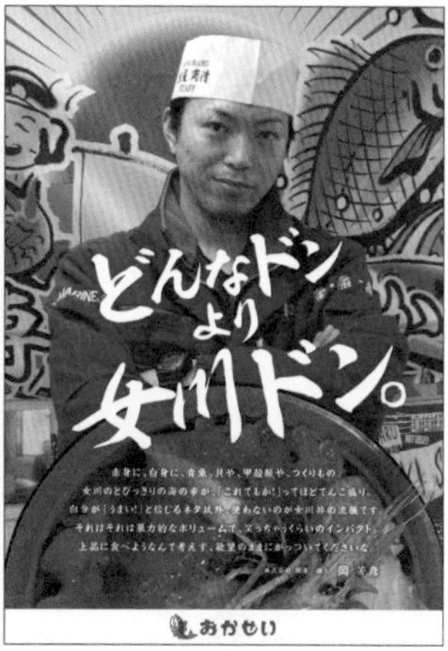

25

26

27

28

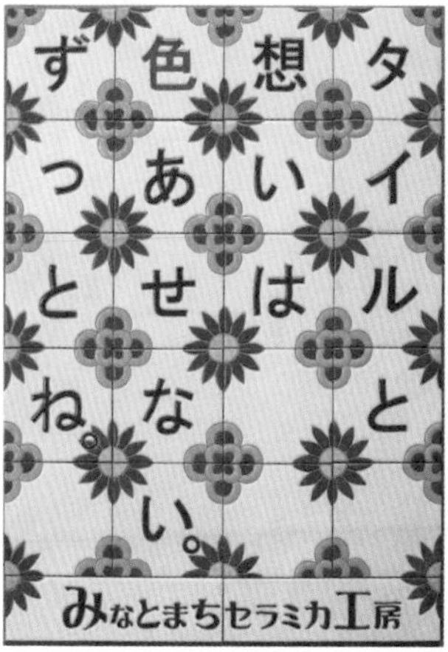

29

30

33

32

31

35

34

36

女川

石巻青果
流されちまった野菜たちの分まで、生きていく。
39

「いただきます」を言う前なのに、
「ごちそうさま」がもう惜しい。
そこはみんなの台所 cebolla カフェごはん セボラ
38

キャロットの靴を履いても
足は長くなりませんが
健康になる場合、あります。
現在73歳
主人実証
CARROT
いい靴のセレクトショップ
Family Shoes
キャロット
37

よく読んでいるもの？
そうねえ、サバかしら。
恋も愛も、グラスにとけていく。
IZAKAYA
41

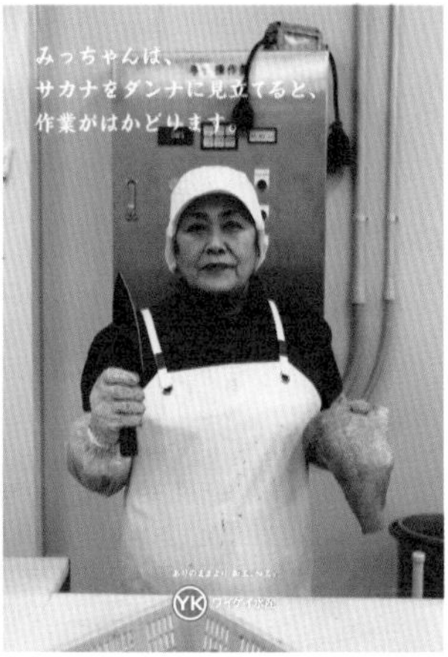
みっちゃんは、
サカナをダンナに見立てると、
作業がはかどります。
40

いいがらまず、
お茶っこ飲みさ
きたらいっちゃ。
木村電機商会
44

行動パターンもわかってきたし、
あとは私の思うがまま
ART BUILD
「知る」が命。グラフィックデザインに、本気です。
43

いつかはね、
紅白に出るの。
女川のカナリア
ゆめハウス最高齢の草履作家 かずちゃん
42

買わんでええで 見てってのぉ
大野ポスター展
大野の高校生たちが作った大野のお店のポスター22点
2016.9.17-11.23

1

まろやかな
バカの味
長年熟成された
醤油のことならバカマジメ
ノムラ醤油

2

カウンターはVIP席トーク付きやさあ
お好み焼 ひろの

3

育てるだけでは、終われませんでした。
青大豆の栽培から加工・販売まで
農家のとうふ屋さん

4

パン パーン!
パカーン
お誕生日 おめでとう
食パンからバースデーパンまで
城下町のパン工房

5

キツイよ 効くよ
健康な身体は一生の財産
TAKEI-POWER GYM

6

大野

買わんでええで 見てってのぉ
大野ポスター展
〜大野の高校生たちが作った大野のお店のポスター20点〜
2017.9.24-11.24
結の故郷
dentsu

9

目に見えんから
手は抜かん
水道・トイレなどの設備の事なら
九頭龍設備 株式会社

7

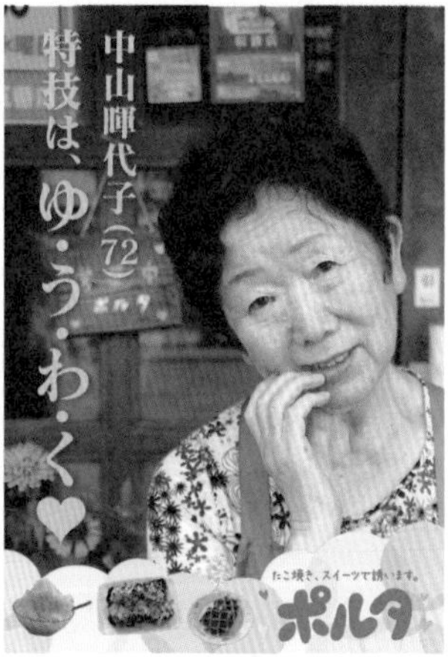
中山暉代子(72)
特技は、ゆ・う・わ・く
たこ焼き、スイーツで誘います。
ポルタ

8

切っても、
切れない
仲になる。
また、遊びにきての。
Hair Make
R UP

12

大野の事故なら
ドンとこい!
HASHIMOTO
MS&AD 三井住友海上

11

今から家、
動かしまーす。
建物のことならなんでもドンとこい!
西川工務店

10

15

14

13

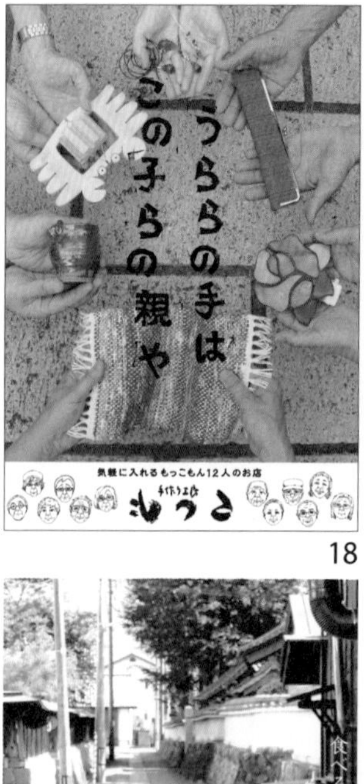

18

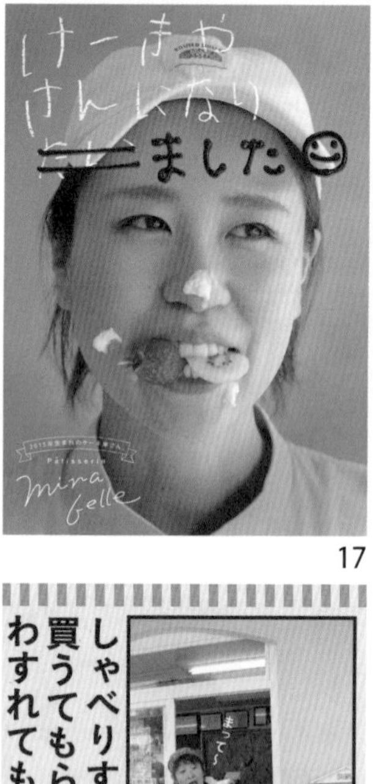

17

16

21

20

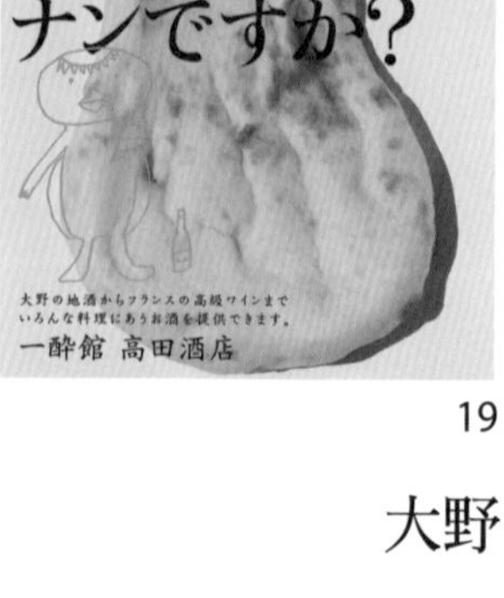

19

二人とも客です。
（注）座ってる人も客です。
歌って踊れるディスコバー
青 -sola- 空

2

駅ビルだけ行って帰るっち？
そんなん許さんけん
大漁旗
OPAM
2015年4月24日
OPEN

1

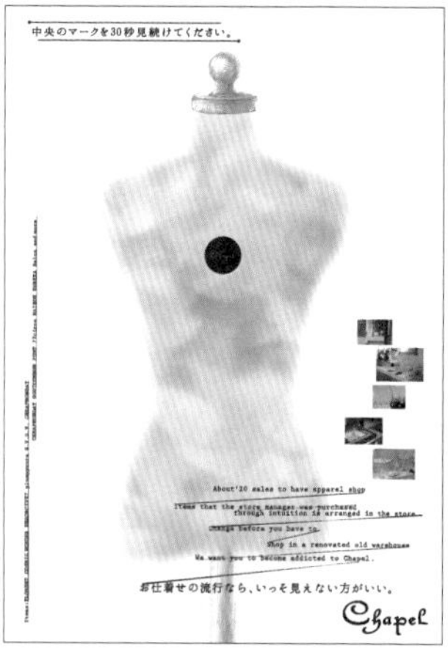

中央のマークを30秒見続けてください。
About'20 sales to have apparel shop
Items that the store manager was purchased through intuition is arranged in the store.
Change before you have to.
Shop in a renovated old warehouse
We want you to become addicted to Chapel.
お仕着せの流行なら、いっそ見えない方がいい。
Chapel

3

ボレロ
ボレロ食堂
borolo

6

オカン「領収書の宛名は？」
お客様「空欄でお願いします」
オカン「空欄様でええんですか？」
ボケもお好み焼きも超一流
大納言

5

Long Life Design
変わっていくこの街で
変わらないものだけを
見ていたい。
Life Style Design
SALVE

4

大分

7

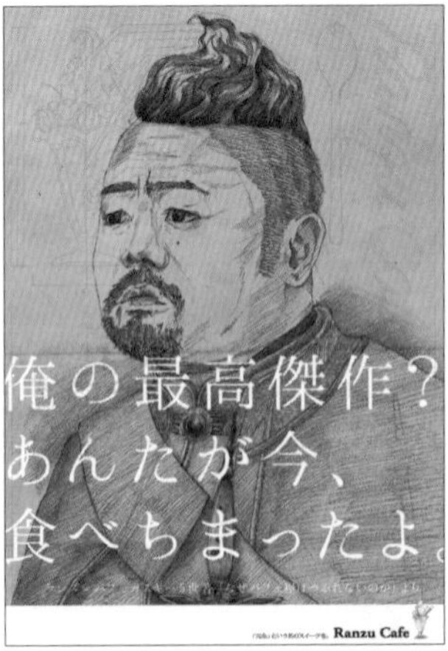

8

9

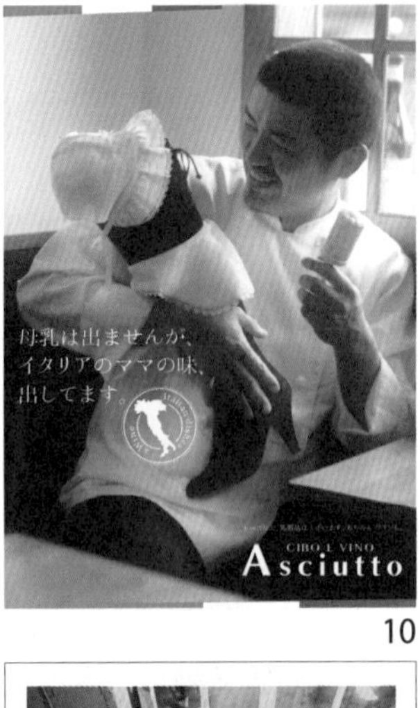

10

11

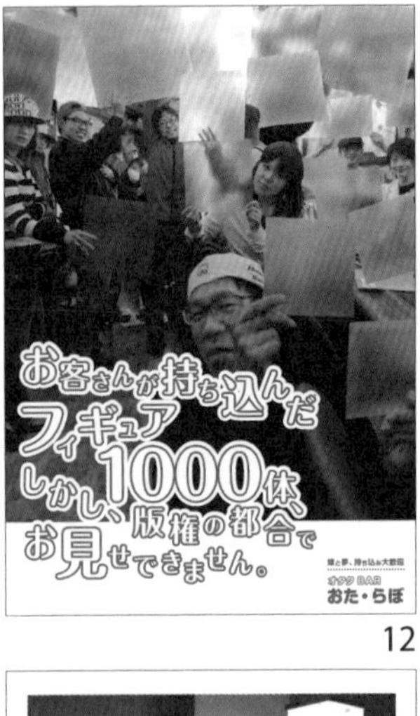

12

13

14

15

大分

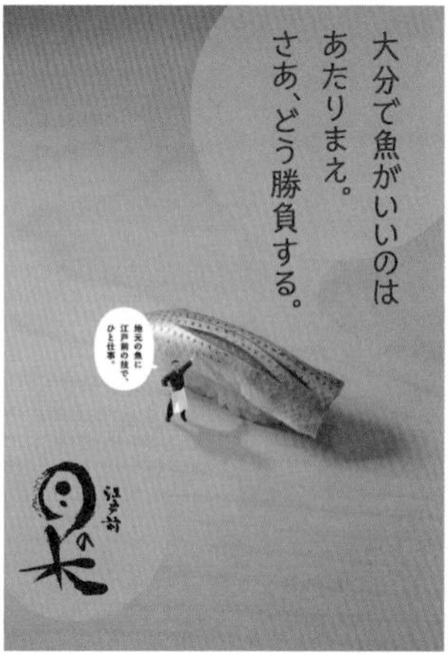
大分で魚がいいのは
あたりまえ。
さあ、どう勝負する。
16

ひらけ、おおいた！ひらけ、団塊の世代！
歌・演奏 十三夜
府内フォーク村
置ざりにされた青春へ
府内フォーク村
十三夜
17

あんた、5年前は
あそこの席で
だんご汁くっとったねぇ。
先日、五十数年ぶりのお客さまが来られました。
和風グリル
たかをや、
18

女がきれいだと、
marie.marie
19

深すぎる
カモへの愛。
Yuki
20

マスター、
わいふぁいってメニュー
できるかしら？
ずっとずっと、純喫茶。
カフェド
BGM
SINCE 1966
21

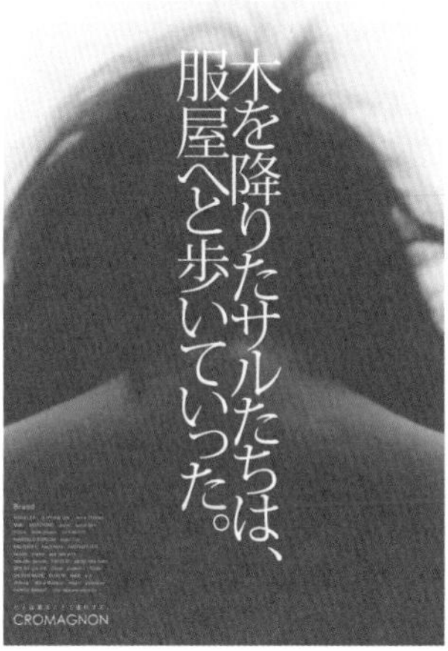
木を降りたサルたちは、
服屋へと歩いていった。
CROMAGNON
22

新しいとこって
楽しいけど、
ちょっと疲れる。
古民家ダイニング
hako
23

24

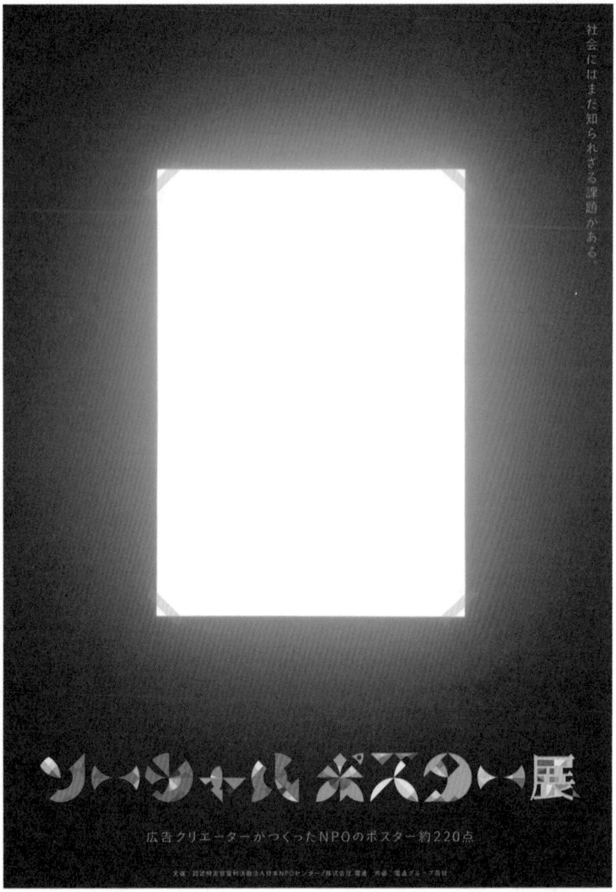

1

2

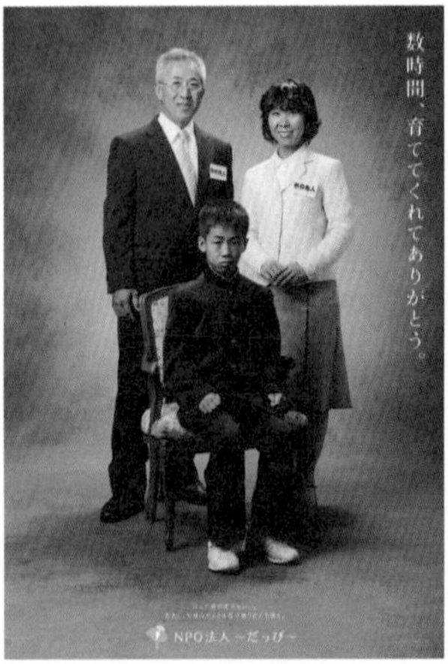

3

4

5

6

社會海報展

空気がよめない。
落ち着きがない。
約束を守れない。
でも、絵を描くのも
やめられない。
「できない」を直すより、「できない」を伸ばそう。
NPO法人 教育サポートセンターNIRE
9

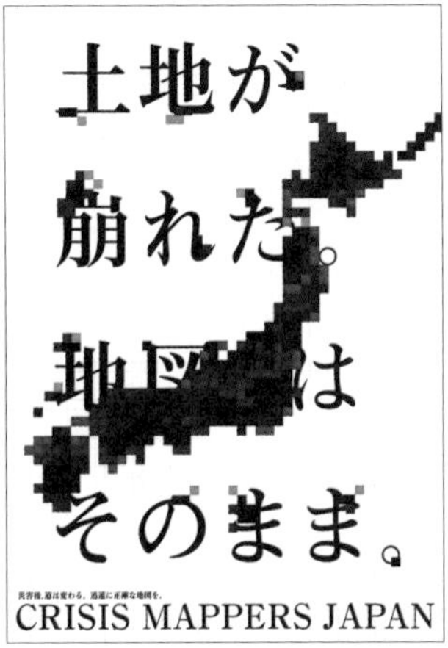
土地が
崩れた。
地図は
そのまま。
災害後、道は変わる。迅速に正確な地図を。
CRISIS MAPPERS JAPAN
8

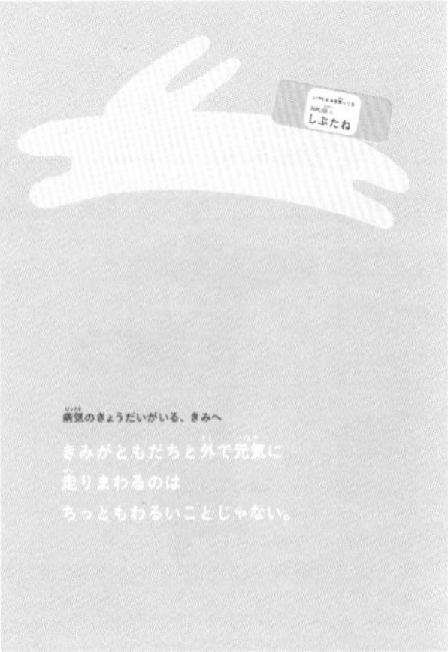
しぶたね
病気のきょうだいがいる、きみへ
きみがともだちと外で元気に
走りまわるのは
ちっともわるいことじゃない。
7

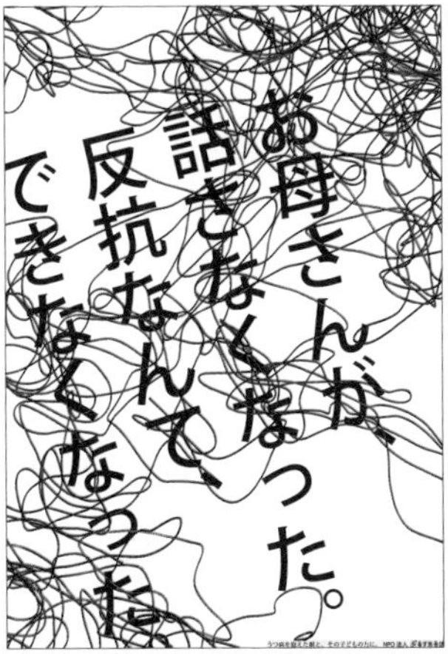
お母さんが、
話さなくなった。
反抗なんて、
できなくなった。
11

夕方5時の太陽が差し込む、私の部屋。
それとも、あの国の戦火。
Think the Earth
10

電話も
メールもない。
ドクターが来る喜びは、
一軒一軒
足で伝える。
ミャンマーに、
12

14

13

16

15

社會海報展

夫ではなく、
加害者です。
家庭で、暴力を受ける。それは、あなたが悪いのではなく、加害者に問題があります。
DV被害にあった女性と子どもが、安全に暮らしていくための活動をしています。saya-saya.net

17

誰かのいらない陶器がもらえる「もったいない陶器市」開催。
んもぅ、まだまだ現役じゃない！
当たり前だろ。
オチャッ
誰よ、その人っ！
陶器の活用を進めている団体
One Dish Aid

18

岡崎森ガール&森ボーイ図鑑
NO,1
森が教えてくれた。
この仕事、儲からない。
それでも、この森と生きていく。
岡崎森林組合
Okazaki Forest Association
岡崎まち育てセンター・りた

19

大丈夫か、森ぃ！
今すぐ、ぶった切って
助けるからな！
森を守るために、できることを。
認定NPO法人 JUON NETWORK

20

1

2

3

4

5

6

7

8

大丸松坂屋

9

10

11

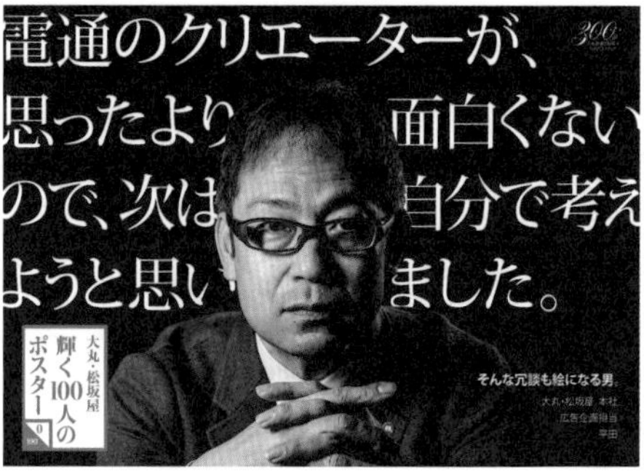

12

13

14

15

16

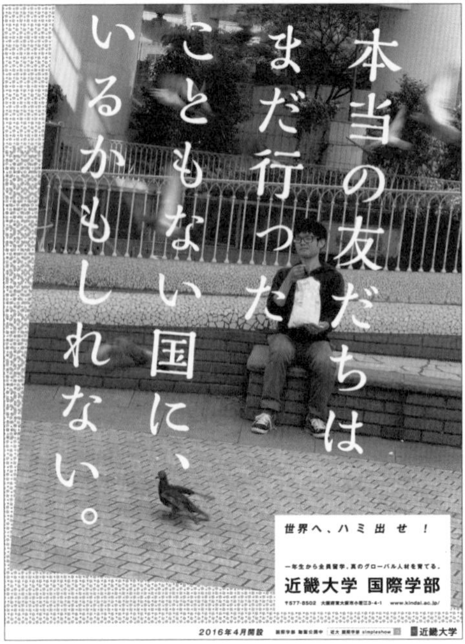
本当の友だちは
まだ行ったこともない国に、
いるかもしれない。
世界へ、ハミ出せ！
一年生から全員留学。真のグローバル人材を育てる。
近畿大学 国際学部
〒577-8502 大阪府東大阪市小若江3-4-1 www.kindai.ac.jp/
2016年4月開設
国際学部 動画公開中 近大 国際学部 simpleshow
近畿大学

2

"Tuna"
【tjúːnə】
マグロだけじゃない。
国際学部 2016年4月開設
近畿大学
〒577-8502 大阪府東大阪市小若江3-4-1 www.kindai.ac.jp/
国際学部 動画公開中 近大 国際学部 simpleshow

1

住吉大社の五所御前の玉砂利には3種の文字が書かれており、拾ってお守りにすると、ご利益があるとされている。その文字とは？
①衣・食・住
②住・吉・様
③五・大・力
④陸・空・海
大阪を知れば大阪がもっとおもしろくなる。大阪検定

1

近大生、
勉強中。
友だちをつくることも、見たことのない料理を食べてみることも、
ホームシックになることも、先生のジョークに笑えないことも。
忍者のマネをしてみせることも、留学での体験はすべて国際勉強。
一年生全員留学 国際学部 2016年4月 開設
近畿大学

3

近畿大學

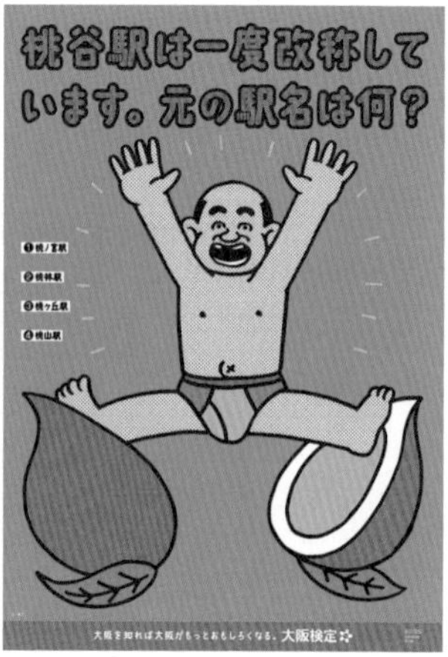

2

3

4

5

6

7

8

9

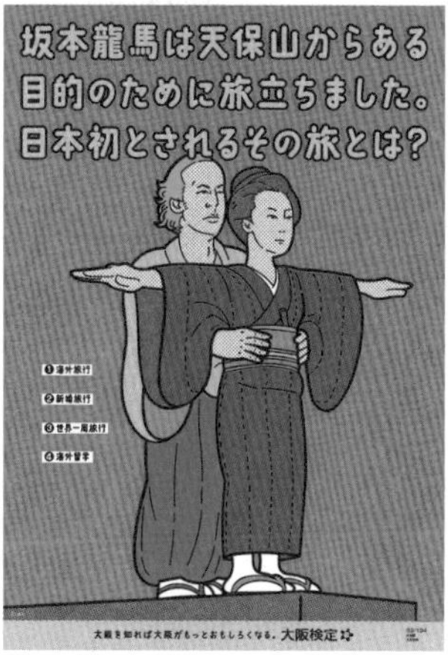

10

大阪検定

海報展作品集文案中譯

■新世界市場

1 不買也沒關係，來逛逛吧。
2 一半關著？但一半還開著，這樣就很好啦。
3 青椒和小芋頭，今天沒賣喔。
4 心中有你。口中有紅豆泥。
5 要選哪種口味呢？每種都是結緣好口味。
6 有好事吃米。沒好事吃米。
7 不用去任何地方，也能去任何地方。
8 沒有歌詞的戀曲，也是有的。
9 戴上假牙，無拘無束，盡情放肆。
10 年金比營業額還多呢。
11 夏日祭典就是要穿木屐，比穿夾腳拖來的時候更開心。
12 材料。鹽、水、直覺。
13 無敵霹靂多汁！
14 （新）世界第一的茶葉。
15 挑選花束的時間，是思人的時間。花束送給他／她。
16 身為女人，面對自己穿好和服的女子，覺得輸了。
17 老奶奶叫了救護車之後，擠出最後一絲力氣換衣服。
18 燒肉店算什麼，我們更讚。
19 美食多多的地方，要洗的碗盤也多。
20 兄弟姊妹吵架的原因，也是握手言和的契機。
21 內褲，對象不同，款式也不同。
22 我想做這麼大的荻餅。
23 偷吃一個，不會露餡吧。
24 我愛妳。
別廢話，快做！
25 沒有週休二日喔？
26 http://www7b.biglobe.ne.jp/~nakayamakaho/

■文之里商店街

1 不買也沒關係，來逛逛吧。
2 惠賜清廉一塊。
3 我只想和你在一起，所以今天我要砍掉末班車。
4 這是鱸魚，我是濱口。
5 也有處方箋是不開藥的。
6 銷售長紅時更可怕。沒人幫忙踩煞車是會受傷的。
7 每日獻上故事。ＢＡＭＢＩ，誰是世界上最可愛的人呢？
8 便宜沒好貨！
9 面對惡意併購，本店將無所不用其極，對抗到底。
10 尋找一個家，是在尋找能夠回去的場所。
11 啊，牛牧甜點師傅有啤酒肚。
12 父親喜歡的魚類是肉。
13 聽說義大利人喜歡熟女。
14 無論亞洲文化，還是歐洲文化，對我來說，都是茶的文化。
15 咚咚咚，咕嘟咕嘟，美味時間準備中。
16 風兒為我調味。
17 在家中，也是在養花植草。
18 燉煮。燒烤。送達府上。
19 總是叮嚀兒童戴帽子，但是中暑的有八成是大人。
20 孩子他爹，金婚紀念，來去百貨公司買吧。
21 麵，百分之百。
22 四十年前，父親節的襪子、母親節的手帕，都是這間店幫我選的。

二十年前，兒子的褲子、女兒的連身裙，都是這間店幫我選的。
今天是我的生日，孫子送我的襪子，還是同樣的這間店。

23 我每天的移動範圍，從「家」擴展到「阿倍野」。

24 便當盒或水壺，都充滿著媽媽的味道。

25 誰能告訴我，為什麼當時我會進這件貨呢？

26 服裝在流行時就已經退流行啦。

27 我會假裝喝醉，請你假裝送我回家。

28 和別人一樣，不是我的風格。

29 昨日，今日，明日。

30 來自中國的栗田店長開了大阪燒店，客人卻說「中餐比較好吃」，令他左右為難。各位客官，您覺得呢？

31 只有率先到場的六位客人，才有座椅。

32 俺的肉，在你的手中，變成可樂餅。這就是愛啊。
夫妻同心經營，肉與油炸物。

33 脫掉被強加的外衣。一起暢談未來吧。

34 和服喃喃自語：「哎唷，居然比媽媽還適合呢。」

35 晚安。順利入夢鄉。

36 以前，桌子大到令人吃驚；現在，桌子小到令人吃驚。

37 亂畫海報，大家一起來！！！

38 享受衣服，就是享受人生。女裝AMIY。

39 沒娘的孩子，誰來當他的娘呢？

40 為了客人的和服，姊妹兩人經常吵架。

41 客人穿起來不適合，我不會表現在嘴上，會表現在臉上。

42 已經先捲好了，您只要煎就行了。咦？您希望我也煎好？請稍等一下喔。

43 紅豆飯銷售一空。今天，也有某人正在為某人慶祝。

44 總是想著「下個月要買什麼顏色？」，不知不覺越活越久。

45 為了男人化妝，不知不覺越來越年輕。

46 年紀大了，肌膚美不美才是關鍵啊。

47 蠢蛋沒藥醫。

48 海報？快點動手設計啊。我都要翹辮子啦。

49 現在才發現。這工作真是累人。

50 蓮蓬頭滴滴答答流不停。

51 從今以後，我要去遊山玩水了。

■伊丹西台

1 不買也沒關係，來逛逛吧。

2 我想買一座島啦，一座島喔。
編織春秋大夢。

3 喝一杯茶，安撫焦躁吧。

4 鹿鹿鹿，只有鹿。

5 偶爾也要有裝酷的日子。

6 新菜色陸續增加，誰記得住啊！

7 咖哩，煮好了唷～！
正好想吃咖哩呢！讚！

8 Kiss也很棒喔。

9 Kiss魚（沙鮻）也很讚喔。

10 來玩接龍吧。開始囉。
麵包。
後來改口說咖哩麵包。
滿腦子都是麵包。烘焙坊「格林」。

11 不，我們不是中餐。算是頗時尚的義大利菜——本人證詞。

12 這是哪門子的義大利菜啊！
各位肯定很想吐槽，其實本店也提供日式配菜。

13 今天的我，想要高調一點。

14 求婚時好緊張。向家人報告時更緊張。

15 我們比任何人都懂蛋糕，所以POP全部是親手書寫。

16 美髮沙龍 i's FRUNC。

17 可看到比偏差值5還要上面的／販售隱形眼鏡的醫師戴著眼鏡／眼鏡這玩意也算是種防災用品／世界上最容易做到的整形方式。

18 以前是為了某人而穿。現在是為了自己而穿。

19 穿好衣逛伊丹，就是榮譽市民。

20 藉酒說出我愛你，好話不說第二次。

21 糟糕，醉到全身輕飄飄地，又不知道會被河流沖到哪裡了。
用黃瓜來提振精神。

22 想喝咖啡時，總在咖啡館關門時。

23 我愛好杯中物。我想大白天就光明正大飲酒，請問能在職場的圖書館舉辦活動嗎？這樣算是濫用職權嗎？（伊丹市　綾野先生　語言藏園長）
畢竟還是不太妥當，所以大家一起享用無酒精雞尾酒。

24 沙沙、沙沙，穿越麵包粉沙漠。

25 再會了，我要去當雞肉蔥串。

26 啊，早上生的蛋，應該一起帶上路的。

27 絕對不能在這裡被吃掉。

28 您好，我是食材。

29 我想打造能夠安穩沉睡的房間。而且要持續好幾百年。
用窗簾開拓你的世界。

30 妳是D吧！！我一看便知。

31 總之，先握著向日葵就對了。
拍出好表情的訣竅，給孩子一朵向日葵。

32 理髮，逆轉人生。生意，還沒有。

33 我從打工開始做起，現在接下社長大位。

34 今晚，陶醉在葡萄酒的深沉世界裡。

35 天亮了　兩人／發現鬱金香田裡的／可愛小房子／親切的婆婆招呼著／兩人決定在這裡生活／這座小鎮名為尤加利
音樂從未知方向／傳了過來／兩人和不可思議的樹／一起狂舞到早上
好久之後／耳邊傳來貓頭鷹的啼聲／滿天星光閃爍／有如光彩絢爛的寶石
潺潺小河流過森林／兩人開心地／和魚兒嬉戲
走著走著／眼前出現／繁花綻放的森林／還能聽見／鳥兒啼唱
晴朗無雲的天氣／兩人走出箱子／外出散步／悠閒徜徉在百花齊放的小徑上

36 我愛你，所以要拆解你。

37 請聽懂「我喝多了啦」五個字。

38 我想安靜喝酒。

39 啤酒，手段高明喔。

40 餓得咕咕叫。

■女川

1 來啦來啦，來看就對了。

2 出生時就已經包在身上。從前是包巾，現在是昆布。

3 總而言之，希望您開懷大笑。
佐藤來了。

4 味道掛保證。我還是單身。
生意興隆和終生伴侶都靠各位了。

5 可能我最新鮮。

6 注意超出。美味，超出中。
嚴以律魚，寬以待人。

7 我倆的失敗，造就我和客人的成功。

8 乘載人生。

9 辨別好茶，老練直覺，勝過老花。

10 一日兩餐，女川灣的絕景，搭配美女人妻。

11 怒髮衝冠時，戴花冠。

12 啊，處女座的戀愛運，五顆星。

13 哎呀，在公司裡不小心冒出得太顯眼了嗎？人生總有這種時候啦。
一起去釣魚吧。

14 來吧，讓女川盛開。

15 我只想繼續沉醉。繼續飄浮。

16 我們沒有燈紅酒綠的夜生活，所以才能變得更強。

17 我不懂得看鏡頭，但很懂得看魚。

18 放馬過來吧。保證製成最高級的魚漿。

19 不怕腰痛，不怕雙手乾裂，不怕高血壓或兩手冰冷，永遠靜靜地微笑，
等著各位大駕光臨。

20 要染白髮還是金髮，任君挑選！

21 只是坐著等待，書籍送達各位手上的時間，將延遲十秒。

22 外傳二月盛產螃蟹？我說二月盛產蘿蔔！

23 女川是主場。

24 衝啊，惡黨！！
美味（惡）的祕密結社！！

25 女川丼，勝過所有丼。

26 給嫌犯吃這碗豬排丼，太奢侈了。

27 今天接到訂單。又能去見見那些人了。

28 大家臭味相投，眾人有志一同。

29 花磚和想念永不褪色。

30 我想成為色香味俱全之女（川咖哩）。濃烈辛辣的咖哩與週末。

31 罩杯與一杯，差不多一樣嘛。

32 是茶熱呼呼的？還是我倆熱呼呼的？

33 這裡有意想不到的寶物。

34 一起喝個茶，差不多就是朋友了。

35 店裡的釣具，沒有魚兒不上鉤。

36 尋寶夫人。
女川太太是時尚獵手。

37 穿紅蘿蔔店的鞋，不會讓腳變長，但能保持健康。

38 永遠不想開動，因為不想結束這餐。

39 為了被沖走的蔬菜，我會加倍努力。

40 阿美嬸，將魚兒視為老公時，作業更迅速熟練。

41 我都看些什麼報啊？嗯，應該是年齡謊報吧。

42 總有一天，我會參加紅白歌唱大賽。

43 行動模式已經瞭若指掌，接下來就隨我自由揮灑了。

44 來啦，歡迎來喝茶啦。

■大野

1 不買也沒關係，來逛逛吧。

2 陳年釀造，醇厚溫潤的傻瓜味。

3 吧檯是貴賓席，附贈閒話家常喔。

4 我們不只是栽種而已。

5 麵包蓬鬆，蓬鬆麵包！
爺爺生日快樂。

6 絕對辛苦喔。可是，絕對有效哦。

7 肉眼看不見之處，更不可輕忽。

8 特技是誘惑。

9 不買也沒關係，來逛逛吧。

10 現在開始，搬家。

11 大野的所有事故，都包在我身上！
12 剪也剪不斷的關係。
13 客人開心，我們也開心。
14 cava? 來嚐嚐鯖魚吧？
法語的「你好嗎？」。
15 幫我驗車，好不好呢？
16 廣告宣傳，不如口耳相傳。
17 我「想」開了蛋糕店。
18 咱們的手創造出這些孩子。
19 適合搭配印度烤餅的酒，是什麼呢？
20 聊得太開心，忘記推銷了啦。
21 入口品嚐，就想起大野。
變得更好吃，變得更好吃。

■大分

1 只到車站大樓就回家了？不可饒恕！
2 兩人都是客人。（注）坐著的也是客人。
3 請盯著正中央的標誌三十秒。
4 在不斷改變的這條街道，只想守護恆久不變的事物。
5 老闆娘「收據抬頭要填什麼？」
顧客「空白就可以了」
老闆娘「填空白先生就好了嗎？」
6 波麗露
每一天我燉煮料理餐點／端到客人面前／在不斷燉煮和上菜
之間藏著一個小祕密／那個祕密就是
老闆自己的變化／內心的變化／隨著內心的變化／味道也一點一滴在改變
在不斷重複的過程中漸漸改變／就如同是波麗露／對吧對吧
天啊我居然脫口說出這麼帥氣的話／真是
充滿哲理／獻醜啦
老實說這些我都不在乎／只要客人來店後變得開心
才是最重要／不斷讓人心情愉快／這才是波麗露／對吧對吧
7 每個人都是為大分未來搖旗吶喊加油的旗手。
8 我的人生最佳傑作？現在剛被你吃下肚啊。
9 麵包讓您安心？還是我這位大嬸讓您安心？
10 我無法提供母乳，但能提供義大利媽媽的味道。
11 如果師傅認為差不多就可以了，那就沒救了。
12 客人自製的動漫模型一千尊，版權所有，無法展示，敬請見諒。
13 大分街道文學 stance，討厭表情符號的女人。
14 大分街道文學 Terminal，一臉怒氣的女人。
15 大分街道文學番石榴，流手汗的女人。
16 無需贅言，大分捕獲的魚當然新鮮，樣樣都美味。接下來就靠我的功夫了。
展現江戶壽司功夫，讓在地鮮魚美味升級。
17 獻給被遺忘的青春。
18 客官啊，五年前，您就坐在這個位置，大口享用大分麵疙瘩呢。
幾天前，睽違五十多年的顧客來店光臨。
19 話說，女人變漂亮了，男人就有精神了，整條街道就會有活力了啊。大家一起來振興街道。
20 對鴨子的愛，比山高，比海深。
21 老闆，請問有Wifi這道菜嗎？
22 從樹上爬下的群猴兒，朝著服飾店前進。
23 挑戰新事物，雖然愉快，卻有點累。
24 停！

■社會海報展

1 社會中還有不為大眾所知的課題。

2 即使在醫院，你也可以放聲大笑喔。

3 謝謝您花了幾小時栽培我。

4 我已經沒本錢了，連十元都不能浪費。

5 別糟蹋自己的可能性，屈就當個大公司的小齒輪。

6 身心障礙孩童的父母，誰來當他們的靠山呢？

7 給家中有生病兄弟姊妹的你：你和朋友在戶外開心玩耍，絕對沒有任何過錯。

8 土地崩塌瓦解。地圖仍然不變。

9 不懂得察言觀色。學不會沉穩安靜。不知道遵守約定。但是，絕對無法放棄畫圖。
以鼓勵「不能」取代矯正「不能」。

10 傍晚五點，照入我房間的是陽光。還是遙遠國家的戰火。

11 母親不再出嘴嘮叨，我再也無法反抗。

12 沒電話，也沒電郵。我親自挨家挨戶，告知醫生抵達當地的喜悅。

13 偷走我眼鏡的犯人，就在這群人之中。
請儘早接受失智症檢查。

14 朋友每天逼迫你揹他的書包。請問應該怎麼辦呢？
每天都幫忙揹。／拒絕說「不要」。
大人無法隨時隨地保護兒童，所以有ＣＡＰ。Child Assault Prevention 是協助兒童自己保護自己的霸凌防治計畫。

15 成為大人之後，改變個性的最理想方式，就是移居。
自由存在於人口稀少的地方。

16 在這片流失一切的土地上，音樂繼續流傳著。催生無數夢想。

17 他不是妳的丈夫，他是加害者。

18 遭到家暴，絕對不是自己的錯，是加害者的問題。
哎呀，看來你仍然老當益壯嘛！
當然啊。
說實話！那個傢伙是誰？！
與碟子的一夜情。熱情燃燒的兩人噴上釉彩——展開了禁忌的故事。
幫被丟棄的陶瓷找新家「不浪費陶瓷市集」活動。

19 森林告訴我，這項工作無法賺大錢。

20 森林，撐住啊！我現在立刻大砍特砍，我來拯救你啦！

■大丸松坂屋

1 敬請觀覽本店的堅強陣容。

2 我也是背負著各種期許。

3 我的專長就是引導疏散排隊人龍。
人稱，人龍隊長。

4 成熟有型的裝飾男子。

5 鱸魚，日日新鮮。
魅力無限。佳餚無限。

6 我的媽媽，居然能夠展現那種笑顏……！！
身處賣場，展現專業的一面。

7 一斤入魂。

8 時時刻刻看守著。
守護商場安全，守護顧客的安全。

9 坐擁寶石，人生變彩色。
笑容也閃閃發亮。

10 （譯）一年前，我是義大利語教師，現在我在賣鞋。

11 試著變美的女人，最美。
您想變美嗎？我們能夠幫助您。

12 電通的創意人，原來這麼無聊，所以，今後我要自立自強。

玩笑話也能編得如詩如畫的男人。

13 您好，我是松坂屋高槻店女裝配件樓層的山中。

雨傘大師現身！

選禮物，閒話家常，找尋特價品。

14 菜刀在手，性情大變，變得沉默寡言。

日復一日持續默默研磨菜刀的職人。

15 最孝順的事情，就是找到工作。

母女都是大丸人。

16 我用契約，保護公司。

■近畿大學

1 本校不是只有鮪魚。

2 真正的朋友，可能在我還沒去過的國家。

3 近大生，學習中。

交新朋友、品嚐從未見過的食物、患上思鄉病、聽不懂老師的笑話。在大家面前模仿忍者，這些留學經驗，都是在學習國際觀。

■大阪檢定

1 住吉大社五所御前的碎石上寫著三個字，據說撿到之後隨身攜帶就能心想事成。請問是哪些字呢？

❶衣食住❷住吉樣❸五大力❹陸空海。

2 桃谷站曾經改過站名，請問原來的站名是什麼呢？

❶桃之宮站❷桃林站❸桃丘站❹桃山站。

3 請問哪一個是正確的天神祭「龍舞」？

4 天王寺站的廁所特色是什麼呢？

❶利用車站地底下的湧泉❷男用小便斗的數量大阪第一❸設有能夠瞻仰四天王寺的廁所❹掏糞式廁所。

5 京阪電車京橋站月臺商店販售的名產是什麼呢？

❶炸串❷小黃瓜❸熱狗❹炸雞串。

6 據說發祥於此花區傳法的節分習俗是什麼呢？

❶灑豆子❷大口咬下壽司捲❸吃沙丁魚❹穿著鬼圖樣的內褲。

7 下列哪一項不是麻將的牌型（役）呢？

❶國士無雙❷九蓮寶燈❸喜連瓜破❹嶺上開花。

8 古事記中記載狹山池是日本最古老的蓄水池，請問它建造於何時呢？

❶四百年前❷九百年前❸一千四百年前❹兩千一百年前。

9 下列哪一種商店在日本創始於十三站的月臺呢？

❶便利商店❷蕎麥麵店❸麵包店❹理髮店。

10 因為某個目的，坂本龍馬從天保山出發，踏上旅途。該次首度出現於日本的旅行型態是下列哪一種呢？

❶海外旅行❷蜜月旅行❸環遊世界❹出國留學。

工作人員名單一覽

C＝文案撰稿　D＝設計師　P＝攝影師　I＝插畫　AD＝藝術指導　CD＝創意總監　SCD＝資深創意總監　Pr＝製作人　Dir＝總監　E＝編輯　W＝撰稿　M＝模特兒　PL＝企劃　CO＝統籌　PA＝攝影助理　AR＝AR影像製作　PM＝產品經理　PP＝照片製作　R＝修圖師　HM＝髮型師　ST＝造型師　AT＝美術　AE＝業務執行

正文海報工作人員名單

P58　角川文庫　C・日下慶太 D・青柳寛之 P・青木武三

P59　au by KDDI　C&P・日下慶太 D・渡邊亮治

P-33右上　生田綿店　C・永井史子 D・河野愛 P・日下慶太
協力・古川純也

P-33左上　澤野工房（JAZZ）　C・山口有紀
D&P&I・中尾香那

P-33右下　生田商店　C・細田佳宏 谷村槙子 D&P・水谷佳苗

P-33左下　お茶の大北軒　C・松下康祐 D&P瀧上陽一

P-37　新世界市場ポスター展メインポスター
C・日下慶太 永井史子 D・石松愛 P・日下慶太

P-39　なにわ小町　C・宮浦恵奈 D&P・山田祐基
禪製作・高橋輝明

P-41　かつお節の須崎屋　C・石本藍子 D・野村恭平
P・片山俊樹 雕刻・高嶋英男

P-42　魚心　C・小堀友樹 D・茗荷恭平 字・嶋坂めぇみ

P-45　大嶋漬物店　C・前田将多 D・瀧上陽一 P・日下慶太

P-49右　阪神スポーツ　C・佐藤朝子 D・佐山太一
穿線・末高正幸 框製作・田中健嗣

P-49左　理容ハマダ　C・三島靖之 D&I・井上信也

P-50　開華亭　C・松下康祐 D・小路翼 P・茗荷恭平

P-51　マツヤ　C・今西良太 D&P・吉川光弘

P-56　木村電気商会　C・松若理成 D・木村亮太 P・佐藤巧弥

P-58　串焼き太郎　C・鎌田高広 D&P・山本イサム

P-61　イワシ料理いなせ　C・米村拓也 D&P・千々岩寛
E・北村良太 辻香織里 W・河野智洋 塩月菜央 冨松智陽
西條晶子 柚野真也 P・安藤隆 衛藤克樹 久保貴史 佐藤俊彦
脇屋伸光 D・敷島仁美 秋安淳一（PISTON）
松元博孝（PISTON）浦口智徳

P-63上　平和温泉センター　C&D・白澤克実

P-63下　N's Kitchen**&labo　製作・松本芽衣 福田俊介 重信美緒
雁林環

P-64　大阪検定　CD・日下慶太 I・小路翼 AD・井上信也
D・烏野亮一 川上沙織 松村悠里 新井公子 長谷川友香

P-65　ソーシャルポスター展メインポスター　C・日下慶太
D・中村征士 西尾博光 松岡拓 P・槻ノ木比呂志

P-67右上　一般社団法人 ISHINOMAKI2.0　C・古山健志 D・俵裕一郎

P-67左上　特定非営利活動法人 マドレボニータ　C・河合佐美
D&I・千葉菜々子

P-67右下　特定非営利活動法人 Homedoor　C・柴田芳子
D・大原漢太郎 P・ホームレスのおっちゃんたち

P-67左下　特定非営利活動法人 こえとことばとこころの部屋（ココルーム）　C・松下康祐 D・瀧上陽一 P・日下慶太

P-69右　近畿大学国際学部　C・見市沖 AD・松長大輔

D・北山義治 P・圓尾享宏 Pr・西原遼（2015年2月15日 朝日新聞掲載）

P-69左 近畿大学国際学部 C・倉光真以 D・瀬野尾佳美
P・増田広大（2015年2月15日 産経新聞掲載）

P-72 大丸・松坂屋「輝く100人のポスター」 C・村井佑次
AD・大原漢太郎 製作・渡辺康太 D・小村純太
P・森山智彦

P-73上 大丸・松坂屋「輝く100人のポスター」 C・上村禎延
AD・瀬島裕太 D・宇佐美敦史 小澤真由子 P・山口有一

P-73下 大丸・松坂屋「輝く100人のポスター」 C・橋本隼人
D・鳥井口拓真 P・ムクメテツヤ

P-76 三戸なつめ「前髪切りすぎた」 CD・日下慶太
AD・市野護 Pr・衣川剛史 PM・安藤朋子 泉谷智規
P・槻ノ木比呂志

P-77 三戸なつめ「前髪切りすぎた」CDパッケージ
CD・日下慶太 AD・市野護 P・槻ノ木比呂志
ST・相澤美樹 HM・中安優佳 R・山田和史

P-78 三戸なつめ「前髪切りすぎた」MV 学園篇
Dir・伊勢田勝行

P-79 三戸なつめ「前髪切りすぎた」MV
おでこちゃん篇 Dir・MOOgAbOOgA
たわし篇 Dir・坂本渉太 白菜篇 Dir・神田旭莉
幻聴篇 Dir・ぬりんぬ
フレンドリー時代篇 Dir・宮本杜朗
落書き篇 Dir・藤井亮 カニさま篇 Dir・beN
容疑者篇 Dir・大熊一弘 群れ篇 Dir・小路翼
ダルマ篇 Dir・コタケマン

P-86 大野ポスター展メインポスター C・日下慶太 雨山直人
AD&D・河野愛 P・高宮正伍

P-88右上 BARU 製作・松原甘夜 導師・日下慶太

P-88左上 高宮写真館 製作・田中愛梨 導師・日下慶太

P-88右下 喜久優 製作・木村友香 導師・江上直樹

P-88左下 南部酒造 製作・津田礼奈 導師・藤原乙女

P-98 写真集「大野へかえろう」 C・源内啓志朗 桑原圭
雨山直人 廣作力 鈴木翔太 岸本峰波 藤原乙女 日下慶太
D・河野愛 烏野亮一 新井公子 Pr・日下慶太 小林繁昭
大野市 結の故郷推進室 製作監修・江上直樹 大藤清佳
P・長谷川和俊 高見瑛美 日下慶太
食譜&料理協力・石川祐子

書末海報工作人員名單

■新世界市場海報展 P250～253
CD・日下慶太 SCD・餅原聖

1 新世界市場ポスター展メインポスター C・日下慶太 永井史子
D・石松愛 P・日下慶太

2 新世界市場 C&I・日下慶太 D・石松愛

3 原田青物店 C・細田佳宏 谷村槙子 D&P・水谷佳苗

4 中山菓舗 C・小堀友樹 D・松永ひろの

5 えんむすび C・佐野章子 D・石松愛

6 豊年 C・村田晋平 D・牛丸謙一 片山優 P・西谷圭介

7 8 澤野工房（JAZZ） C・山口有紀 D&P&I・中尾香那

9 潤 C・秦久美子 D&P・河野愛 協力・古川純也
10 生田綿店 C・永井史子 D・河野愛 P・日下慶太
協力・古川純也
11 澤野工房（下駄） C・見市沖 AD・松長大輔 D・木富慎介
12 山田屋 C・石本藍子 D・浅木翔 P・片山俊樹
13 鳥長商店 C・三上和輝 D&I・川村志穂
14 お茶の大北軒 C・松下康祐 D&P・瀧上陽一
15 フラワーショップ新世界 C・槙島量 D&P・大野恵利
16 なにわ小町 C・上野由加里 D&P・井上信也
17 生田商店 C・細田佳宏 谷村槙子 D&I・水谷佳苗
18 肉のさかもと C&D&P・市野護
19 ミヤウラ C・三島靖之 D&P・清水達哉
20 ヤマザキサンロイヤル C・矢野貴寿 D・早川大輔
I・岡本真理子
21 なにわ小町 C・吹上洋祐 D&P・井上信也
22～26 中山菓舗 C・小堀友樹 D&P・茗荷恭平

■文之里商店街海報展 P254～261
CD・日下慶太 SCD・餅原聖
Pr・堤成光 中野麻子

1 文の里商店街ポスター展メインポスター
C・日下慶太 永井史子 D・市野護 P・日下慶太
2 眞ちゃん豆腐 C・松下康祐 D&P・川上沙織
3 オカジマヤ酒店 C・秦久美子 D&P・更家有香
4 浜口鮮魚店 C&P・佐野章子 D・石松愛
5 文の里薬店 C・佐野章子 D・石松愛
6 結城順吉税理士事務所 C・川上毅 D&P・清水達哉
7 BAMBI C・谷村槙子 D・西山正樹 I・マルコフ
8 プティッククロサワ C・見市沖 D・山田祐基
9 チキンショップマルチク C・前田将多 D・瀧上陽一
P・四方田俊典
10 エステート・マガジン C・山口有紀 D&P・中尾香那
11 パティスリーアルケミスト C・永井史子 D・松永ひろの
12 焼く肉なかの C&P中澤周平 D・小路翼
13 ふくとみ接骨院 C・谷村槙子 D&P・西山正樹 M・舟井栄子
14 山太園山岡美術 C・中澤良太 D&P・鳥井口拓真
15 萌木星 C・小川百合 D・河野愛
16 宮本塩干店 C・藤原乙女 D&P・鳥野亮一
17 大塚花店 C・橋本隼人 D&I・水谷佳苗
18 魚ひろ C・橋本隼人 D&P・水谷佳苗
19 洋傘アリス C・川上毅 D&P・清水達哉
20 アクセサリーショップ999 C・村田晋平 D・松長大輔
P・出口貴裕
21 麺処あたごや C・岡野鉄平 D&去背・中村征士
22 衣料エヒメヤ C・小暮めいりん D・渡邊亮治
P・エヒメヤのご主人 渡邊亮治
23 YOU・マルタカ C・中澤良太 D・鳥井口拓真 P・ムクメテツヤ
24 リビングショップたかだ C・田中健太 D&P・佐山太一
25 マエダ企画 C・倉光真以 D&P・松村悠里
26 アトリエアドーン C・村田晋平 D・松長大輔 P・出口貴裕
27 セラーズかとう C・山口有紀 D・中尾香那 P・西谷圭介
28 若葉服飾 C・宮浦恵奈 D・市野護

29 川庄　C・吹上洋佑 D・井上信也
30 七福や　C・鈴木契 D&P・勝村秀樹
31 GOAGOA　C・中澤周平 D&I・小路翼
32 大阪屋　C・田中健太 D&P&人形製作・佐山太一
33 SIMIZU　C・三島靖之 D・河野愛 P・ヨシダダイスケ
34 みなとや呉服店　C・秦久美子 D&P・更家有香
P・みなとやの女将さん
35 熊成寝具店　C・吹上洋佑 D・井上信也 P・山田案希良
36 マルタカ家具　C・岡野鉄平 D&去背・中村征士
37 みどりや　C・三島靖之 D・竹崎水音子 I・文の里の子どもたち
38 アミー　C・小川百合 D&I・竹崎水音子
39 デリカショップコバヤシ　C・石本藍子 D・野村恭平
P・日下慶太
40 姉妹屋　C・荻野直幸 D・竹山香奈 P・栗原康
M・栗原家 中野恭子
41 ウシダ　C・三上和輝 D&P・川村志穂
42 鳥榮ツ　C・鈴木契 D&P・勝村秀樹
43 富士屋　C・上野由加里 D&P・西尾咲奈
44~46 ビューティーショップドリアン　C・宮浦恵奈 D&P・市野護
47 阪和薬局　C・松下康祐 D&P・川上沙織
P・烏野亮一 日下慶太 小堀友樹
48 49 51 大嶋漬物店　C・前田将多 D・瀧上陽一 P・日下慶太
50 下村電気　C・小堀友樹 D・瀧上陽一 P・四方田俊典

■伊丹西台海報展　P262~267
CD・日下慶太 SCD・餅原聖 Pr・塙ともえ
AE・大下誠司

1 伊丹西台ポスター展メインポスター　C・日下慶太 永井史子
D・大原漢太郎 P・松村勲
2 白雪　C・見市沖 D・大原漢太郎 M・田中義一 濱崎イク子
堀田悠助 川崎清臣 松本里恵
3 みどり園　C・石本藍子 D・野村恭平 P・片山俊樹
4 アントン　C・松下康祐 D・小路翼 P・茗荷恭平
5 はなかご　C・福居亜耶 D&P・勝村秀樹
6 厨　C・塙ともえ D・川村志穂
7 タンドリーディライト　C・鈴木契 D&P・山田祐基
8 9 今日平　C・大槻祐里 D・松長大輔 P・出口貴裕
10 グリム　C・橋本隼人 D&P・河野愛
11 イルパッパトーレ　C・前田将多 D&P・瀧上陽一
12 タベルナペコリーノ　C・佐野章子 D・石松愛
13 アベックパルファン　C・三上和輝 D・長谷川恵理
14 33 うしお　C・中澤良太 D・鳥井口拓真
15 フランダース　C・土公奈緒 D・勝村秀樹
16 i's FRUNC　C・岡野鉄平 D・大江純平
17 メガネのタマキ　C・小堀友樹 D・茗荷恭平
18 タミーフジヤ　C・石本藍子 D・野村恭平 P・高橋誠
M・野村珠恵
19 MODE SALON BELLE　C・眞竹広嗣 D&P・早藤大輔
20 風丹　C・藤原乙女 D&P・烏野亮一
21 老松　C・野村剛 D・藤井佳奈子 P・ムクメテツヤ

22 Cafe Champroo　C・倉光真以 D・松村悠里 I・前中詩織
23 ことば蔵　C・田中健太 D・中尾香那
24 らくだや　C・野村剛 D・藤井佳奈子
25〜28 とりしげ　C・倉光真以 D・瀬野尾佳美
29 カーテンギャラリー アルファ　C・眞竹広嗣 D&P・早藤大輔
30 マツヤ　C・今西良太 D&P・吉川光弘
31 フォトスタジオ スターラプ　C・小堀友樹 D・茗荷恭平
P・松村成朗
32 理容ハマダ　C・三島靖之 D&I・井上信也
34 まつだや　C・三上和輝 D・長谷川恵理
35 ゆーかり　C・藤原乙女 D&P・烏野亮一
36 丹尚堂　C・小川百合 D&I・竹山香奈
37 CHEERZ　C・秦久美子 D・牛丸謙一
38 RED LEAVES CAFE　C・塙ともえ D・川村志穂
39 cafe Mon　C・前田将多 D・瀧上陽一 P・四方田俊典
M・RIKA
40 マルヤス　C・谷村槙子 D・西山正樹 P・ムクメテツヤ

■女川海報展　P268〜273

CD・日下慶太 Pr・石井弘司 八重嶋拓也
伊藤光弘 鈴木淳

1 女川ポスター展メインポスター　C・日下慶太 鎌田高広
D・加藤琢也 P・日下慶太
2 マルキチ阿部商店　C・八重嶋拓也 D・小野寺健一 P・中田麻衣
3 女川スーパーおんまえや　C&D&P・田村晋 I・大峯由美子
4 金華楼　C・鎌田高広 D・菊池竜 P・礒崎亮
5 マリンパル女川おさかな市場　C・鎌田高広 D&P・山本イサム
6 活魚ニューこのり　C・三浦昌二 D・小野寺健一
7 みなと理容室　C・勝浦雅彦 D・森裕樹 P・大山博
8 黄金タクシー　C&PL・松村洋 D&PL・遠藤なつみ
9 阿部正茶舗　C・森由紀 D・小野寺充
10 ステイイン鈴家　C&D&P・田村晋
11 花友　C・小島美鈴 D・千葉あずさ
12 本のさかい　C・沼田佐和子 D・佐藤信光
13 カワムラ釣具店　C・桝形徹 D・森裕樹 P・大山博
14 女川桜守りの会　C・岩松正巳 C&D・木村良 D・安部由美子
I・ほんだあい
15 熊谷酒店　C&PL・竹野博思 D&CO・松浦隆治 P・梅原祐一
16 コバルトーレ女川　C・野口健太郎 D・木村麻理 P・望月研
PA・古里裕美
17 海鮮問屋青木や　D・久保桂之
18 髙政 万石の里　C・佐々木裕 D・阿部拓也 P・尾苗清
19 ELFARO　C・佐久間楓 D&I・木村麻理 P・古里裕美
CS・野口健太郎
20 アイ美容室　C・沼田佐和子 D・大竹伸枝
21 本のさかい　C&D・玉手麻衣 CD・鎌田高広
22 岡八百屋　C・野口健太郎 D・高橋雄一郎
P・礒崎亮 高橋雄一郎
23 女川電化センター　C・岩松正巳 D・鈴木さおり AR・大田公平
24 兼宮商店　C・泉英和 D・鈴木リョウイチ P・大関智明
25 お魚いちばおかせい　C・鎌田雄 D・藤村兼次
26 お食事処三秀　C・松若理成 AD・蝦名大輔 P・佐藤巧弥

27 三重商会　C・松本勇輝 D・福田愛子 P・吉岡幸宏
CD・日下慶太

28 マルサン　C・石橋彰史 D・鈴木雅岳 P・新井直哉

29 みなとまちセラミカ工房　C・鎌田高広 D・柴田雄輝 P・礒崎亮

30 女川カレープロジェクト　C&PL・松村洋 PL・青木陽平
D・阿部清史 P・長内正雄

31 ガル屋　C・佐々木裕 D・五十嵐冬樹 P・佐藤紘一郎

32 小野寺茶舗　D・堀井哲平 佐藤高則 高木清香 中鉢奈央
P・鈴木伸也

33 おしゃれファッションマツヤ　C&DR・小川倫憲 D・木村恵美
P・二本木薪一

34 コミュニティーハウスおちゃっこクラブ　C・日下慶太
D・柴田麻衣子

35 佐々木釣具店　C・竹野博思 D・成谷利幸 P・礒崎亮

36 ダイシン&かふぇさくら　C・小杉一高 D・加藤琢也
P・高萩恵子

37 キャロット　C&D・木村良 D・安部由美子 P・原淵将嘉

38 CAFEごはんCebolla　D・堀井哲平 佐藤高則 高木清香 中鉢奈央
P・鈴木伸也

39 岡八百屋　C・野口健太郎 D・高橋雄一郎
P・礒崎亮 高橋雄一郎

40 ワイケイ水産　C&CD・佐々木洋 D&AD・神永恵美
P・佐々木慎一

41 IZAKAYAようこ　C&CL・勝浦雅彦 AD・俵裕一郎

42 ゆめハウス　C・桝形徹 D・柴田麻衣子

43 ONAGAWA ART GUILD　C・工藤拓也 D・青野哲也

44 木村電機商会　C・松若理成 D・木村亮太 P・佐藤巧弥

■大野海報展　P274〜276

CD・日下慶太　Pr・雨山直人　城地勇樹　宮下智之
大藤清佳　設計協力・烏野亮一　川上沙織　新井公子

1 2016年大野ポスター展メインポスター
C・日下慶太 雨山直人 AD&D・河野愛 P・高宮正伍

2 野村醤油　製作・宮澤佑衣 導師・日下慶太

3 お好み焼きひろの　製作・宮腰亜佑 導師・日下慶太

4 農家のとうふ屋さん　製作・筒井彩琳 導師・河野愛

5 パナデリア　製作・多田愛実 導師・藤原乙女

6 タケイパワージム　製作・加藤ひなの 導師・日下慶太

7 九頭竜設備　製作・宮本幸輔 導師・日下慶太

8 ポルタ　製作・宮万琴 導師・藤原乙女

9 2017年大野ポスター展メインポスター
C・藤原乙女 雨山直人 D・桑原圭 P・高宮正伍

10 西川工務店　製作・岩本あかり 導師・植村倫明

11 橋本代理店　製作・青木優弥 導師・藤原乙女

12 hair make R・up　製作・米村明莉 導師・藤原乙女

13 お清水　製作・松田実佳 導師・日下慶太

14 うおまさカフェ　製作・山村莉奈 導師・江上直樹

15 マルダイ自工　製作・松田風音 導師・日下慶太

16 南部敦美畳商店　製作・中村英樹 導師・植村倫明

17 Pâtisserie mirabelle　製作・廣瀬祐衣 導師・吉川純也

18 手作り工房もっこ　製作・松田風音 導師・河野愛

19 高田酒店　製作・澤江享吾 導師・植村倫明

20 松田陽明堂　製作・結城龍柊 導師・桑原圭

21 内田製麺　製作・田中翔 導師・中村征士

■大分海報展　P277〜279

CD・日下慶太　Pr・三浦僚
協力・牧昭市　吉田可愛

1　ひらけ☆まちなかメインポスター　C&P・日下慶太
D・千々岩寛
2　青空 -sola-　C・米村拓也 AD・千々岩寛 P・日下慶太
3　Chapel　C・和久田昌裕 AD&P・立石甲介 I・吉田三沙子
4　SALVE　C・中村直史 AD・白石文香 P・田畑伸悟
5　大納言　C・米村拓也 AD&P・千々岩寛
6　ボレロ食堂　C・中村直史 AD・白石文香
7　太田旗店　C・中村直史 AD・白石文香 P・田畑伸悟
8　RANZU CAFE　C・和久田昌裕 AD・立石甲介 I・松尾桂一郎
9　プチ・ミロ　C・米村拓也 AD&P・千々岩寛
10　Asciutto　C・和久田昌裕 AD&P・立石甲介
11　えび福　C・米村拓也 AD&P・千々岩寛
12　オタクBAR おた・らぼ　C・和久田昌裕 AD&P・立石甲介
13　澄箪笥＋stance角　C・渡邊千佳 AD&P・今永政雄
14　Terminal.　C・渡邊千佳 AD&P・今永政雄
15　珈琲を愉しむ店ばんぢろ　C・渡邊千佳 AD&P・今永政雄
16　月の木　C・山田綾子 AD・PISTON P・秋安淳一
17　府内フォーク村十三夜　C・中村直史 AD・白石文香
P・田畑伸悟
18　和風グリル たかをや　C・和久田昌裕 AD&P・立石甲介
19　インナーコレクションmarie.marie　C・山田綾子
AD・PISTON P・秋安淳一
20　カフェフランセYUKI　C・中村直史 AD・白石文香
P・田畑伸悟
21　カフェド・BGM　C・山田綾子 AD・PISTON P・秋安淳一
22　CROMAGNON　C・中村直史 AD・白石文香
23　古民家ダイニングhako　C・山田綾子 AD・PISTON
P・秋安淳一
24　BAR agura 坐　C・米村拓也 AD&P・千々岩寛

■社會海報展　P280〜283

Pr・日下慶太　並河進　岡本達也　田中直樹
坂口和隆

1　ソーシャルポスター展メインポスター　C・日下慶太
AD・中村征士 D・西尾博光 松岡拓 P・槻ノ木比呂志
2　特定非営利活動法人日本クリニクラウン協会　C・福居亜耶
D&P・勝村秀樹 M・きーちゃん がっくん ななみちゃん
ゆうなちゃん 日本クリニクラウン協会のみなさま
3　特定非営利活動法人だっぴ　C・小林幹 D・石原嘉通
P・金友弘文 P・難波由華 M・高木大地 高木克治 高木恭子
4　特定非営利活動法人Learning for All　C・飯田依里子
D&P・岡村尚美 M・石神駿一 協力・木村太郎
5　特定非営利活動法人G-net　C・福田晴久 D・西田光
P・尾崎芳弘
6　特定非営利活動法人ひゅーるぽん　C・吉田一馬 D・木下芳夫
製版・黒田典孝 岡田弘和
7　NPO法人しぶたね　C・正樂地咲 D&I・松長大輔
8　特定非営利活動法人クライシス・マッパーズ・ジャパン

C・武田裕輝 D・西山恭
9 特定非営利活動法人 教育サポートセンターNIRE C・銭谷侑 D・松永ひろの
10 一般社団法人シンク・ジ・アース D・大久保里美 C・壇上真里奈 P・白幡敦弘 PP・吉崎千佐子 市川悠
11 NPO法人ぷるすあるは C・小郷拓良 D・加藤千洋
12 特定非営利活動法人ミャンマー ファミリー・クリニックと菜園の会 D・浅岡敬太 C・林正人
13 特定非営利活動法人陽向ぼっこ D・佐藤郁 C・中川裕之 P・佐藤匠 M・坂理 城島イケル
14 特定非営利活動法人エンパワメントかながわ D&I・黒岩武史 C・濱田彩
15 特定非営利活動法人学生人材バンク C・萩原陽平 D&P・石川平
16 一般社団法人エル・システマジャパン D・熊谷由紀 C・山口真理子
17 NPO法人女性ネットsaya-saya D・本多集 C・石田一郎 P・土井文雄
18 特定非営利活動法人関西ワンディッシュエイド協会 C・小堀友樹 茗荷恭平 D&I・茗荷恭平
19 特定非営利活動法人岡崎まち育てセンター・りた C・伊藤みゆき D・竹田朝子 P・尾崎芳弘
20 認定特定非営利活動法人JUON NETWORK(樹恩ネットワーク) C・青野隆仁 D&P・三條貴正

■大丸松坂屋「耀眼的一百人海報」 P284〜285
CD・日下慶太 野原靖忠 若原喜至臣 碓井雅博 菅真亜佐 AD・市野護 AE・北川祐造 Pr・大藤清佳 高橋尚美

1 C・日下慶太 AD・市野護 D・烏野亮一 鳥井口拓真 P・山田案希良
2 C・國富友希愛 AD&D・松村怜実 Pr・烏野亮一 P・東谷忠 HM・鉄谷亜樹 PA・増田鉄生
3 C・眞竹広嗣 AD&D・早藤大輔 P・増田広大 HM・川岸ゆかり ST・片倉康行 AT・片倉康行
4 C・眞竹広嗣 AD&D・早藤大輔 P・増田広大 HM・川岸ゆかり ST・片倉康行 AT・片倉康行
5 C・中川裕之 AD&D・佐藤郁 P・佐藤匠
6 C・山口有紀 C&AD・中尾香那 P・圓尾享宏
7 C・飛田智史 AD&D・大野恵利 Pr・高橋知子 伊藤圭太 P・松木康平 ST・長嶋優季 R・江口昌一郎
8 C・上野由加里 AD&D・松村悠里 P・古藤宏樹 PA・延藤喜一
9 C・和田佳菜子 AD・渡辺祐 P・松本龍二
10 C・田中ことは AD・石松愛 D・曽根葉介 藤田典子 P・大津千寛 R・万歳宏
11 C・栗林嶺 AD&D・太田久美子 P・富取正明 R・平野宗
12 C・岡野鉄平 AD&D・小路翼 P・興山満宇
13 C・岡野鉄平 AD&D・小路翼
14 C・佐藤大輔 AD・山中博之 D・藤浩嗣 P・松本龍二 HM・金子めぐみ R・藤浩嗣

15 C・栗林嶺 AD&D・太田久美子 P・宇津木健司

16 C・佐藤日登美 AD&D・三角瞳 Pr・久木田玲子 P・船本涼

■近畿大學國際學系 P286

CD・日下慶太 Pr・久安淳 星原卓史
AE・水本順也

1 C・松下康祐 D・瀧上陽一 P・日下慶太 AT・萩原英伸
（2015年2月15日 読売新聞掲載）

2 C・石本藍子 D・野村恭平 P・日下慶太
（2015年2月15日 毎日新聞掲載）

3 C・大槻祐里 AD・井上信也 D・木村亮 林元気 P・大瀧卓也
（2015年2月15日 日経新聞掲載）

■大阪檢定海報 P286～287

CD・日下慶太 I・小路翼 AD・井上信也
D・烏野亮一 川上沙織 松村悠里 新井公子
長谷川友香

國家圖書館出版品預行編目資料

迷路的廣告人：認真做不正經的事，日本廣告界異類打造的街道、藝術和人生／日下慶太著；林書嫻譯. -- 初版. -- 臺北市：臉譜，城邦文化出版：家庭傳媒城邦分公司發行, 2021.05
面；　公分. --（藝術叢書；FI1055）

譯自：迷子のコピーライター

ISBN 978-986-235-930-3（平裝）

1.日下慶太　2.廣告設計　3.傳記　4.日本

783.18　　110004549

藝術叢書　FI1055

迷路的廣告人

認真做不正經的事，日本廣告界異類打造的街道、藝術和人生

作　　者　日下慶太
譯　　者　林書嫻
副總編輯　劉麗真
主　　編　陳逸瑛、顧立平
封面設計　市野護
插　　畫　小路翼

發 行 人　凃玉雲
出　　版　臉譜出版
城邦文化事業股份有限公司
台北市中山區民生東路二段141號5樓
電話：886-2-25007696　傳真：886-2-25001952
發　　行　英屬蓋曼群島商家庭傳媒股份有限公司城邦分公司
台北市中山區民生東路二段141號11樓
客服服務專線：886-2-25007718；25007719
24小時傳真專線：886-2-25001990；25001991
服務時間：週一至週五上午09:30-12:00；下午13:30-17:00
劃撥帳號：19863813　戶名：書虫股份有限公司
讀者服務信箱：service@readingclub.com.tw
香港發行所　城邦（香港）出版集團有限公司
香港灣仔駱克道193號東超商業中心1樓
電話：852-25086231　傳真：852-25789337
馬新發行所　城邦（馬新）出版集團 Cité (M) Sdn Bhd
41-3, Jalan Radin Anum, Bandar Baru Sri Petaling, 57000 Kuala Lumpur, Malaysia
電話：603-90563833　傳真：603-90576622
E-mail: services@cite.my

城邦讀書花園
www.cite.com.tw

初版一刷　2021年5月4日
ISBN 978-986-235-930-3
定價：480元